핵심만 쏙 담은

육군
해군
공군
국사
(근현대사)

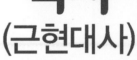

Preface

병사들의 선두에서 지휘해야 하는 막중한 책임을 지닌 장교와 부사관들은 한국 최고의 군인 간부로 거듭나기 위해 전문적인 군사지식과 컴퓨터, 어학 등 각종 분야의 해박한 지식을 쌓으며, 새로운 도전 열기로 가득 차 있습니다.

뛰어난 리더십과 책임감, 뜨거운 조국애를 지닌 군인 간부들은 전역 후에도 군에서 맺은 폭 넓은 인간관계를 바탕으로 사회 각 분야에서 리더십을 발휘하며 주역으로 활약하고 있습니다.

본서는 이러한 군인 간부를 꿈꾸는 수험생들을 위한 지침서로, 육군/해군/공군 간부선발 시 필기시험에 포함되는 근현대사 과목에 대한 완벽 대비를 위해 발행되었습니다.

1. 단기간에 학습의 효율을 높이기 위하여 육군/해군/공군에서 제시하고 있는 국사문제요약집 내용을 완벽 반영하여 꼭 필요한 핵심이론만을 요약 · 정리하였습니다.

2. 시험에 빈출되는 내용을 분석하여 시험 전에 꼭 풀어봐야 할 필수유형문제를 엄선하여 수록함으로써 보다 효과적인 시험 대비를 가능하게 구성하였습니다.

3. 본서 한 권만으로도 수월한 학습이 가능하도록 매 문제 꼼꼼한 해설을 수록하였습니다.

우리나라 군인을 이끌어갈 군인 간부를 꿈꾸는 수험생 여러분을 응원합니다.

Structure

1

CHAPTER

01 개항기/일제강점기 독립운동사

01 개화정책과 열강의 이권 침탈

기출예제 **01**

다음 강화도 조약의 내용에 대한 설명으로 옳은 ~~하여 무능한 양반 지배체제에 저항하는 민중세력이 성장하고 있었다.~~
~~접근이 일어나고 있었다.~~

〈조약의 일부〉
제1관 조선은 자주국이며 일본과 똑같은 권리를 갖~~
제10판 일본국 인민이 조선국이 지정한 항구에서 ~~ 부정부패의 심화로 농민 봉기가 각지에서 일어나고 있었다.
판결한다.~~ ~~상 요구를 주장하고, 영국과 프랑스가 베이징을 점령하였다.~~

① 세도정치의 원인이 되었다.
② 척화비 건립의 배경이 되었다. ~~세도가문의 인물들을 몰아내고 인재를 고르게 등용하였다.~~
③ 금난전권 폐지의 계기가 되었다.
④ 치외법권이 포함된 불평등 조약이었다~~

근현대사 핵심정리

기출문제와 관련된 핵심내용을 단원별
로 분류·요약하여 수험생의 이해를 도
울 수 있도록 구성하였습니다.

2

CHAPTER

필수유형문제

01 개항기/일제강점기 독립운동사

1 다음 사건에 대한 설명으로 옳은 것은?

~~임오년 서울의 영군(營軍)들이 큰 소란을 피웠다. 갑술년 이후 대내의 경비가 불법으로 지출되고 호조와~~
~~고갈되어 서울의 관리들은 봉급을 못 받았으며, 5영의 병사들도 가끔 결식을 하여 급기~~
~~이고 노병과 약졸들을 좋아냈는데, 내쫓긴 사람들은 발붙일 곳이 없으므로 그들은~~

Tip 》 제시된 자료는 서원 철폐를 단행한 흥선대원군(18~~한 반침략, 반외세 운동이었다.
ⓒ 갑신정변(1884년, 고종21)은 우정국 개국 축하~~ 사별봉물을 들러 관어를 습격하였다.
를 일으킨 것으로 3일 만에 실패로 끝나게 되었~~중심으로 자주적으로 개혁을 추진하였다.
ⓛⓒ 미국 상선 제너럴셔먼호가 평양에서 소각되는~~게 되었다.
재연 등이 광성보에서 미국 군대를 격퇴하는 사~~
ⓒ 임술 농민 봉기(1862년, 철종13)는 경상도 단성어~~
터 남쪽의 제주까지 전국적으로 확산된 농민봉기~~
ⓜ 오페르트 도굴 사건(1868)은 2차례에 걸친 통~~
연군의 묘를 도굴하려다 실패한 사건이다.~~

필수유형문제

시험 전에 꼭 풀어봐야 할 필수유형문
제를 엄선하여 상세한 해설과 함께 수
록하였습니다.

Contents

Information

✔ 육군 장교

모집분야	시험과목
학군사관후보생(ROTC)	공간능력, 언어/논리력, 자료해석, 지각속도, 직무성격검사, 상황판단검사, **국사**, 인성검사/복무적합도검사
학사사관	간부선발도구(언어논리, 자료해석, 공간지각, 지각속도, 상황판단, **국사**) 직무성격검사, 인성검사
학사예비장교후보생	
군 가산복무 지원금 지급대상자	지적능력평가(공간지각능력, 지각속도, 언어논리력, 자료해석력), 상황판단검사, **국사**, 직무성격검사, 인성검사
단기간부사관	간부선발도구/**국사** 평가, 인성검사

✔ 육군 준사관

모집분야	시험과목
회전익 항공기 조종 준사관	간부선발도구(공간지각, 지각속도, 언어논리력, 자료해석력, 상황판단), **국사**, 영어, 적성 · 인성검사(MMPI2-RF)

✔ 육군 부사관

모집분야	시험과목
학군부사관후보생(RNTC)	지적능력평가(언어/논리력, 자료해석, 공간능력, 지각속도), **국사**, 직무성격검사, 상황판단능력평가
민간부사관(남군 · 여군)	지적능력평가(공간능력, 지각속도, 언어논리, 자료해석), 상황판단검사, **국사**, 직무성격검사, 인성검사
군 가산복무 지원금 지급대상자	
임관시 장기복무 부사관	
현역부사관	

✔ 해군 장교

모집분야	시험과목
사관후보생	**국사**, 간부선발도구[인지능력적성검사(언어논리, 자료해석, 지각속도, 공간능력), 상황판단검사, 직무성격검사]
학군사관후보생(ROTC)	
예비장교후보생	**국사**, 간부선발도구[인지능력적성검사(언어논리, 자료해석, 지각속도, 공간능력), 상황판단검사, 직무성격검사], 영어
군 가산복무 지원금 지급대상자	

✔ 해군 부사관

모집분야	시험과목
부사관후보생	**국사**, 간부선발도구[인지능력적성검사(언어논리, 자료해석, 공간능력, 지각속도), 직무성격평가, 상황판단평가], 영어(특전/잠수/군악 미실시)
군 가산복무 지원금 지급대상자	**국사**, 간부선발도구[인지능력적성검사(언어논리, 자료해석, 공간능력, 지각속도), 직무성격평가, 상황판단평가], 영어
학군부사관(RNTC)	간부선발도구[인지능력적성검사(언어논리, 자료해석, 공간능력, 지각속도), 상황판단검사, 직무성격검사], 영어, **국사**

✔ 해병대 장교

모집분야	시험과목
학사사관후보생	간부선발도구[인지능력적성검사(언어논리, 자료해석, 지각속도, 공간능력), 상황판단검사, 직무성격검사], **국사**
예비장교후보생	
군 가산복무 지원금 지급대상자	

✔ 해병대 부사관

모집분야	시험과목
부사관후보생	간부선발도구[인지능력적성검사(언어논리, 자료해석, 지각속도, 공간능력), 상황판단검사, 직무성격검사], **국사**
군 가산복무 지원금 지급대상자	
부사관학군단(RNTC)	

✔ 공군 장교

모집분야	시험과목
학군사관후보생(ROTC)	인지능력평가(언어논리, 자료해석, 공간능력, 지각속도) 상황판단평가, 직무성격평가, **한국사**
학사사관후보생	인지능력평가(언어논리, 자료해석, 공간능력, 지각속도) 상황판단평가, 직무성격평가, 영어, **한국사**
조종분야 가산복무 지원금 지급대상자	
예비장교후보생	
군 가산복무 지원금 지급대상자	

✔ 공군 부사관

모집분야	시험과목
학군부사관후보생(RNTC)	간부선발도구(언어논리, 자료해석, 공간능력, 지각속도, 상황판단, 직무성격), **한국사**
부사관후보생	간부선발도구(언어논리, 자료해석, 공간능력, 지각속도, 상황판단, 직무성격), 영어, **한국사**

PART

01

근현대사 핵심정리

CHAPTER 01 개항기/일제강점기 독립운동사

01 개화정책과 열강의 이권 침탈

❶ 흥선대원군의 정치

(1) 19세기 후반의 정세

① 대내적 상황 : 세도 정치의 폐단이 극에 달하여 무능한 양반 지배체제에 저항하는 민중세력이 성장하고 있었다.

② 대외적 상황 : 일본과 서양 열강의 침략적 접근이 일어나고 있었다.

(2) 흥선대원군의 통치 체제 재정비 노력

① 국내외 정세
 ㉠ 국내 : 세도 정치로 지배 질서가 붕괴되고, 부정부패의 심화로 농민 봉기가 각지에서 일어나고 있었다.
 ㉡ 국외 : 이양선이 출현하여 해안 측량과 통상 요구를 주장하고, 영국과 프랑스가 베이징을 점령하였다.

② 왕권 강화 정책
 ㉠ 세도정치 타파 : 과감한 인사정책으로 세도가문의 인물들을 몰아내고 인재를 고르게 등용하였다.
 ㉡ 정치 기구 재정비 : 비변사를 폐지하여 의정부와 삼군부의 기능을 회복하였다.
 ㉢ 통치체제 정비 : 「대전회통」과 「육전조례」 등의 법전을 정비·간행하였다.
 ㉣ 서원 정리 : 붕당의 온상인 서원을 철폐·정리하여 국가 재정을 확충하고 양반과 유생들의 횡포를 막았다. 이에 만동묘 철폐와 47개소 이외의 서원은 철폐하였다.
 ㉤ 경복궁 중건 : 왕권 강화를 위해 중건을 하였으나, 원납전 징수와 당백전 남발로 유통 경제의 혼란이 발생하게 되었다.

③ **민생 안정책**

　ⓐ **전정 개혁** : 양전 사업을 실시하여 토지겸병을 금지하고, 은결을 찾아내었다.

　ⓑ **군정 개혁** : 호포법을 실시하여 양반과, 상민의 구별 없이 군포를 징수하자 농민들은 크게 환영하였으나 양반들은 반발하였다.

　ⓒ **환곡제 개혁** : 환곡의 폐단을 시정하기 위해 사창제를 실시하였다.

　　Note 》》 흥선대원군의 집권과 개혁 정치

　　　　ⓐ 목표 : 세도정치 타파 및 왕권의 안정, 삼정(군정 · 전정 · 환곡)의 문란 시정
　　　　ⓑ 내용 : 법전 편찬(대전회통 · 육전조례), 호포제 실시, 서원 철폐, 경복궁 중건
　　　　ⓒ 의의 : 국가 기강의 확립과 민생 안정에 노력
　　　　ⓓ 한계 : 전제 왕권 강화를 목표로 추진, 근대적 개혁에는 미흡

④ **통상 수교 거부 정책**

　ⓐ **제너럴셔먼호 사건(1866)** : 대동강을 거슬러 올라온 미국 상선 제너럴셔먼호가 교역을 요구하다 거절당하자 약탈과 방화를 자행하였고, 이에 맞서 평양 군민과 관군은 배를 불살라 버렸다.

　ⓑ **병인양요(1866)**

　　• 배경 : 병인박해 때 살해된 프랑스 선교사를 구실로 강화도에 침입하였다.

　　• 경과 : 프랑스 군에 맞서 양헌수 부대가 정족산성에서, 한성근 부대가 문수산성에서 분전하여 프랑스 군을 철수시켰다.

　　• 결과 : 외규장각 문서 등 많은 문화재와 금 · 은 등을 약탈당하였다.

　　※ 2011년 5월 외규장각 도서 반환

　ⓒ **오페르트 도굴 사건(1868)** : 독일 상인 오페르트는 통상을 위해 흥선대원군 아버지인 남연군 묘를 도굴하려다 미수에 그쳤다.

　ⓓ **신미양요(1871)**

　　• 배경 : 제너럴셔먼호 사건을 구실로 미국 함대가 침입하였다.

　　• 과정 : 미군은 초지진과 덕진진을 점령하였고 광성보 전투에서 어재연의 분전으로 미군이 철수하였으나 막대한 피해를 입게 되었다.

　　• 결과 : 전국 각지에 척화비를 건립하고 통상수교 거부정책을 더욱 강력히 추진하였다.

　ⓔ **척화비 건립(1871)**

　　• 내용 : "서양 오랑캐가 침범했을 때 싸우지 않음은 곧 화친(화의, 화해)하는 것이요, 화친을 주장하는 것은 곧 나라를 파는 것이다."

　　• 건립 : 신미양요 직후 전국 각지에 건립, 서양의 침입에 대한 투쟁의지와 민심 결속 강화

(3) 개항과 불평등조약 체제의 성립

① 개항의 배경

ㄱ 흥선대원군이 하야(1873)하게 되고, 이후 민씨 정권이 들어서게 되면서 박규수, 오경석, 유홍기 등이 통상개화론을 주장하였다.

ㄴ 일본은 조선의 문호를 강제로 개방하기 위해 운요호 사건을 일으켰다(1875).

② 강화도조약(1876)

ㄱ 최초의 근대적 조약이자 불평등 조약이다.

ㄴ 강화도 조약의 배경
- 국내 : 흥선대원군이 하야 후 고종이 친정(1873)을 시작하고 개화파(박규수)가 개항을 주장하였다.
- 국외 : 운요호 사건과 일본의 문호개방 요구가 있었다.

ㄴ 조약의 주요내용

	주요 내용	일본의 의도
1관	자주의 나라이며, 일본국과 평등한 권리를 가진다.	청과 조선의 종속적 관계 부인하고 청의 간섭을 배제하고자 하였다.
4관	조선 정부는 제5관에서 제시하는 두 항구(뒤에 인천과 원산으로 결정)를 개방하고 일본인이 자유롭게 왕래하면서 통상할 수 있게 한다.	경제적 목적을 넘어 정치적, 군사적 거점 확보(부산 = 경제적 목적, 인천 = 정치적 목적, 원산 = 러시아의 남하를 견제하는 군사적 목적)하고자 하였다.
7관	조선국 연해의 섬과 암초는 극히 위험하므로 일본국의 항해자가 자유롭게 해안을 측량하도록 허가한다.	
9관	양국 국민은 각자 임의에 따라 무역을 하며, 양국의 관리는 조금도 이에 관여하거나 금지 또는 제한하지 못한다.	조선 관리의 통제를 받지 않고 일본 상인들의 자유로운 상행위 활동을 보장하고자 하였다.
10관	일본국 국민이 조선국이 지정한 각 항구에 머무르는 동안 죄를 범한 것이 조선국 국민에게 관계되는 사건일 때는 모두 일본국 관원이 심판한다.	조선에서 활동하는 모든 일본인에 대한 치외법권을 보장하고, 일본 상인들의 약탈적 무역활동을 하고자 하였다.

ㄷ 부속조약
- 조 · 일 통상 장정 : 양곡의 무제한 유출, 일본 상품의 무관세를 허용하였다.
- 조 · 일 수호 조규 부록 : 거류지 무역(10리 이내), 일본 화폐 유통을 허용하였다.

③ 조 · 미수호통상조약(1882)

ㄱ 배경 : 일본에 2차 수신사로 갔었던 김홍집이 「조선책략」이라는 책의 반입과, 청의 알선(러시아, 일본 견제를 위해)으로 미국과 수교가 이루어지게 되었다.

ㄴ 내용 : 치외법권, 최혜국 대우, 협정 관세 등을 인정하는 불평등 조약이었다.

ㄷ 의의 : 서양과 맺은 최초의 근대적 조약이다.

④ 서구 여러 나라와의 조약 체결 : 청의 알선으로 영국, 독일, 프랑스 등과 외교관계를 수립하고 러시아와는 직접 수교하였다.

❷ 개화운동과 근대적 개혁의 추진

(1) 개화 정책의 추진

① 개화운동의 두 흐름

구분	온건개화파	급진개화파
주요 인물	김홍집, 김윤식, 어윤중	박영효, 홍영식, 김옥균 등
개혁 방안	청의 양무운동을 바탕으로 한 동도서기론을 통한 점진적 개혁을 추구	일본의 메이지유신을 바탕으로 한 문명개화론을 통한 급진적 개혁 추구
활동	친청세력을 민씨 정권과 결탁하여 청과의 관계 중요시	정부의 청에 대한 사대 정책을 비판하고 후에 갑신정변 주도 세력

② 개항 이후 정부의 개화정책

㉠ 수신사 파견 : 1차 수신사(1876)로 김기수, 2차 수신사(1880)로 김홍집이 일본을 다녀왔다. 일본의 발전상과 세계 정세의 변화를 알고, 개화의 필요성을 더욱 느끼게 되었다. 이에 정부는 대외관계와 근대 문물의 수입 등 여러 가지의 과제를 해결하기 위하여 개화파 인물들을 정계에 기용하였고, 이들을 중심으로 개화정책을 추진해 나갔다.

ⓛ 제도의 개편
　　　• 관제의 개편 : 개화정책을 전담하기 위한 기구로 통리기무아문을 설치하고, 그 아래에 12사를 두어 외교, 군사, 산업 등의 업무를 분담하게 하였다(청의 관제 모방).
　　　• 군제의 개혁 : 종래의 5군영을 무위영, 장어영의 2영으로 통합·개편했으며, 신식군대의 양성을 위하여 별도로 별기군을 창설하였고, 일본인 교관을 채용하여 근대적 군사훈련을 시키고, 사관생도를 양성하였다.
　　ⓒ 근대문물 수용을 위한 시찰단 파견
　　　• 신사유람단(조사시찰단)의 파견(1881) : 일본의 정부기관, 각종 산업시설을 시찰하였다.
　　　• 영선사 파견(1881) : 김윤식과 유학생들을 청국의 톈진에 유학시켜 무기제조법, 근대적 군사훈련법을 배우게 하였다.
　　　• 보빙사 : 조·미수호통상조약 체결 후 미국에 보빙사를 파견하였다.

(2) 정부의 개화정책 추진에 대한 반발

① 위정척사운동
　　㉠ 성격 : 성리학의 화이론에 기반을 둔 강력한 반침략, 반외세 운동이다.
　　ⓛ 1860년대(통상반대운동) : 서양의 통상요구와 병인양요가 일어나면서 외세배척의 분위기가 팽배했으나, 통상개화론자들은 통상을 주장하였다. 이에 이항로, 기정진 등은 척화주전론을 내세우고, 흥선대원군의 통상수교거부정책을 뒷받침하였다.
　　ⓒ 1870년대(개항반대운동) : 서양과 일본의 문호개방에 대한 요구가 강해지고, 운요호 사건으로 강화도조약을 맺게 되자 최익현, 유인석 등은 개항불가론을 주장하고 왜양일체론을 내세워 개항반대운동을 전개하였다.
　　ⓔ 1880년대(개화반대운동) : 강화도 조약 이후 급격한 개화정책이 추진되고, 김홍집이 가져온 「조선책략」의 유포에 반발하여 이만손, 홍재학 등은 영남만인소를 올렸다.
　　ⓜ 1890년대(의병투쟁) : 을미사변과 단발령이 내려지자 유인석, 이소응 등은 무장봉기를 하였고, 이는 개항 이후 최초의 의병으로 항일의병운동으로 계승되게 된다.
　　ⓗ 한계 : 성리학적 유일사상체제를 유지하려는 목적으로 전개되었으며 근대화 추진에 큰 어려움을 주었다.

② 임오군란(1882)
　　㉠ 배경 : 개화파와 보수파의 대립과 민씨 정권의 신식군대인 별기군 우대와 구식군대 차별 대우에 의해 일어나게 되었다.
　　ⓛ 경과 : 구식군인들은 대원군에게 도움을 청하고 일본공사관을 습격한 후, 민중과 합세하여 민씨 정권 고관을 살해하자 민씨는 피란을 떠나게 되고, 이때 대원군이 재집권하여 정국이 안정이 되는 듯하였지만, 청은 군대를 파견하여 대원군을 군란의 책임자로 청에 압송하는 등의 개입을 하였다.
　　ⓒ 결과
　　　• 일본은 조선 정부의 사죄와 배상금 지불, 일본 공사관의 경비병 주둔 허용의 내용을 담고 있는 제물포조약을 체결하였다.

- 청나라는 조선에 청군을 주둔시키고 재정·외교 고문을 파견하여 조선의 내정을 간섭하고 청나라 상인의 통상특권을 허용하는 조·청상민수륙무역장정을 체결하였다.
- 민씨 일파가 재집권하게 되고, 정권 유지를 위해 친청정책이 강화되어 개화정책은 후퇴하였다.

③ 갑신정변(1884)

　㉠ 배경 : 친청세력의 개화당 탄압, 조선 주둔 청군의 철수, 일본 공사의 지원 약속, 청의 내정간섭과 개화정책의 후퇴 등에 대한 반발로 급진개화파들은 갑신정변을 일으켰다.

　㉡ 개혁 내용 : 청에 대한 사대관계 폐지, 인민평등권의 확립, 지조법의 개혁, 모든 재정의 호조 관할(재정의 일원화), 경찰제도의 실시, 내각중심정치의 실시 등이다.

　㉢ 전개과정 : 3일 천하로 끝난 이 정변은 개혁주체의 세력기반이 미약하여 외세에 의존해서 권력을 잡으려했으나, 청의 무력간섭으로 인해 실패하였으며, 개화세력이 도태되고 말았다.

　㉣ 결과 : 한성조약(보상금 지불과 일본 공사금 신축비 부담)과 톈진조약(청·일 양국군의 철수와 조선 파병시 상대국에 미리 알릴 것)이 체결되었다.

　㉤ 역사적 의의
- 정치적 : 중국에 대한 전통적인 외교관계를 청산하려 하였고, 전제군주제를 입헌군주제로 바꾸려는 정치개혁을 최초로 시도하였다.
- 사회적 : 문벌을 폐지하고 인민평등권을 확립하여 봉건적 신분제도를 타파하려 하였다.
- 근대국가 수립을 목표로 하는 최초의 정치개혁운동이었고, 역사 발전에 합치되는 민족운동의 방향을 제시하였다.

④ 조선을 둘러싼 열강의 대립

　㉠ 열강의 세력 경쟁 : 갑신정변 이후 청의 내정간섭과 일본의 경제적 침략이 본격화되고, 러시아의 한반도 진출을 견제하기 위해 영국이 거문도를 불법적으로 점령하였다.

　㉡ 부들러, 유길준이 조선의 중립화론을 대두시켰다(1885).

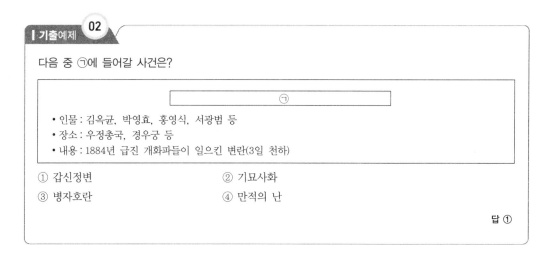

┃기출예제 02

다음 중 ㉠에 들어갈 사건은?

㉠
• 인물 : 김옥균, 박영효, 홍영식, 서광범 등 • 장소 : 우정총국, 경우궁 등 • 내용 : 1884년 급진 개화파들이 일으킨 변란(3일 천하)

① 갑신정변　　　　　　② 기묘사화
③ 병자호란　　　　　　④ 만적의 난

답 ①

(3) 동학농민운동

① 등장 배경
　　㉠ 정치적 부패와 경제 파탄으로 농민들은 새로운 사상이 필요하였다.
　　㉡ 천주교의 확산이 민족종교 탄생을 가속화시켰고, 1860년 최제우가 동학을 창시하였다.

② 성격
　　㉠ 전통적 민족 신앙을 바탕으로 유교·불교·도교·천주교 교리를 결합한 종합적인 성격을 가졌다.
　　㉡ 기존 성리학과 부패한 불교를 비판하고, 천주교를 배격하였다.

③ 확산 및 탄압
　　㉠ 삼남지방(경상도·전라도·충청도) 농촌사회에 널리 보급 및 전파되었다.
　　㉡ 정부는 세상을 어지럽히고 백성을 속였다는 혹세무민죄로 최제우를 처형하였다.

④ 동학의 확대
　　㉠ 2대 교주 최시형 등의 노력으로 삼남지방을 중심으로 교세를 확대하였다.
　　㉡ 포접제 조직(각 지방에 접주(接主)가 각 지방에 설치된 포(包),장(帳), 접(接)의 교단 통솔)으로 교단조직을 형성하였다.

⑤ 교조신원 운동
　　㉠ 의미 : 최제우의 명예 회복 운동 및 동학 인정을 요구하였다.
　　㉡ 삼례집회(1차 신원운동, 1892.11) : 교조 최제우 죽음에 대한 신원과 동학의 인정 및 탐관오리 처벌을 요구하였다.
　　㉢ 복합상소(2차 신원운동, 1893.2) : 교조의 신원과 외국인 철수를 요구하였다.
　　㉣ 보은집회(3차 신원운동, 1893.3) : 동학교도와 농민이 참가한 대규모 집회로 탐관오리 숙청 및 척왜양창의(斥倭洋倡義, 일본과 서양을 물리치고 대의를 세운다)결의를 내세웠다.

⑥ 동학농민운동의 전개
　　㉠ 고부민란(1894.1.10) : 고부 군수 조병갑의 횡포에 전봉준이 사발통문을 돌려 농민을 모아 고부 관아를 습격하였고, 정부는 조병갑을 탄핵하고 안핵사 이용태를 파견하였다.
　　㉡ 1차 봉기(반봉건 투쟁, 1894.4) : 안핵사 이용태는 봉기 관련자를 역적으로 몰아 탄압하자, 전봉준, 김개남 등을 재봉기(백산봉기, 보국안민·제폭구민)하였고, 황토현, 황룡촌 전투에서 승리하고 전주성을 점령(4.27)하였다. 정부는 전주성 함락 후 청군에 원군을 요청하자 청군은 아산만에 상륙(5.5)하였고, 텐진조약을 명분으로 일본군은 인천에 상륙(5.9)하였다. 동학농민군은 외국 군대 철수, 폐정개혁안을 조건으로 정부와 전주화약을 체결(5.8)하였다.

ⓒ **집강소 시기**: 전라도 각 고을에 동학농민군 자치기구를 설치(폐정개혁안 실천)하였다.

폐정개혁안	
내용	의미
1. 동학도는 정부와의 원한을 씻고 서정에 협력한다.	왕조 자체는 인정
2. 탐관오리는 그 죄상을 조사하여 엄징한다.	봉건적 지배세력 타파
3. 횡포한 부호를 엄징한다.	봉건적 지배세력 타파
4. 불량한 유림과 양반의 무리를 징벌한다.	봉건적 지배세력 타파
5. 노비문서를 소각한다.	봉건적 신분제 폐지
6. 7종의 천인차별을 개선하고 백정이 쓰는 평량갓을 없앤다.	봉건적 신분제 폐지
7. 청상과부의 개과를 허용한다.	여성 지위의 개선(봉건적 폐습 개선)
8. 무명의 잡세는 일체 폐지한다.	조세 제도의 개혁
9. 관리 채용에는 지벌을 타파하고 인재를 등용한다.	능력별 인재 등용
10. 왜와 통하는 자는 엄징한다.	반외세·반침략적 성격
11. 공·사채는 물론이고 기왕의 것은 무효로 한다.	농민의 부채 탕감
12. 토지는 평균하여 분작한다.	토지 제도의 개혁

ⓓ **2차 봉기**(반외세 투쟁, 1894.9): 일본이 경복궁을 점령(1894.7)하여 내정간섭 및 개혁 강요하자 동학농 민군은 재봉기하여 대일 항쟁을 전개하였지만, 공주 우금치 전투에서 진봉준의 동학농민군은 관군(=정 부군)과 일본군 등으로 구성된 진압군에 패배(1894.11)하였다. 패배 이후 진압군과 양반, 부호들로 조직 된 민보군의 무차별 공격으로 전봉준 등의 지도자들은 체포(1894.12)되었다.

ⓔ **동학농민운동 실패 이후**
- 농민군의 잔여 세력 가운데 일부는 이후 활빈당 등과 반(反)봉건적, 반(反)침략적 민족운동을 지속하기도 하였다.
- 갑오개혁에 영향을 주었으며, 항일 의병 투쟁으로 계승되었다.

⑦ **동학농민운동의 의의 및 한계**
  ㉠ **의의**
  - 반봉건 운동: 반봉건 성격은 갑오개혁에 영향을 주었고, 성리학적 전통질서의 붕괴가 촉진되었다.
  - 반침략 운동: 잔여세력이 의병운동에 계승되어 구국무장투쟁이 강화되었다.
  - 민중 주체의 아래로부터의 개혁 운동이었다.
  ㉡ **한계**: 근대국가 건설을 위한 구체적 방안의 제시가 없었으며, 농민층 이외의 지지기반이 없었다.

Note》 청·일 전쟁(1894~1895)
  ㉠ 배경
  - 조선에서 청과 일본의 대립 격화: 양국 상인의 대립
  - 동학농민운동 당시 톈진조약(1885)에 의한 청·일 양국 군대 조선 파병

  © 전개
- 조선에서의 철병을 거부한 일본군이 청 함대 기습
- 일본의 제해권 장악, 산둥 반도의 청 해군 기지 공격

  © 결과
- 시모노세키 조약 체결 : 요동(랴오둥)반도, 대만(타이완) 할양
- 러시아, 프랑스, 독일의 삼국간섭으로 요동반도는 청에게 반환

(4) 근대적 개혁의 추진

① 배경 : 일본은 내정개혁을 강요하였고, 군대를 동원하여 경복궁을 점령하였으며, 친일 내각과 군국기무처를 설치하였고, 갑오개혁을 추진하였다.

② 갑오 · 을미개혁의 전개과정 및 특징

구분	특징	내용	한계
제1차 갑오개혁 (1894.7.27~1894.12.17)	• 온건개화파가 주도한 김홍집내각이 군국기무처를 중심으로 자주적으로 추진하였다. • 갑신정변의 정강, 동학농민군의 개혁 요구가 많이 반영되었다.	• 정치 : 왕실과 정부 사무 분리, 6조를 8아문으로 바꾸고, 개국기원을 사용, 경무청 신설, 과거제를 폐지하였다. • 경제 : 재정일원화, 은본위제, 도량형 통일, 조세 금납제를 실시하였다. • 사회 : 신분제 철폐, 고문과 연좌법 폐지, 조혼 금지, 과부 재가를 허용하였다.	조세제도에 대한 근본적 개혁이 없었다.
제2차 갑오개혁 (1894.12.17~1895.7.7)	• 박영효, 김홍집 연립내각이 주도하였고, 군국기무처를 폐지하고, 홍범 14조를 발표하였다. • 삼국간섭으로 일본세력이 약화되었다.	내각제도 실시, 지방관 권한 축소(사법권, 군사권 배제), 지방제도 개편(8도→23부), 사법권 독립(재판소 설립), 한성사범학교 설립, 외국어학교관제 공포를 하였다.	군제개혁을 시도하였으나 일본의 견제로 성과가 없었다.
배일정책	• 삼국간섭 이후 일본 세력이 약화되자, 박영효는 실각되고, 온건개화파와 친러파의 연립내각이 성립(3차 김홍집내각)되었다. • 일본의 내정 간섭을 배제하고 배일정책을 강화하지만 을미사변으로 중단된다.		
을미개혁 (1895.8~1896.2)	• 을미사변 이후 친일적 성격이 강화된 김홍집내각(4차)이 급진적 개혁을 실시하였다. • 아관파천으로 개혁이 중단되었다.	'건양' 연호 사용, 친위대 · 진위대 설치, 단발령 실시, 태양력 사용, 종두법 실시, 소학교 설치, 우편 사무 실시	을미사변과 단반령으로 인해 반일 · 반정부, 반개혁 감정이 고조되었으며, 을미의병의 계기가 되었다.

❸ 개항 이후의 경제와 사회

(1) 열강의 경제 침탈

① 개항 초기 : 부산, 인천, 원산(일본의 거류지 무역)에서 약탈무역이 행해졌으며, 쌀, 콩, 금 등이 반출되었다.

② 임오군란 이후 : 상민수륙무역장정(청), 수호조규속약(일본)으로 내륙진출이 행해지면서 청나라와 일본 상인 간의 경쟁이 치열해졌다.

③ 갑신정변 이후 : 일본 상인은 곡물 수매에 주력하여 미면교환체제가 성립되었고, 이에 방곡령을 선포하였다.

④ 청·일 전쟁 이후 : 일본 상인이 조선 시장을 독점적으로 지배하였다.

⑤ 아관파천 시기 : 열강의 이권 침탈이 극심하였다(철도 부설권, 광산 채굴권, 삼림 채벌권).

⑥ 러·일 전쟁 이후 : 일본의 토지 침탈이 강화되고 철도 부지와 군용지를 확보하였다.

(2) 일본의 이권 침탈

① 철도 부설권 독점

   ㉠ 경인선(1899) : 미국의 부설권을 받아 완공하였다.

   ㉡ 경부선·경의선(1904) : 프랑스의 부설권을 일본이 받아 완공하였다.

   ㉢ 결과 : 일본은 침략 목적으로 대한 제국의 철도 운송을 독점하였다.

② 금융 지배 : 일본 은행이 경제침략의 첨병 역할을 하였고, 재정 고문 메가타의 화폐정리사업은 국내 상공업 자들에게 큰 타격을 주었다.

③ 차관 제공 : 청·일 전쟁 이후 내정 간섭과 이권 획득을 목적으로 차관을 도입하고, 러·일 전쟁 이후 화폐 정리와 시설 개선을 명목으로 차관을 강요하였다.

④ 토지 약탈 : 개항 직후 개항장 안의 일부 토지를 차용, 고리대업 등으로 농토를 차압하였고, 러·일 전쟁 이 후 철도 부지와 군용지 확보를 구실로 황무지 개간권을 요구하였고, 동양척식주식회사(1908)을 설립하여 국 유 미개간지와 역둔토를 계획적으로 약탈하였다.

(3) 경제적 구국 운동의 전개

① 방곡령(1889) : 일본 상인의 농촌 침투와 곡물 반출로 인해 함경도, 황해도 등지의 지방관의 직권으로 곡물 반출 금지를 하였으나, 조·일통상장정 규정에 의거한 일본 측 항의로 방곡령을 철회하고 배상금을 지불하 였다.

② 경제 자주권 수호 운동
- ㉠ **시전 상인** : 황국중앙총상회(외국인 불법적 상업 활동 엄단 요구)를 설립하였다.
- ㉡ **독립협회** : 러시아, 프랑스 등의 이권 침탈 저지 투쟁을 전개하였다.
- ㉢ **농광회사(1904)** : 황무지의 자체 개간을 추진하였다.
- ㉣ **보안회(1904)** : 일본의 황무지 개간 요구를 반대하고, 철회시켰다.
- ㉤ **국채보상운동(1907)** : 일제의 차관 제공에 의한 경제적 예속화 정책이 강화되자, 대구에서 서상돈이 주도하여 언론의 참여와 대중적 모금 운동(금연 운동, 부녀자들의 참여)을 통해 국채보상운동이 전개되었으나 일제의 탄압으로 중지되었다.

02 일제의 국권침탈과 국권수호운동

❶ 주권수호운동의 전개

(1) 독립협회

① **배경** : 아관파천 이후 열강의 이권침략이 가속화되었다.

② **창립**
- ㉠ 갑신정변의 주동자인 서재필이 자주독립국가를 수립하고자 독립협회를 창립하였다.
- ㉡ 서재필, 윤치호, 이상재 등의 진보적 지식인들과 도서서민층이 주요 구성원이었으며 광범위한 사회 계층의 지지를 받았다.

③ **활동**
- ㉠ 독립협회는 자주국권사상, 자유민권사상, 자강개혁사상을 바탕으로 활동하였다.
- ㉡ 청나라의 사신을 영접하던 장소인 모화관의 명칭을 고쳐서 독립정신을 고취하는 독립관으로 명명하고, 그 건물을 독립협회 회관으로 사용하고, 모화관 옆에 세운 영은문(迎恩門)자리에 독립문을 건립하였다.
- ㉢ 외세의 내정 간섭과 이권요구를 맞아 구국운동상소문을 작성하고, 독립신문을 발간하였다.
- ㉣ 민중에 기반을 둔 사회단체로 발전하여 강연회와 토론회를 개최하였다.
- ㉤ 최초의 근대적 민중대회인 만민공동회를 개최(1898.3)하고 후에 관민공동회를 개최(1898.10)하여 헌의 6조를 결의함으로써 중추원을 개편한 의회를 만들려고 하였다.

④ **해산** : 서구식 입헌군주제의 실현을 추구하여 보수 세력의 반발을 샀으며 보수 세력은 황국협회를 이용하여 독립협회를 탄압하였고, 독립협회는 3년 만에 해산되었다.

⑤ 의의 및 한계

    ㉠ 의의 : 근대적 민족주의 사상과 자유민권의 민주주의 이념을 알렸으며, 후에 애국계몽운동에 영향을 주게 되었다.

    ㉡ 한계 : 외세 배척이 러시아에만 치중되어 있었고, 미·영·일에 대해서는 비교적 우호적이었으며, 의병활동이나 동학농민운동에 대해서는 부정적인 태도를 가지고 있었다.

| 기출예제 03

다음에서 설명하는 사건은?

- 독립협회가 주최한 근대적 민중 대회이다.
- 러시아의 내정 간섭과 이권 요구를 규탄하였다.

① 광무개혁   ② 영남만인소
③ 만민공동회   ④ 원산총파업

답 ③

(2) 대한제국(1897)

① 배경 : 아관파천으로 국가의 권위가 떨어지고, 환궁운동이 전개되면서 고종이 환궁하게 되었다.

② 광무개혁

    ㉠ 국호를 대한제국, 연호를 '광무'라 부르며 왕의 명칭을 황제로 바꾸면서 대한국 국제(大韓國 國制)를 공포하고 대한제국의 성립을 선포하였다.

    ㉡ 개혁의 원칙은 구제도를 바탕으로 새로운 제도를 참작하는 구본신참이었다.

    ㉢ 전제군주체제를 강화하고 교정소라는 특별입법기구를 설치하였다.

    ㉣ 양전사업 실시를 위해 양지아문을 설치하고, 근대적 토지소유권 제도라 할 수 있는 지계를 발급하였다.

    ㉤ 상공업 진흥책으로 섬유·철도·광업 등의 분야에 공장과 회사를 설립하고, 근대 산업기술 습득을 위해 외국에 유학생을 파견하였다.

    ㉥ 간도와 연해주에 있는 교민 보호를 위해 북간도에 간도관리사(이범윤)을 파견하였다.

③ 의의 및 한계

    ㉠ 자주적 입장에서 근대적 개혁을 추진하였으며 근대 구권국가 지향, 국방·산업·교육 등의 성과를 이루었다.

    ㉡ 복고주의(전제황권 강화), 민권운동 탄압, 집권층의 보수성과 열강의 간섭으로 실패로 돌아갔다.

(3) 일제의 국권 침탈 과정

① 한·일 의정서(1904.2)

ⓐ 과정
- 러·일 전쟁 발발에 앞서 대한제국은 중립화 선언을 하였다.
- 일본은 대한제국의 독점적 지배권을 명문화하기 위해 전국의 군사적 요지를 점령한 후 한·일의정서를 강요하였다.

ⓑ 내용
- 일본 정부는 군사 전략상 필요한 지점을 임의로 사용하였고, 일본 동의 없이 제3국과 조약 체결이 불가하였다.
- 대한제국 영토와 황제에 위험이 있을 때 필요한 조치를 취하고, 시정개선에 관한 충고를 받아들이게 하였다.

② 제1차 한일협약(1904.8)

ⓐ 과정(고문정치) : 일본이 러·일 전쟁에서 승리가 확실시되자 재차 조선정부에 조약을 강요하였다.

ⓑ 내용 : 일본 정부가 추천하는 일본인 1명을 재정고문으로 초빙하고, 외국인 1명을 외교고문으로 초빙하였고, 외국과의 조약 체결이나 그 외 중요 안건은 일본과 협의하여 시행하게 하였다.

> 제1조 대한 정부는 대일본 정부가 추천한 일본인 1명을 재정 고문으로 하여 대한 정부에 용빙하고, 재무에 관한 사항은 일체 그 의견을 물어 시행할 것
> 제2조 대한 정부는 대일본 정부가 추천한 외국인 1명을 외무 고문으로 하여 외부에 용빙하고, 외교에 관한 중요한 업무는 일체 그 의견을 물어 시행할 것
> 제3조 대한 정부는 외국과의 조약 체결, 기타 중요한 외교 안건, 즉 외국인에 대한 특권 양여와 계약 등의 처리에 관하여는 미리 일본 정부와 협의할 것
>
> * 제시된 자료는 1차 한일협약 조약의 내용이다. 고문 정치를 실시하여 조선의 내정을 마음대로 간섭하려는 의도를 알 수 있다.

ⓒ 영향 : 재정고문에 일본인 메가타와 외교고문에 미국인 스티븐슨이 임명되었고, 협약에 없는 각 부에 일본인 고문을 두어 조선 내정을 마음대로 간섭하였다.

ⓓ 화폐정리사업(1905) : 재정고문 메가타가 한국의 화폐 발행권을 빼앗기 위해서 실시한 것으로 구 백동화와 상평통보를 제일은행권으로 바꿔주는 정책으로 일본제일은행이 한국의 중앙은행역할을 하였다. 실제 교환기간이 짧았으며, 일부는 교환을 거부하여 국내 상공업자들이 많은 피해를 입었다.

☼ 국제적으로 일본의 한국지배를 묵인한 조약 ☼

가쓰라·태프트 밀약(1905.7)	일본은 조선에 대한 지배권을, 미국은 필리핀에 대한 지배권을 상호 인정하였다.
제2차 영·일동맹(1905.8)	일본은 영국으로부터 조선의 지배를 인정받았다.
포츠머스 강화조약(1905.9)	영국의 미국의 지원을 통해 일본은 러·일전쟁에서 승리하고, 러시아로부터 조선에 대한 지배권을 인정받았다.

③ 을사조약(제2차 한일협약, 1905.11)

ⓐ 과정 (통감정치) : 고종의 거부에도 일제가 강제로 위협하여 조약을 강요하였다.

ⓒ 내용 : 일제는 대한제국의 외교권을 완전히 피탈(사실상 주권 상실)하고, 통감부를 설치(1906)하고 통감
정치를 실시하여 모든 내정에 간섭을 하였다.

제1조 일본국정부는 도쿄의 외무성을 통해 한국의 외국에 대한 관계 및 사무를 감리, 지휘하며, 일본국의 외교대표자 및
영사는 외국에 재류하는 한국의 신민 및 이익을 보호한다.
제2조 일본국정부는 한국과 타국 사이에 현존하는 조약의 실행을 완수할 임무가 있으며, 한국정부는 일본국정부의 승인 없
이는 국제적 성질을 가진 어떤 조약이나 약속도 하지 않는다.
제3조 일본국정부는 그 대표자로 한국 황제폐하의 궐하에 1명의 통감을 두게 하며, 통감은 오로지 외교에 관한 사항을 관
리하기 위하여 경성(서울)에 주재하고 한국 황제폐하를 친히 내알할 권리를 가진다.
제4조 일본국과 한국 사이에 현존하는 조약 및 약속은 본 협약에 저촉되지 않는 한 모두 그 효력이 계속되는 것으로 한다.
제5조 일본국정부는 한국 황실의 안녕과 존엄의 유지를 보증한다.

* 제시된 자료는 을사조약의 내용이다. 일본이 외교권 박탈을 위하여 강제로 체결한 조약으로 원명은 한ㆍ일 협상조약이며, 제2차 한ㆍ
일 협약, 을사보호조약, 을사5조약이라고도 한다.

---

④ 정미7조약(한ㆍ일신협약, 1907)

ⓐ 과정 : 헤이그 특사사건(1907)을 빌미로 초대 통감 이토 히로부미가 고종을 강제 퇴위시키고 순종을 즉
위시킨 후 한ㆍ일신협약의 체결을 강요하였다.

ⓑ 내용(차관정치) : 고등관리의 임용은 통감의 동의가 필요하고, 정책 결정과 행정 실권 장악을 위해 고문
대신 일본인 차관을 임명하고, 사법권ㆍ경찰권을 통감에 위임하였다.

제1조 한국정부는 시정개선에 통감의 지도를 받을 것
제2조 한국정부의 법령제정 및 중요 행정상 처분은 통감의 승인 거칠 것
제3조 한국의 사법사무는 보통 행정사무와 이를 구분할 것
제4조 한국 고등관리의 임면은 통감의 동의로써 이를 행할 것
제5조 한국정부는 통감이 추천하는 일본인을 한국 관리에 임명할 것
제6조 한국정부는 통감의 동의 없이 외국인을 한국 관리에 임명하지 말 것
제7조 1904년 8월 22일 조인한 한일외국인 고문 용빙에 관한 협정서 제1항은 폐지할 것

* 제시된 자료는 정미7조약의 내용이다. 이 조약은 일본이 고종을 강제 퇴위시킨 직후에 강압적인 분위기로 체결되었기 때문에 국제조
약으로 법적 유효성에 의문이 있다.

ⓒ 군대해산(1907.8) : 정미7조약의 부수조항에 포함된 것으로, 일본 활동 제약, 재정 곤란을 이유로 해산시
켰고, 해산된 군인들은 지방 각지의 의병에 합류하여 의병의 무장 투쟁화가 되었다.

⑤ 기유각서(1909) : 조선의 언론ㆍ집회ㆍ결사ㆍ출판의 자유를 유린하고, 사법권 및 감옥사무를 강탈하고, 한국
재판소를 폐지하여 통감부에 사법청을 설치하였다.

⑥ 한ㆍ일병합조약(국권 피탈, 경술국치, 1910.8) : 데라우치 통감은 경찰권을 박탈하고, 황성신문ㆍ대한매일신
보 등을 강제 폐간하고, 이완용 내각과 합병조약을 체결하여 국권 강탈하였다.

Note 》 간도협약(1909) : 대한제국은 간도를 함경도의 행정구역으로 편입(1902)하였으나, 일제는 청과 간도협약(1909)을 체
결하여 만주의 철도 부설권과 탄광 채굴권을 획득하고, 간도를 청의 영토로 인정하였다.

❷ 애국계몽운동

(1) 애국계몽운동의 전개

① 초기 : 개화 · 자강계열 단체들이 설립되어 구국민족운동을 전개하였다.

    ㉠ 보안회(1904) : 일본의 황무지 개간권 철회를 요구하였다.

    ㉡ 헌정 연구회(1905) : 입헌군주제 수립을 목적으로 설립되었다.

② 1905년 이후 : 국권회복을 위한 애국계몽운동을 전개하였다.

    ㉠ 대한자강회 : 교육과 산업을 진흥시켜 독립의 기초를 만들 것을 목적으로 국권회복을 위한 실력양성운동을 전개하였으나, 고종의 강제퇴위 반대 운동으로 해산되었다.

    ㉡ 대한협회 : 교육의 보급, 산업개발 및 민권신장 등을 강령으로 내걸고 실력양성운동을 전개하였다.

    ㉢ 신민회

      • 성격 : 비밀결사조직으로 국권회복과 공화정체의 국민국가 건설을 목표로 하였다.

      • 활동 : 국내에서는 문화적(대성학교, 오산학교 설립) · 경제적(태극서관, 자기회사)실력양성운동을 펼쳤으며, 국외에서 독립군기지 건설을 통한 군사적인 실력양성운동에 힘쓰다가 105인 사건으로 해체되었다.

③ 주요 활동

    ㉠ 교육 운동 : 국권 회복을 위한 구국 교육 운동, 서북 학회, 기호흥학회 등

    ㉡ 언론 운동 : 국민 계몽과 애국심 고취, 황성 신문, 대한 매일 신보 등

    ㉢ 산업 운동 : 경제 단체 조직, 상권 보호, 근대 경제 의식 고취, 국채 보상 운동

④ 의의

    ㉠ 국권 회복과 근대 국민 국가 건설을 동시에 추구하여 실력 양성 운동으로 계승하였다.

    ㉡ 일본의 방해와 탄압으로 실질적인 성과를 거두는 데에 어려움이 있었다.

❸ 항일의병운동

(1) 항일의병전쟁의 전개

① 을미의병(1895)

    ㉠ 원인 : 을미사변이 발생하고 친일 내각은 단발령을 시행하였다.

    ㉡ 특징 : 유인석 · 이소응 등 유생들이 주도하였고, 농민과 동학농민군의 잔여 세력 참여하였다.

    ㉢ 해산 : 아관 파천 후 고종의 해산 권고 조칙으로 자진 해산하였다.

② **을사의병**(1905~1906)

　㉠ **배경** : 을사조약 체결 이후 전국 각지에서 의병운동이 전개되었다.

　㉡ **활동** : 국권회복을 위한 무장투쟁을 전개하였고, 평민 출신의 의병장과(신돌석·홍범도) 민종식(충남 홍주), 최익현(전북 태인·순창, 전라도 의병 활발 계기) 등이 활약하였다.

③ **을사조약 반대 투쟁**

　㉠ **언론활동** : 황성신문에 장지연의 '시일야방성대곡'을 게재하였고, 대한매일신보에 고종의 '을사조약 부인 친서'를 게재하였다.

　㉡ **자결순국** : 이한응, 민영환, 홍만식, 조병세 등이 자결로써 항거하였다.

　㉢ 조약의 무효 주장 및 매국노를 규탄하는 상소운동을 조병세, 이상설, 안병찬 등이 전개하였다.

　㉣ **의열투쟁** : 장인환·전명운은 스티븐슨을 저격(1908)하였고, 안중근은 하얼빈에서 이토 히로부미를 저격(1909)하였고, 나철·오기호 등은 5적 암살단을 조직하여 조약에 찬성한 일진회 및 매국노를 공격하였다.

　㉤ **외교활동** : 고종은 헤이그특사(이상설·이준·이위종 등)를 파견하여 을사조약 무효와 일본의 만행을 알리려고 하였으나 고종 강제퇴위의 계기가 되었다.

④ **정미의병**(1907)

　㉠ **배경** : 고종의 강제 퇴위와 군대 해산으로 인해 의병 전쟁이 전국적으로 확산되었다.

　㉡ **전개** : 해산 군인들이 의병에 가담하여 의병부대 전투력이 강화되었다.

⑤ **의병운동에 대한 평가**

　㉠ **의의** : 항일 무장 독립 투쟁의 기반 마련하게 되었고, 국권 상실 이후 독립군으로 가담하였다.

　㉡ **한계** : 일본군에 비해 조직과 화력이 열세하였으며 유행 출신 의병장의 보수적 성격으로 적극적 활동이 불가하였고, 국제적 고립을 야기하게 되었다.

⑥ **서울진공작전**(1908)

　㉠ 총대장 이인영, 군사장 허위 등 유생 의병장 주도로 13도 창의군이 결성되었다.

　㉡ 경기도 양주에 집결하여 서울 진공작전을 실시하였다. 총대장 이인영은 부친상을 당하자 서울 진공 작전 지휘를 포기하고 고향으로 내려갔었다.

　㉢ 평민 의병장 제외(신돌석, 홍범도 등)와 일본의 우세한 화력 등의 이유로 서울 진공작전은 실패하였다.

⑦ **일본의 남한대토벌작전**(1909) : 일본은 조선을 식민지로 만들기 위해 대대적인 의병 토벌을 하였고, 이에 의병들은 만주, 연해주 등지로 이동하여 무장독립군을 편성하였다.

❹ 일제의 침략과 민족의 수난

(1) 무단통치(헌병경찰통치, 1910~1919)

① 의미 : 헌병과 경찰을 동원하여 우리 민족을 무력적으로 탄압하는 공포 정치이다.

② 내용

   ⓐ **총독부 체제** : 일제 식민통치의 중추기구로 조선총독부를 설치(1910)하였고, 총독은 한국에서 입법 · 사법 · 행정 · 군통수권을 장악(무관 출신만 임명)하였다.

   ⓑ **중추원** : 총독부의 자문기구로 조선인 회유를 목적으로 형식적인 기구인 중추원을 만들었다.

   ⓒ **헌병경찰제도** : 헌병경찰은 태형령(지시불이행 및 잘못할 경우 매로 때림) · 즉결처분권(즉시 법절차 없이 처벌)행사하였고, 교사 및 관리까지도 제복 착용과 대검 휴대를 하였다.

   ⓓ **기본권 박탈** : 구한말 제정한 보안법, 출판법, 신문지법, 사립학교령 등 4대 악법이 존속하였고, 언론, 출판, 집회, 결사의 자유를 허용하지 않았다.

   ⓔ **토지조사사업 시행**(1912~1918)

목적	• 근대적 토지 소유제도 확립 및 정리를 명분으로 시작하였다. • 실제로는 토지의 약탈 및 안정적인 토지세 확보를 위해 실시하였다.
과정	• 기한부 신고제와 복잡한 절차 → 미신고 토지, 국유지, 공동 소유 토지, 마을 · 문중의 토지를 약탈하였다.
결과	• 소작농의 관습적인 경작권 · 개간권 등을 부정하고 기한부 계약제로 전환하였다. • 지주 권한이 강화되고, 농민의 권리가 약화하였다. • 탈취한 토지를 동양척식주식회사 등의 토지회사나 일본인에게 헐값에 불하하였다. • 소작쟁의 발생의 배경이 되었다. • 몰락한 농민들은 만주, 연해주 등의 국외로 이주하였다.

   ⓕ **회사령**(1910) : 회사 설립을 허가제로 하여 한국인 회사 설립과 민족자본의 성장을 억제하였다.

   ⓖ **광업령**(1915) : 광업권을 허가제로 하여 일본인이 광산을 독점하였다.

   ⓗ **전매사업실시** : 소금, 담배, 아편, 인삼 등을 독점하였다.

   ⓘ **각종 시설 설치** : 대륙 침략을 위해 철도(경원선, 호남선) · 통신 · 항만 시설을 설치하였다.

(2) 문화통치(보통경찰통치, 민족분열통치 1919~1931)

① 의미 : 3 · 1운동 이후 조선을 문화민족으로 대우한다는 기만적 회유정책을 통해 민족의 분열 및 이간을 유도하여 친일파를 양성하였다. 이에 일제의 지도하에 자치권을 얻자는 자치론을 주장하는 타협적 민족주의자들이 등장(이광수, 최린 등)하였다.

② 내용

   ⓐ **총독 임용체제 변경** : 총독에 문관도 임명 가능하였으나 실제로 문관 임명 사례는 없었다.

ⓛ **보통 경찰제도** : 교사 및 관리의 제복 착용과 대검휴대를 폐지하였고, 보통경찰로 바뀌나 경찰의 인원 · 장비 · 유지비는 3배 이상 증가하였다.

ⓒ **언론 및 교육 정책** : 조선일보와 동아일보 창간을 허용하였으나, 검열 강화를 통한 정간 · 폐지가 반복되어 정상적 발행이 어려웠고, 조선학제를 일본학제와 동등하게 하여 교육열을 무마시키고자 하였다.

ⓔ **치안유지법 제정**(1925) : 사회주의 세력 탄압을 위한 조치로 제정하였으나, 실제로는 민족해방 · 독립운동을 억압하기 위한 수단으로 이용하였다.

ⓜ **회사령 폐지**(1920) : 일본 자본의 조선 침입을 쉽게 하기 위해 기존의 허가제를 폐지하고, 신고제로 전환하였다.

ⓗ **지방정책** : 도평의회 · 부면협의회를 설치하여 지방자치를 일부지역만 허용하였다.

ⓢ **산미증식계획**(1920~1934)

목적	• 일본의 산업자본주의 발달에 따른 식량 부족을 해결(쌀 수요 증가→쌀값 폭등)하였다.
과정	• 산미증식을 위해 종자 개선, 비료, 수리시설 개선 시도→모든 비용을 농민이 부담하였다. • 증산량보다 목표한 수탈량이 더 많았으나 계획대로 수탈하였다.
결과	• 각종 비용을 부담으로 농민층 몰락→도시 빈민, 화전민, 국외 이주민이 증가하였다. • 소작쟁의를 전개하였다. • 국내 쌀 부족으로 만주에서 잡곡을 수입하였다. • 쌀 상품화 현상→쌀 중심의 단작화 현상이 심화되었다.

ⓞ **각종 시설 설치** : 함경선 설치로 한반도에 철도선 X축을 완성하여 수탈 라인을 완성하였다.

(3) 민족말살통치(1931~1945)

① **의미** : 병참기지화 정책과 강력한 무력 탄압을 통해 조선인을 일본인으로 동화시키려고 하였다.

② **내용**

ⓐ **병참기지화 정책** : 만주사변(1931), 중 · 일전쟁(1937), 태평양전쟁(1941)이 배경이 되어 북부 지역에 많은 군수 관련 중공업 공장을 설치하였다.

ⓛ **남면북양 정책** : 방직 제품 원료를 저렴하게 확보하기 위해 남쪽에 면제품, 북쪽에 양을 키웠다.

ⓒ **국가총동원령**(1937) : 학도병 · 징병 · 징용 등으로 노동력을 착취하고, 여성 노동자를 정신대로, 일부는 전쟁터에 위안부로 끌고 갔으며, 군량미 공출, 식량미 배급제도, 가축증식계획, 금속제 물품을 강제 공출하였다.

ⓔ **황국신민화정책**
- 내선일체(일본과 조선은 한 몸), 일선동조론(일본인과 조선인 조상이 같음)을 주장하였다.
- 신사참배, 황국신민 서사 암송 강요, 궁성요배(일왕 궁성을 향해 절)를 강요하였다.
- 우리말 사용 금지, 우리역사 교육 금지, 학술 · 언론단체를 해산(조선일보, 동아일보 폐간)하였다.
- 일본식 성과 이름의 사용을 강요(창씨개명)하였다.

ⓜ 농촌진흥운동(1932~1940) : 주로 생활 개선 사업을 하였으나, 고율 소작료, 수리 조합비, 비료 비용 부담에 의한 농민 반발을 줄이고, 농촌 통제 강화를 위한 미봉책에 불과하였다.(국가총동원령 이전의 사업으로 실제로 1935년까지 시행)

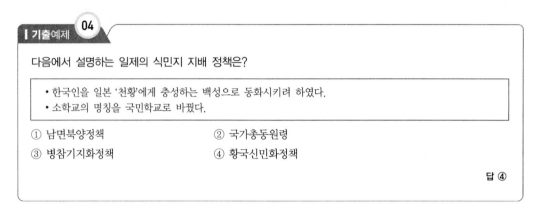

기출예제 04

다음에서 설명하는 일제의 식민지 지배 정책은?

• 한국인을 일본 '천황'에게 충성하는 백성으로 동화시키려 하였다.
• 소학교의 명칭을 국민학교로 바꿨다.

① 남면북양정책　　　　　　② 국가총동원령
③ 병참기지화정책　　　　　　④ 황국신민화정책

답 ④

❺ 국·내외 독립운동 기지 건설

(1) 3·1운동의 전개

① 배경
　ㄱ 국내 : 무단통치에 의한 분노(극소수 친일파를 제외한 모든 계층 피해)와 고종황제의 죽음이 계기(일제의 독살이라는 소문 확산)가 되었다.
　ㄴ 국외(국내 민족지도자에 자극) : 미국의 윌슨은 민족 자결주의를 제창하였고, 소련의 레닌은 약소국 지원을 주장하였고, 신한청년당은 파리강화회의에 김규식을 파견하여 조선의 독립을 주장하였고, 일본 도쿄 유학생을 중심으로 2·8독립선언서(1919)를 발표하였다.

② 전개
　ㄱ 서울 태화관에서 종교계 인사들 중심의 민족대표자들이 독립선언서를 낭독하였으나, 스스로 체포되어 운동을 주도하지는 못하였다.
　ㄴ 학생들이 탑골공원에서 독립선언서를 낭독하면서 군중 시위를 주도하였다.
　ㄷ 학생·시민이 만세시위를 전개하여 주요 도시에서 전국·도시로, 그리고 농촌·해외로 확산되었다.
　ㄹ 일본은 군대까지 동원하여 무력 탄압을 하였다(제암리 학살 사건, 유관순의 순국 등).

③ 의의 및 영향
　ㄱ 민족의 저력을 보여주었으며, 대한민국 임시정부 수립의 계기가 되었다.

ⓒ 일제 식민통치 방식이 무단통치에서 기만적 문화통치로 전환되었고, 아시아의 반제국주의 민족해방운동에 영향을 주었다(중국 5 · 4운동, 인도 비폭력 투쟁 등).

④ 한계 : 일제의 강력한 탄압과 민족지도자들의 지도력 부족 및 국제정세의 불리로 실패하였다.

│기출예제 05

다음 설명에 해당하는 민족 운동의 영향으로 옳은 것은?

> 1919년 3월 1일 시작된 대규모 만세 시위는 모든 계층이 참여한, 우리 역사상 최대 규모의 민족 운동으로 전국적으로 확산되었다. 일제는 헌병 경찰, 군대 등을 동원하여 무력으로 진압하였고, 시위에 참여한 사람을 체포하였다.

① 단발령을 실시하였다.
② 광무개혁을 시작하였다.
③ 독립 협회를 창설하였다.
④ 대한민국 임시 정부를 수립하였다

답 ④

---

(2) 3 · 1운동 이전의 민족운동(1910년대)

① 국내 항일비밀결사의 활동

ⓐ 독립의군부(1912) : 의병전쟁 계열의 독립 단체로서 복벽주의를 표방, 비밀 결사 단체

ⓑ 대한광복회(1915) : 군대식 조직을 갖추고 독립전쟁을 통한 국권회복을 최종목표로 군자금 마련을 위해 각지의 부호에게 의연금을 납부케하고, 친일파를 색출하여 처단하였다.

ⓒ 송죽회(1913) : 평양 숭의여학교 교사와 학생이 결성한 비밀결사단체였다.

ⓓ 조선국권회복단(1915) : 상해 임시정부에서 군자금을 모집하고, 파리강화회의에 보낼 독립청원서를 작성하였다.

② 국외 독립운동기지 건설

ⓐ 북간도 : 용정촌, 명동촌을 중심으로, 독립운동단체(중광단, 북로군정서)와 학교(서전서숙, 명동학교)가 있었다.

ⓑ 남만주 : 삼원보를 중심으로, 독립운동단체(경학사→부민단→한족회)와 학교(신흥학교→신흥무관학교)가 있었다.

ⓒ 연해주 : 신한촌(블라디보스트크)을 중심으로, 독립운동단체(성명회, 권업회, 대한국민의회)가 있었다.

ⓓ 미주 지역 : 안창호, 이승만 등이 대한인국민회를 조직한 후 외교 활동을 하였으며, 박용만 등이 대조선국민군단을 조직하고 독립군 양성을 시도하였다.

ⓔ 기타 : 밀산부의 한흥동(이상설), 상하이의 신한청년당(김규식) 등이 있었다.

02 임시정부 수립과 광복군 창설의 의의

01 대한민국 임시정부 수립

(1) 대한민국 임시정부의 수립과 활동

① 3·1운동 이후 정부 수립 운동

ㄱ 한성정부(서울, 1919.4.23)

ㄴ 대한국민의회(연해주, 1919.3.17) : 한반도 접경지역에 위치하여 무장투쟁에 중점을 두었으며, 국내 진공 작전을 고려하였다.

ㄷ 대한민국 임시정부(상하이, 1919.4.13) : 외교독립론을 주장하였다.

② 통합 임시정부 수립 : 한성정부의 법통성을 계승하고, 대한국민의회를 흡수하고, 상하이에 위치한 대한민국 임시정부를 수립하였다.

③ 정부의 체제

ㄱ 3권 분립에 입각한 최초의 민주공화정제 정부 : 국무원(행정), 임시의정원(입법), 법원(사법)으로 구성되었다.

ㄴ 다양한 노선(무장투쟁론·외교독립론·실력양성론 등)과 민족주의·사회주의 이념이 결합되었다.

④ 정부의 활동

ㄱ 연통제 조직 및 교통국 설치(임시정부~국내외를 연결하는 비밀조직)

연통제(행정조직)	교통국(정보조직)
• 정부 명령을 기획 및 집행의 역할을 담당하였다. • 각 도·군·면 단위별로 설치하였다.	• 정보의 수집 및 분석 연락의 업무를 담당하였다. • 각 군에 교통국, 각 면에 교통소를 설치하였다.

ㄴ 애국공채 발행, 국민의연금을 통해 군자금을 마련하였다.

ㄷ 이륭양행(만주)과 백산상회(부산) : 각종 정보 전달 경로 및 임시정부의 자금줄 역할을 하였다.

ㄹ 독립신문 발행 : 임시정부 기관지를 발행하였다.(독립협회 독립신문과는 다른 신문이다.)

ㅁ 사료편찬소 설립 : 독립운동 관련 역사 및 자랑스러운 역사와 관련된 자료를 정리하였다.

ⓑ **외교 활동** : 미주 지역 외교를 위해 구미위원부 설치하고, 김규식 등이 파리강화회의에 참석하고, 워싱턴 회의 등 각종 국제회의 참여하였으나, 성과는 미비하였다.

⑤ **정부의 위기** : 연통제 교통국들이 거의 다 발각되고, 이승만의 국제연맹청원사건으로 임시정부가 흔들리게 되었다.

(2) 임시정부의 위기와 재편

① **임시정부의 위기**

ⓐ 연통제 중 교통국들이 거의 발각되어 국내와의 연락망이 붕괴되고 자금난·인력난에 직면하게 되었다.

ⓑ 이승만의 국제연맹청원사건으로 임시정부가 흔들리게 되었다.

ⓒ 외교독립론·독립전쟁론 등 이념과 노선의 차이로 독립 노선에 대한 갈등이 심화되었다.

② **임시정부의 재편** : 국민대표회의(1923)의 소집과 결렬

ⓐ **배경** : 임시정부의 침체와 사상적 대립이 격화되었다.

ⓑ **전개** : 국내, 연해주, 만주, 미주 등의 독립운동 단체 대표 상하이에 소집되었으며, 임시정부 활동 및 독립운동 방법을 놓고 토의하였다. 개조파·창조파·현상유지파를 분열되어 성과는 미비하였다.

개조파	임시정부 조직만 개조 주장(실력양성 + 외교활동 강조, 안창호 등)
창조파	완전 해체 후 새로운 정부 구성 주장(무장투쟁 강조, 신채호 등)
현상유지파	임시정부 유지 주장(김구·이동녕 등)

ⓒ **결과** : 임시정부의 활동이 침체되었고, 김구 등에 의해 명맥만 유지하였다.

(3) 대한민국 임시정부 활기

① **한인애국단의 활동(1926)**

ⓐ **배경** : 임시정부 침체를 극복하기 위해 김구를 중심으로 조직되었다.

ⓑ **활동**

• 이봉창 의거(1932) : 도쿄에서 일본 천황의 마차에 폭탄을 던졌으나 폭탄은 불발하였다. 하지만 상하이사변의 계기가 되었으며 중·일 감정이 악화되었다.

• 윤봉길 의거(1932) : 상하이 홍커우 공원 승전기념식에 폭탄을 투척하여 성공을 거두었으며, 장제스(장개석)의 중국 국민당이 중국 영토 내 무장독립투쟁을 승인하고, 임시정부를 지원하는 계기가 되었다.

② **충칭시기의 임시정부(1940)**

ⓐ **배경** : 중국 정부의 주선으로 중국 충칭에 임시정부가 자리잡았다.

ⓑ **활동**

• 집행력 강화를 위해 김구가 단일 지도자(주석제)로 임시정부를 이끌었다.

• 한국광복군을 창설하였고, 조소앙의 삼균주의(정치, 경제, 교육 균등)에 바탕을 둔 대한민국 건국 강령을 발표(1941)하였다.

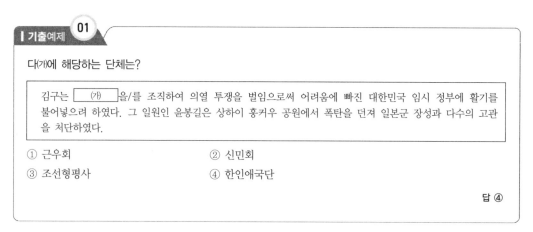

기출예제 01

다(가)에 해당하는 단체는?

> 김구는 ☐(가)☐ 을/를 조직하여 의열 투쟁을 벌임으로써 어려움에 빠진 대한민국 임시 정부에 활기를 불어넣으려 하였다. 그 일원인 윤봉길은 상하이 홍커우 공원에서 폭탄을 던져 일본군 장성과 다수의 고관을 처단하였다.

① 근우회   ② 신민회
③ 조선형평사   ④ 한인애국단

답 ④

02 국내의 민족운동의 전개

(1) 실력 양성 운동의 전개

① 배경 : 즉각 독립에 대한 회의(선 실력 양성, 후 독립 주장), 문화 정치에 대한 기대, 사회진화론의 영향이 원인이 되었다.

② 물산장려운동
    ㉠ 배경 : 일본 자본의 한국 진출 확대로 민족 자본의 위기가 강화되자, 민족 자립 경제를 추구하고자 하였다.
    ㉡ 과정 : 평양에서 조만식의 주도로 조선물산장려회가 발기(1920)되어 전국으로 확산되었으며, 국산 애용, 근검저축, 생활 개선, 금주·단연 운동 등을 전개하였다.
    ㉢ 한계 : 민족기업의 생산력 부족, 일제의 방해 및 자본가들의 이기적인 이윤 추구를 비난, 민중의 외면 등으로 실패하게 된다.

③ 민립대학설립운동(1920년대 초) : 조선교육회는 조선총독부에 고등교육기관 설립을 촉구하였고, 이상재, 조만식, 이승훈 등이 중심이 되어 민립대학기성회를 조직하여 1천만 원 기금조성운동을 전개하였다. 하지만 일제는 민립대학설립운동에 대항하여 경성제국대학 설립(1924) 등의 방해를 하여 실패하게 만들었다.

(2) 6 · 10만세운동

① 배경 : 일제의 수탈정책과 식민지 교육정책에 대한 반발과 순종의 인산일(장례식)이 계기가 되었다.

② 전개 : 사회주의 세력이 기획하고, 민족주의 세력들이 지원한 운동으로 사회주의계의 기획은 일제의 사전 감시와 탄압으로 사전에 발각되었지만, 이후 학생들 주도로 순종의 장례 행렬을 따라가며 만세시위운동을 전개하였고, 서울에서 시작하여 전국으로 확산되면서 전국의 많은 학생들과 사회주의계열 단체들이 참여하였지만 일제의 탄압으로 실패하였다.

③ 의의 : 민족주의계 · 사회주의계의 대립과 갈등의 극복 계기를 마련하여 신간회 결성의 계기가 되었고, 민족유일당운동으로 발전하였다.

(3) 광주학생항일운동(1929.11.3)

① 배경 : 일제의 민족차별과 식민지 차별교육(민족 차별 교육)과 한국인 학생과 일본인 학생간의 충돌이 계기가 되었다.

② 전개 : 전라도 광주에서 일본인 남학생이 조선인 여학생을 희롱하자, 조선인 남학생이 일본 남학생을 구타하였고, 일제의 일방적 일본학생 편들기에 광주의 모든 학생들이 운동에 참여(식민지 탄압정치, 제국주의 타도 등 주장)하여 항일운동을 전개하였고, 신간회는 진상 조사단 파견 등의 지원을 하며, 조직적이고 전국적 규모로 항일투쟁이 확대되었다.

③ 의의 : 3 · 1운동 이후 최대의 항일민족운동으로 전국적 규모로 발전하여 국외로 확산(만주 · 일본)되었으며, 신간회 해체(1931)의 계기가 되었다.

(4) 신간회

① 창립(1927) : 비타협적 민족주의계와 사회주의계 인사가 조직하였고, 이상재 · 홍명희 · 조병욱 · 안재홍 등의 지식인 계층이 주도한 합법단체이다.

② 활동
   ㉠ 소작쟁의, 동맹휴학, 노동쟁의 등의 대중운동을 지원하고, 광주학생항일운동에 진상 조사단을 파견(1929)하였다.
   ㉡ 지방 순회 강연 실시(민족의식 고취)하고, 동양척식주식회사 폐지, 한국인 본위의 교육제도 실시 등을 정책으로 삼으면서 청년 · 여성 · 형평운동 등과 연계하여 활동하였다.
   ㉢ 해체(1931) : 일제의 철저한 탄압과 내부의 이념 대립(민족주의 계열에서 타협적 노선 등장)에 코민테른(국제공산당 지도단체)의 민족주의자와 분리투쟁 지시로 해산되게 되었다.

(5) 문화·사회적 민족운동

① **청년운동** : 조선청년연합회(1920), 조선청년총동맹(1924) 등은 지식향상을 위해 강연회, 토론회 등의 개최 및 학교, 야학 등을 설치하고, 심신의 단련 도모 및 사회교화와 생활개선에 힘썼다.

② **소년운동** : 천도교소년회(1921.5.1)는 방정환, 조철호 등의 주도로 어린이를 어른과 동등한 인격체로 대우하려는 운동을 전개하였다. 어린이날 제정, 어린이 잡지 '어린이' 창간하였고 조선 소년 연합회 설립(1927)

③ **형평운동**

    ㉠ **배경** : 갑오개혁 때 신분제는 폐지되었지만, 백정에 대한 사회적 불평등이 계속 지속되었다.

    ㉡ **과정** : 초기에는 백정의 지위향상운동으로 시작하여 민족운동·계급운동으로 발전하였다. 백정 이학찬이 경남 진주에서 조선형평사를 조직(1923.4)하여 1925년 본부를 서울로 옮긴 후 1927년에 전국 조직으로 발전하였다.

    ㉢ **활동** : 백정에 대한 사회적 차별과 백정 자녀의 교육문제 등의 인권운동 전개하고, 여러 사회운동단체들과 협력하면서 각종 파업이나 소작쟁의에 참가하여 '백정도 똑같은 인간이다'라는 구호 사용하였다.

④ **농민운동**(소작쟁의)

    ㉠ **원인** : 일제의 토지 조사 사업과 산미증식계획이 계기가 되었다.

    ㉡ **활동**

      • 1920년대는 소작권 이전 및 고율 소작료 반대 투쟁 등 생존권 투쟁이었지만, 1930년대는 일제의 식민 지배를 부정하는 항일민족운동으로 변모하였다. ('토지를 농민에게로'라는 구호)

      • 황해도 흑교농장 소작쟁의(1919, 최초의 소작쟁의), 암태도 소작쟁의(1923~1924) 등이 대표적인 농민운동이다.

      • 일제의 대륙 침략 이후 농민운동을 탄압하자 비합법적, 혁명적 조합이 주도를 하였다.

⑤ **노동운동**

 ㉠ **원인** : 일제의 식민지 공업화정책으로 일본 기업 진출과 노동자 수의 증가와, 사회주의 운동의 대두로 노동자 각성과 단결이 강화되었다.

 ㉡ **내용**

- 1920년대는 노동자의 생존권 투쟁(임금 인상 및 근로조건 개선 등)에서 1930년대는 반제국주의 항일민족운동을 전개(일본 제국주의 타도)하였다.
- 원산 노동자 총파업(1928~1929), 서울 고무여공들의 파업(1922) 등이 대표적이며, 일제 대륙 침략 이후 노동운동 탄압으로 비합법적, 혁명적 조합이 주도하였다.

⑥ **교육활동(문맹퇴치운동)** : 일제의 우민화정책으로 문맹문제가 심각하자, 1920년대 전국 각지에서 야학이 설립되고, 조선일보, 동아일보가 적극적으로 지원하였다. 조선일보는 '아는 것이 힘, 배워야 한다.'라는 표어로 전국 각지에서 문자보급운동을 전개하였고, 동아일보는 브나로드 운동(1931~1934)을 전개하여 우리글을 가르치고 근검절약, 미신타파 등의 생활개선에 노력하였으며 조선어학회는 전국에 한글강습소를 개최하였다.

⑦ **여성운동** : 근우회(신간회의 자매단체)

 ㉠ **창립(1927)** : 신간회가 조직되자, 여성운동계에도 통합론 일어나게 되면서 여성계 민족유일당(근우회)이 조직되었다.

 ㉡ **활동** : 신간회와 연계하여 활동하면서, 여성 문제 토론회와 강연회를 개최(여성 노동자 권익, 여성의 단결, 남녀평등 등을 전개)하였고, 광주학생운동 및 각종 항일학생운동 지도와 지원을 하였다.

 ㉢ **해체(1931)** : 신간회 해체를 전후하여 내부의 이념대립(사회주의계열 · 민족주의계열 사상 차이 심화)으로 해산하였다.

(6) 민족문화 수호운동

① **식민사관의 날조**

 ㉠ **목적** : 일제강점기 한국인에 대한 통치를 용이하게 하기 위해서 일제에 의해 정책적 · 조직적으로 조작된 역사관으로서, 일제의 한국 식민 지배를 정당화하기 위한 목적이었다.

 ㉡ **내용**

- **타율성론** : 일제는 타율성론을 통하여 한국사의 발전 과정이 자주적 역량에 의해서가 아니라 외세에 영향 하에 이루어졌다고 주장하였다. 또한, 한국사의 발전은 일제식민지 지배를 통해서 가능하다고 보았다(임나일본부설, 반도성격론, 만선사관).
- **정체성론** : 한국의 역사는 오랫동안 발전하지 못하였으므로 일본의 도움이 필요하다는 주장이다.
- **당파성론** : 우리 민족성은 분열성이 강하여 항상 내분하여 싸웠다고 주장하였다(당쟁론).
- **조선사편수회(1925)** : 일제시대 조선 총독부가 조선 민족사를 편찬하기 위해 설립한 단체로 민족사를 왜곡하고 식민지 지배의 정당성을 부여하기 위한 역사서 편찬을 주요 업무로 하였으며, 「조선사」, 「조선사료총간」, 「조선사료전집」 등을 간행하였다.

② 민족사학의 전개

　㉠ 민족주의 사학 : 한국사의 주체적 발전과 정신 사관을 강조하였다.

　　• 박은식 : 19세기 이후 일본의 침략과정을 통해 민족의 수난을 밝힌 「한국통사」와 우리의 항일투쟁을 다룬 「한국독립운동지혈사」를 저술하였고, 민족정신을 '혼'으로 파악하여 혼이 담겨 있는 민족사를 강조하였다. "국가는 멸할 수 있어도 역사는 멸할 수 없다."고 하면서 역사를 국혼(國魂)과 국백(國魄)의 기록이라고 주장하였다.

　　• 신채호 : 「조선상고사」에서 "인류사회의 아(我)와 비아(非我)의 투쟁"이라고 주장하고, 「조선사연구초」 등을 저술하여 민족주의 역사학의 기반을 확립하였고, 낭가사상을 강조하였다.

　　• 정인보 : 고대사 연구에 치중하였고, '오천년간 조선의 얼'을 신문에 연재하고 일제 식민사관에 대항하였고 '얼 사상'을 강조하였다.

　　• 문일평 : 민족문화의 근본으로 세종을 대표자로 하는 '조선심' 또는 '조선사상'을 강조였다.

　㉡ 사회경제사학 : 한국사의 보편적 발전성을 강조하였다.

　　• 백남운 : 유물사관에 바탕을 두고 한국사가 세계사의 보편법칙에 따라 발전하였음을 강조하여 식민사관의 정체성론을 비판하였다.

　㉢ 실증사학 : 청구학회를 중심으로 한 일본 어용학자들의 왜곡된 한국학 연구에 반발하여 이윤재, 이병도, 손진태, 조윤제 등이 진단학회를 조직하고 한국학 연구에 힘썼다.

　㉣ 신민족주의사학 : 문헌고증을 토대로 사회경제사학의 세계사적 발전 법칙을 수용하여 민족주의사학을 계승, 발전 시켰으며 손진태, 안재홍, 홍이섭 등이 중심인물이다.

③ **국어연구와 한글 보급** : 국문연구소(대한제국) → 조선어연구회(1921) → 조선어학회(1931) → 한글학회(현재)순으로 발전해왔다.

　㉠ 조선어연구회(1921) : 한글의 연구와 강연회 등을 통해 한글을 보급하였고, 한글 기념일 '가갸날'을 정하고 잡지 '한글'을 발간하여 한글 대중화에 기여하였다.

　㉡ 조선어학회(1931) : 조선어연구회가 조선어학회로 개편하여, 1932년 한글맞춤법 통일안의 제정, 한글날 제정, 표준어를 제정하였고, 1929년부터 〈우리말 큰사전〉 편찬을 추진(일제 탄압으로 중지)하였다. 조선어학회 사건(1942)으로 강제 해산되었다.

03 국외의 독립 무장 투쟁 전개

(1) 의열단의 활약

① 배경 : 3 · 1 운동 이후 보다 조직적이고 강력한 무장투쟁 단체의 필요성이 대두되면서 김원봉 · 윤세주 등이 중심이 되어 1919년 만주 길림에서 비밀결사를 조직하였다.

② 목적 : 동포들 애국심 고취와 민중봉기를 유발하여 민중의 직접 혁명을 통한 일제 타도를 추구하였다.

③ 활동

　㉠ 무정부주의의 영향으로 본부를 일정한 곳에 두지 않고 옮겼다.

　㉡ 김익상(1921)은 조선총독부에 폭탄을 던졌고, 김상옥(1923)은 종로 경찰서에 폭탄을 던지고, 일본 경찰과 교전하여 여러 명을 사살하였고, 나석주(1926)는 동양척식주식회사와 조선식산은행에 폭탄을 던지고 일본인을 사살하였다.

　㉢ 신채호의 '조선혁명선언'을 활동지침으로 삼아 활발한 투쟁을 벌였다.

④ 활동의 변화

　㉠ 개별적인 폭력투쟁의 한계를 인지하고 1920년대 후반부터 조직적인 무장투쟁을 준비하였고, 중국국민당 정부의 지원으로 조선혁명 간부학교를 세웠다.

　㉡ 황푸(황포)군관학교에 다수 입학하여 체계적 · 조직적 군사 훈련 군사 간부 양성하였다.

　㉢ 중국 지역 내 민족유일당 설립운동을 전개하여 민족혁명당(1935) 결성을 주도하였다.

(2) 1920년대 만주와 연해주 독립군 부대의 활약

① 배경 : 3 · 1 운동 이후 무장 독립 전쟁의 조직적 전재의 필요성이 대두되었다.

② 독립군 부재의 조직

서간도	• 서로군정서 : 신흥무관학교 출신 중심 • 대한독립단 : 의병장 출신 중심
북간도	• 북로군정서 : 대종교 계통, 김좌진 중심 • 대한독립군 : 의병장 출신의 홍범도 중심

③ 무장독립투쟁

　㉠ 봉오동 전투(1920.6)

　　• 배경 : 일본군은 독립군의 국내진입작전 및 활발한 활동에 위기감을 느꼈다.

　　• 전개과정 : 독립군의 국내진입작전이 활발해지자 일본은 정규군을 투입하였지만, 패배하고 만다. 이에 대대적인 섬멸작전을 추진하자 독립군(홍범도의 대한독립군, 안무의 국민회군, 최진동의 군무도독부군 등)은 연합부대를 결성하고 일본군의 추격에 대비한 매복작전을 통해 일본군 수백 명을 살상하였다.

  ◎ 청산리 전투(1920.10)
- 배경 : 독립군의 국내진입작전과 봉오동전투에서의 참패를 계기로 일제는 훈춘사건(1920)을 조작하여 일본군을 만주에 투입하였다.
- 전개과정 : 일본군 공격을 피해 독립군은 근거지를 떠나 화룡현 이도구와 삼도구에 집결하여 김좌진이 인솔하는 북로군정서를 포함한 여러 독립군 부대(홍범도의 대한 독립군, 안무의 국민회군 등)는 청산리 일대에서 일본군과 6일간 10차례 전투(백운평 전투→완루구 전투→천수평 전투→어랑촌 전투→천보산 전투→고동하 전투)를 통해 일본군 1,200여 명을 사살하는 대승을 거두었다.

④ 독립군의 시련
  ㉠ 간도 참변(경신참변, 1920)
- 배경 : 일본인 봉오동 전투와 청산리 대첩 대패 이후 간도지방 한인촌을 무차별 습격 및 보복 살해하였다.
- 결과 : 일본군의 초토화 작전으로 독립군의 기반인 한인촌이 폐허가 되었다.
  ㉡ 자유시 참변 (흑하사변, 1921)
- 배경 : 일본은 청산리 등에서 독립군이 승리하자 만주의 조선인 독립군 운동기지 파괴공작을 시작(간도 참변)하였다.
- 전개과정 : 독립군의 주력부대가 밀산부에 집결하여 서일을 총재로 대한독립군단을 조직 후 소련 영내로 이동하였으나, 적색군(소련군)의 한국 독립운동 지원에 속아 자유시로 이동하여 적색군을 도와 백군(러시아군)과의 내전에 참여하게 된다. 적색군은 승리 후 독립군의 무장을 강제해제하고, 이에 저항하는 독립군을 공격하여 많은 사상자가 발생하였다.
  ㉢ 미쓰야 협정(1925) : 일제가 독립군 탄압을 위해 만주군벌과 맺은 협정으로 민주 독립군 도벌에 싱호 협조를 약속하고 독립군에 대한 현상금을 걸었다.

⑤ 독립군 재편과 통합운동
  ㉠ 3부의 성립(1923~1925) : 만주 지역의 독립단체들의 활발한 통합운동으로 3개의 군정부가 성립되었다.
- 참의부 : 압록강 연안의 임시정부의 직할 부대를 표방하였다.
- 정의부 : 하얼빈 이남 지린(길림)과 펑톈(봉천)을 중심으로 한 남만주 일대에서 활동하였다.
- 신민부 : 북만주 일대, 자유시 참변을 겪고 돌아온 독립군을 중심으로 결성하였다.
  ㉡ 3부의 성격 : 민주적 민정기관과 군정기관을 갖추고 무장독립군을 편성한 3개 자치정부로서 독립전쟁을 전개하였다.

(3) 1930년대 무장 독립전쟁

① 한 · 중 연합작전 (1930년대 전반)
  ㉠ 배경 : 일본이 만주 침략 이후 본격적인 군사 진출을 하면서, 만주 대부분의 독립운동 단체는 중국 관내로 이주하였고, 민족주의적 독립운동단체의 일부는 1930년대 중반까지 중국 공산당의 지도 아래 한 · 중 연합작전을 전개하였다.

ㄴ 조선혁명군(총사령관 양세봉) : 남만주 일대에서 중국 의용군과 연합하여 영릉가 전투, 흥경성 전투 등에서 일본군을 격파하였다.

ㄷ 한국독립군(총사령관 지청천) : 북만주 일대에서 중국 호로군과 연합하여 쌍성보 전투, 대전자령 전투, 사도하자 전투 등에서 일본군을 격파하였다.

ㄹ 한·중 연합 작전의 위축

- 일본군의 북만주 초토화 작전, 중국군의 사기 저하되었다.
- 중국 국민당과 공산당 사이의 항일전에 대한 의견 대립 발생하였다.
- 한국독립군은 임시정부의 요청에 따라 중국 본토로 이동하였다.
- 조선혁명군은 양세봉이 일제에 의해 살해되면서 세력이 급속히 위축되었다(1934).

② **동북인민혁명군(1933)** : 중국 공산당이 동북인민혁명군을 조직하자 한국인 사회주의자들이 참여하여 항일 유격전 전개했으며 이후 동북항일연군으로 개편되었다(1936).

③ **중국 관내에서의 조선 의용대의 활약**

ㄱ 민족혁명당(1935)

- 중국 난징에서 민족 독립 운동의 단일 정단을 목표로 의열단, 한국독립당, 조선혁명당 등 중국 본토의 항일 독립운동 세력을 통합하여 결성하였다.
- 민족주의 진영과 사회주의 진영의 통일전선 정당으로 결성되었다.

ㄴ 조선의용대(1938)

- 김원봉을 중심으로 조신민족혁명당이 중·일 전쟁(1937) 직후 중국 국민징 정부의 지원을 통해 창설하였다.
- 중국 국민당의 정부군과 합세하여 정보 수집 및 후방 교란 등 중국군 작전을 보조하는 부대로 중국 여러 지역에서 항일 투쟁을 전개하였다.
- 충칭에 남은 조선의용대의 일부와 그 지도부는 임시정부의 한국광복군에 합류하였다(1942).

04 대한민국 임시정부와 한국광복군의 활동

① **대한민국 임시정부의 조직 강화**

ㄱ 한국독립당의 결성(1940)

- 민족주의 계열의 3개 정당(한국국민당, 한국독립당, 조선혁명단)이 연합하여 결성하였다.
- 김구가 중심이 된 단체로서 대한민국 임시정부의 집권 정당의 성격을 띤다.

ㄴ 충칭에 정착한 후 주석제(1940)로 정치지도 체계가 변경되었으며 이후 주석·부주석 중심제(1944)로 변경되었다.

ㄷ 조소앙의 삼균주의를 바탕으로 한 대한민국 건국 강령을 발표(1941)하였다.

② 한국광복군의 활동

　㉠ 한국광복군의 창설(1940)

　　• 중국 충칭에서 지청천을 총사령관으로 창설하였다.

　　• 창설 초기 한국청년전지공작대와 통합하고 이후 김원봉이 지휘하는 조선의용대와 통합(1942)하였다.

　㉡ 한국광복군의 활동

　　• 대일 선전포고 : 태평양 전쟁 발발(1941.12)에 대일 선전포고 후 연합군 일원으로 참전하였다.

　　• 연합작전의 전개(1934) : 연합군의 일원으로 인도·미얀마 전선에 광복군을 파견하였으며, 직접 전투 외에 정보 수집, 포로 심문, 대적 방송 등에 종사하였다.

　　• 국내 진공작전 계획(OSS, 1945) : 미국의 도움으로 국내 정진군 구성을 하였으나, 일제의 패망으로 무산되었다.

｜기출예제 01

다음 중 한국광복군의 활동으로 옳지 않은 것은?

① 국내 진공작전을 준비하였다.

② 청산리 전투에서 일본군을 격파하였다.

③ 태평양 전쟁 때 일본에 선전 포고를 하였다.

④ 인도와 미얀마 전선에서 연합군과 공동 작전을 전개하였다.

답 ②

대한민국의 역사적 정통성  03

01 광복과 대한민국 정부 수립

(1) 광복(1945.8.15)

① 내적 요인 : 지속적인 독립운동의 결과이다.

② 외적 요인 : 연합군의 제2차 세계 대전 승리, 일본의 항복이 외적요인이다.

    ㉠ **카이로회담**(1943.11) : 제2차 세계 대전 중 이집트 카이로에서 미국 · 영국 · 중국의 연합국 지도자들이 모여 이루어진 회담으로 "적당한 시기에 한국을 자유 독립국가로 해방"을 약속하였다.

    ㉡ **얄타회담**(1945.2) : 미국 · 영국 · 소련 등 연합국 정상들이 제2차 세계대전 종전을 앞두고 독일의 관리 문제 등을 논의하기 위해 흑해 연안 얄타에서 개최한 회담으로 소련의 대일전 참전을 승인하였다.

    ㉢ **포츠담선언**(1945.7) : 제2차 세계대전 종전 직전인 1945년 7월 26일 독일의 포츠담에서 열린 미국 · 영국 · 중국 3개국 수뇌회담의 결과로 발표된 공동선언으로 카이로 회담(한국의 독립)을 재확인하였다.

(2) 광복 직전 · 후의 건국준비활동

① 국외

    ㉠ **대한민국 임시정부**(중국 충칭) : 민족주의 계열의 한국 독립당이 주도하였으며, 조소앙의 삼균주의에 따른 건국 강령을 제정하였다.

    ㉡ **조선독립동맹** : 김두봉 등의 사회주의 계열의 독립 운동가들이 결성하였으며, 조선의용군이 군사적 기반이었다.

② 국내

    ㉠ **조선건국동맹** : 여운형이 중심이 되어 국내에서 조직되었으며, 광복 후 조선건국준비위원회로 개편되었다.

    ㉡ **조선건국준비위원회**(1945.8.15)

      • 광복과 동시에 여운형은 조선건국동맹을 확대 개편하였다.

      • 치안유지와 함께 건국준비작업에 착수하였다.

- 미군의 남한 진주가 결정되자 좌익세력의 주도로 조선인민공화국을 선포하고, 인민위원회를 설치하나, 미군정은 인정하지 않았다.
  - ⓒ 다양한 정치세력 활동 : 한국민주당(송진우 · 김성수 중심, 미군정과 긴밀한 관계 유지), 독립 촉성 중앙 협의회(이승만이 조직), 한국 독립당(김구 중심) 등이 활동하였다.

③ 38도선 합의와 미 · 소 점령군 주둔
  - ㉠ 38도선 합의 과정 : 미국의 원폭투하(1945.8.6) → 소련군의 참전(1945.8.9) → 미국의 38도선 분할 제의(소련 수용) → 일본의 항복 → 남북에 미 · 소 점령군이 진주(1945.9.8)하는 과정을 통해 국토가 분단되었다.
  - ㉡ 남한을 점령한 미 군정청 정책
    - 임시정부와 공산주의 활동을 인정하지 않았으므로 한국인의 자치 행정 · 치안 활동을 불인정 하였다.
    - 일제하에 일했던 친일관리와 경찰을 그대로 기용하여 친일세력의 득세 기회를 제공하였다.
  - ㉢ 북한을 점령한 소련군 사령부 정책
    - 인민 위원회의 활동을 인정(행정권 · 치안권 인정)하였다.
    - 38도선 이북지역에 소련군 진주, 소련군과 함께 들어온 김일성 등 공산주의 세력을 중심으로 공산주의 정권 수립을 추진하여 민족주의 세력을 억압하였다.

(3) 남북한 정부의 수립과 좌절

① 모스크바 3국 외상 회의(1945.12)
  - ㉠ 모스크바에서 미국 · 영국 · 소련의 3개국이 제2차 세계대전 전후 문제처리를 위한 외상회의였다.
  - ㉡ 한국에 임시민주정부 수립 및 미국 · 영국 · 중국 · 소련에 의한 최고 5년간 한반도 신탁통치 규정하였다.
  - ㉢ 우익의 신탁통치 반대와 좌익의 신탁통치 지지는 좌우대립의 계기가 되었다.

② 찬탁과 반탁의 대립
  - ㉠ 찬탁 운동(좌익세력)과 반탁 운동(우익세력, 김구 · 이승만 등)의 대립이 격화되었다.
  - ㉡ 미 · 소 공동 위원회(1946~1947)

1차 미 · 소 공동위원회(1946.3)	• 임시정부 협의 대상 범위를 놓고 대립하였고, 결국 결렬되었다. • 미국은 반탁 운동을 펼치는 우익 세력까지 포함시키고자 하였으나, 소련은 반탁 운동을 펼치는 우익 세력은 배제시키고자 하였다.
2차 미 · 소 공동위원회(1947.5)	• 소련의 계속된 반탁 단체 배제 주장으로 결렬되고 말았다.

  - ㉢ 미 · 소간의 갈등과 냉전으로 1 · 2차 미 · 소 공동위원회는 결렬될 수밖에 없었으며, 이에 미국은 UN에 한반도 문제를 이관하였다.

③ 이승만의 정읍발언(1946.6)

    ㉠ 단독정부 수립 주장 : 미 · 소 공동위원회가 결렬되자, 이승만은 정읍발언에서 단독정부수립을 주장하였다. 이에 미국과 한국민주당은 지지를 하였지만, 대다수의 단체들은 부정적인 반응을 보였다.

    ㉡ 이승만의 「정읍 발언」 (1946.6.3)

> 이제 우리는 무기 휴회된 미 · 소 공동 위원회가 재개될 기색도 보이지 않으며, 통일 정부를 고대하나 여의치 않게 되었으니, 우리는 남쪽만이라도 임시 정부, 혹은 위원회 같은 것을 조직하여 38도선 이북에서 소련이 철퇴하도록 세계 공론에 호소하여야 될 것이니 여러분도 결심하여야 될 것이다.
>
>   -정읍발언-

④ 좌 · 우 합작 운동(1946.10)

    ㉠ 배경 : 1946년 5월 1차 미 · 소 공동 위원회가 결렬되었다.

    ㉡ 전개과정

- 좌 · 우 대립을 극복 및 통일 정부 수립을 위해 중도 우파(김규식)와 중도 좌파(여운형)가 연합하였다.
- 좌 · 우 합작 위원회를 결성하였고, 좌 · 우 합작 7원칙을 발표(1946.10, 좌 · 우 연대 추진 노력)를 하였다.
- 좌 · 우 합작 위원회가 제시한 7원칙에 좌 · 우익 핵심 정치 세력이 합작 조건의 차이로 동의하지 않았다.

    ㉢ 결과 : 제2차 미 · 소 공동위원회(1947.5)결렬되자, 미 군정청은 단독정부수립을 지지하여 우익을 지원하였고, 여운형이 암살(1947.7)당하자 좌우합작은 결렬되었다.

(4) 대한민국 정부의 수립

① 유엔총회의 결의

    ㉠ 유엔은 남북한 총선거를 결정하였다(1947.11).

    ㉡ 유엔 한국임시위원단을 내한(1948.1)하였으나 소련은 총선거가 실시될 경우 인구가 적은 북한에게 불리하다고 판단하여 북한 방문을 거부하였다.

    ㉢ 유엔 한국임시위원단은 접근 가능한 남한만의 단독선거를 결의하였다(1948.2).

② 남북협상의 추진(1948.4)

    ㉠ 배경 : 남 · 북한 총선거 무산으로 남한만의 단독선거를 결정하였다.

    ㉡ 전개과정 : 김구, 김규식 등이 북한을 방문하여 남북협상을 개최하고, 공동성명을 발표하였다.

    ㉢ 결과 : 김구, 김규식 등은 5 · 10 총 선거에 불참하며 통일정부 수립운동을 전개하였으나, 김구 암살(1949.6) 등으로 실패하고 말았다.

> 우리는 통일 정부가 가망 없다고 단독 정부를 주장할 수는 없는 것이다. …… 마음속의 38도선이 무너지고야 땅 위
> 의 38도선도 철폐될 수 있다. …… 나는 통일된 조국을 건설하려다 38도선을 베고 쓰러질지언정 일신의 구차한 안
> 일을 취하여 단독 정부를 세우는 데는 협력하지 않겠다.
>
> * 김구는 1948년 2월 10일 「삼천만 동포에게 읍고함」이라는 성명서를 발표하고 통일정부수립을 위한 마지막 몸부림으로 남북
> 협상의 길에 오른다. 1948년에 접어들며 남북 양쪽에 단독 정부가 들어설 준비가 진행되고 있어서 분단은 이미 기정사실화되
> 어 가고 있었다.

③ 제주도 4 · 3사건(1948. 4. 3)

   ㉠ **배경** : 단독 선거 반대 시위의 발생에 경찰의 발포가 이어지자 주민들은 총파업을 전개하였고, 미 군정청
은 경찰과 우익단체 등을 동원하여 무력 탄압을 하였다.

   ㉡ **전개과정** : 좌익 세력은 남한만의 단독선거에 반대하여 무장 봉기를 일으키자, 제주도 일부 지역에서
5 · 10총선거가 무산되고, 좌익 세력의 유격전이 전개되었다.

   ㉢ **결과** : 군대 · 경찰의 초토화 작전으로 많은 양민이 희생되었다.

④ 5 · 10 총선거(1948)

   ㉠ **국회의원 선출** : 임기 2년, 198/200명(제주도 일부 지역 투표 무산)

   ㉡ **제헌국회 구성과 헌법 공포(1948. 7. 17)** : 삼권분립의 대통령 중심제

   ㉢ 제헌국회에서 대통령 이승만, 부통령 이시영 선출 : 간선제

⑤ 대한민국 정부 수립(1948. 8. 15)

   ㉠ 우리나라 최초의 보통선거로 총선거를 통해 제헌국회의원을 선출하였다. 선거에 김구의 한국독립당, 김
규식 등의 중도파와 공산주의자들은 불참하였다.

   ㉡ 제헌국회를 구성(임기2년, 제헌의원 선출)하고 민주공화국체제의 헌법을 제정 · 공포하였다(7. 17).

   ㉢ 대통령에 이승만, 부통령에 이시영을 선출하고, 대한민국의 수립을 선포하였다(1948. 8. 15).

   ㉣ 대한민국은 1948년 12월 유엔총회에서 민주적인 절차에 의해 수립된 유일한 합법 정부로 승인받음으로
써 대외적 정통성을 확보하였다.

⑥ 여수 · 순천 10 · 19사건(1948. 10. 19)

   ㉠ **배경** : 제주도 4 · 3사건 진압을 위해 여수 주둔 군부대에 출동 명령을 지시하였다.

   ㉡ **전개과정** : 좌익세력이 제주도 출동에 반대해 통일 정부 수립을 주장하며 봉기를 일으키고, 여수 · 순천을
점령하였다.

   ㉢ **결과** : 이승만 정부의 진압으로 군대 내 좌익세력이 숙청되고, 군 · 민의 막대한 인명이 살상되었다.

(5) 친일파 청산과 농지개혁

① 반민족 행위 처벌법 제정(1948.9)

　㉠ 배경 : 민족정기와 사회정의를 바로 세우려는 목적으로 제정하였다.

　㉡ 내용 : 일제 강점기에 친일 행위를 한 사람들의 처벌 및 공민권을 제한하였다.

　㉢ 전개과정 : 제헌국회는 반민족행위처벌법 제정·공포(형벌불소급의 원칙 적용하지 않음)하여 반민족행위
　　특별조사위원을 구성하였고, 대다수 국민들이 지지를 하였다.

　㉣ 결과 : 박흥식, 최린, 이광수, 최남선 등에게 실형을 선고하였지만, 형집행 정지 등으로 전원 석방되었고,
　　이승만 정부는 특위위원이 공산당과 내통했다는 것을 구실로 반민특위를 해체하였다(1949.8.31).

　㉤ 한계 : 이승만 정부의 비협조와 국회 프락치 사건, 친일파 경찰들의 반민특위 습격 사건 등으로 반민특위
　　가 해체되었다.

② 농지개혁법(1949)

　㉠ 배경 : 국민의 개혁 요구 및 북한의 토지개혁 단행과 산업화 토대 마련을 하고자 하였다.

　㉡ 전개과정 : 농지 개혁법을 공포(1949.6)하였으나 6·25전쟁으로 중단되었으며, 개정 시행(1950.3)을 하
　　여 1957년에 완료하였다.

　㉢ 내용
　　• 1구당 농지 소유 면적을 3정보로 제한한 것으로 농지 소유의 상한선을 설정하였다.
　　• 3정보 이상의 농지나 직접 경작하지 않는 사람의 농지 등을 정부가 유상매수·유상분배(자유전의 원칙 지향)
　　　하였다. 북한이 전 토지가 대상인 것과는 달리 남한은 산림과 임야를 제외한 토지를 대상으로 하였다.
　　• 미 군정청은 귀속 농지를 유상으로 분배하였고, 북한과 달리 지주들은 자기 소유의 토지를 임의로 처분이 가
　　　능하였다.

　㉣ 결과
　　• 지주중심의 토지 소유에서 농민 중심의 토지 소유로 전환되었지만, 지주층의 입장이 많이 반영되었고, 지주에
　　　게 유리하게 진행되었다.
　　• 남한의 공산화 방지에 기여하였다.
　　• 유상분배의 부담으로 일부 농민은 농지를 되팔고 다시 소작농이 되기도 하고, 중소 지주층은 유상매수를 위
　　　해 발행한 지가증권이 현금화가 잘 안되어, 산업자본가가 되기에는 어려움이 있었다.

③ 귀속재산 처리법(1949.12.19)

　㉠ 배경 : 귀속재산을 유효적절하게 처리함으로써 산업부흥과 국민경제의 안정을 도모하기 위한 목적으로
　　제정되었다.

　㉡ 전개 : 신한 공사에서 귀속재산을 접수하였으나, 처리가 미비하였으며 1950년대 독점 자본 형성에 영향
　　을 주었다.

02 민주주의 정착과 발전

(1) 헌법 개헌

① 헌법제정(1948. 7. 17 공포)

ᄀ 대통령 중심제, 임기 4년 중임제, 간선제(국회에서 선출)

ᄂ 부통령 · 국무총리를 두었으며 단원제 국회

② 제1차 개정(1952. 7. 7, 발췌 개헌) : 대통령 중심제, 임기 4년 중임제, 직선제

③ 제2차 개정(1954. 11. 29, 사사오입 개헌) : 초대 대통령의 중임 제한 철폐, 부통령의 대통령 승계, 직선제

④ 제3차 개정(1960. 6. 15, 내각 책임제 개헌) : 내각 책임제, 양원제, 사법권의 민주화, 경찰 중립화, 지방차
지의 민주화

⑤ 제4차 개정(1960. 11. 29, 부정선거 처벌 개헌)

ᄀ 부정축재자 처벌 등 소급법 근거 마련

ᄂ 상기 형사사건 처리를 위한 특별재판서와 특별 검찰부 설치

⑥ 제5차 개정(1962. 12. 26, 제3공화국 헌법) : 대통령 중심제, 임기 4년 중임제, 직선제, 단원제

⑦ 제6차 개정(1969. 10. 21, 3선 개헌)

ᄀ 대통령의 3선 연임 허용, 직선제

ᄂ 국회의원의 국무위원 겸직 허용, 대통령 탄핵소추 요건 강화

⑧ **제7차 개정(1972. 12. 27, 유신 헌법)**

　　㉠ 대통령 중심제, 대통령의 권한 강화, 임기 6년 중임제한 철폐

　　㉡ 간선제(통일주체국민회의 신설), 국회권한 조정, 헌법개정절차 일원화

⑨ **제8차 개정(1980. 10. 27, 제5공화국 헌법)**

　　㉠ 대통령 중심제, 연좌제 금지, 임기 7년 단임제

　　㉡ 간선제(대통령 선거인단에 의해 선출), 구속적부심 부활, 헌법개정절차 일원화

⑩ **제9차 개정(1987. 10. 29, 제6공화국 헌법-현행 헌법)**

　　㉠ 대통령 중심제, 임기 5년 단임제, 직선제

　　㉡ 비상 조치권 및 국회해산권 폐지로 대통령 권한 조정

▌기출예제 02

밑줄 친 ㉠에 해당하는 정부 형태는?

> 4·19 혁명으로 이승만 자유당 정권이 붕괴된 후, 새 헌법에 따라 ㉠새로운 정부 형태가 만들어졌다.

① 내각 책임제　　　　　　　② 입헌 군주제

③ 대통령 중심제　　　　　　④ 국무령 체제

답 ①

---

(2) 제1공화국(1948~1960) : 이승만 정부

① **정책** : 반공, 독재 정치로 국민의 기본권을 제한하였다.

② **장기 집권 체제 확립 및 반민주적 개헌**

　　㉠ **발췌개헌(1952.5.7)**

　　　• 배경 : 재선 가능성의 희박함을 알고 국회를 통한 간접선거를 피하고, 대통령 직선제로 개헌을 추진하고자 하였다.

　　　• 과정 : 대통령 계엄령을 선포하고 국회 해산을 요구하였다. 국회의원을 압박하여 군경이 국회의사당을 포위한 가운데 국회의원들이 기립 방식으로 투표를 하였다.

　　　• 결과 : 대통령 직선제와 내각 책임을 발췌·절충한 개헌안(국회 양원제)을 통과시켜 이승만은 대통령에 재선되었다.

　　㉡ **사사오입 개헌(1954.11.29)**

　　　• 배경 : 이승만은 종신 집권을 도모하고자 하였다.

　　　• 과정 : 초대 대통령에 대해 3선 금지 조항 폐지 개헌안을 통과시키려고 하였다.

- 결과 : 초대 대통령에 한하여 연임 제한 규정이 철폐되고, 이후 대통령에 자유당의 이승만이 부통령에 민주당의 장면이 당선되었다.
  - ⓒ **진보당 사건(1958.1)** : 위원장 조봉암을 비롯한 진보당의 전간부가 북한의 간첩과 내통하고, 북한의 통일 방안을 주장했다는 혐의로 구속 기소된 사건으로 이를 통해 야당 지도자인 조봉암을 사형시키고 진보당을 해체시켰다.
  - ⓔ **3 · 15부정 선거(1960)** : 대리 투표, 투표함 바꿔치기 등의 비리를 자행하였다.
  - ⓜ **4 · 19 혁명(1960)**
    - 배경 : 독재정치와 3 · 15부정 선거가 직접적인 원인이 되었다.
    - 과정 : 마산의 항의 시위(김주열 사망)를 계기로 전국적으로 시위가 확산되자 경찰의 발포가 이어지고, 교수단마저 시위에 참여하자 이승만은 사임(4.25)하였다.
    - 의의 : 학생과 시민이 중심이 되어 독재 정권을 무너뜨린 민주혁명이다.
- ③ **이승만 정부의 전후 복구와 경제 정책**
  - ⓐ **전후 복구 사업** : 미국 등의 원조를 받아 사회 기간시설을 보수하였고, 1950년대 후반부터 제분(밀가루), 제당(설탕), 섬유(면방직)산업인 삼백산업이 발달하였다.
  - ⓑ **미국의 경제 원조**
    - 배경 : 한국의 정치적 안정과 미국 내 과잉 생산 농산물을 처리하기 위한 목적이었다.
    - 내용 : 주로 생활필수품과 면화, 밀가루, 설탕 등 소비재 산업 원료에 집중되었고, 1958년에는 미국의 경제 불황으로 무상원조에서 유상차관으로 전환되었다.
    - 영향 : 식량 문제 해결에 크게 기여하였으나, 밀가루, 면화 등의 대량 수입으로 농업 기반이 붕괴되었다.

(3) **제2공화국(1960~1961) : 장면 내각**

① **성격** : 장면을 행정수반으로 하여 민주당 내각을 성립하고(대통령 윤보선, 국무총리 윤보선), 내각 책임제와 양원제를 채택하였다.

② **정책** : 경제 제일주의 정책을 내세워 경제개발 5개년 계획을 수립하였으나 5 · 16군사정변으로 실행하지 못하였다.

③ **한계** : 지속되는 경기 침체와 독재정권 붕괴에 따른 국민들의 요구 수용에 소극적으로 대처하여 많은 지지를 얻지 못하였다.

03 5 · 16군사정변과 유신 체제

(1) 5 · 16군사정변

① 배경 : 사회 혼란과 장면 내각의 무능 등을 명분으로 박정희 중심의 일부 군부 세력이 쿠데타를 통해 권력을 장악하였다.

② 경과 : 정치군인 박정희는 국가재건최고회의를 구성하고 군정을 실시하였으며 내각책임제를 대통령제와 단원제로 바꾸고, 제5대 대통령 선거에서 군복을 벗은 박정희가 윤보선을 누르고 당선되었다(1963).

(2) 박정희 정부의 출범(1963~1972)

① 성격 : 대통령 직선제, 국회 단원제

② 정책

경제 · 성장 제일주의 정책(정부 주도)	• 제1 · 2차 경제 개발 5개년 계획을 추진(1962~1971)하였다. • 경공업 육성과 수출 주도형 성장 전략(섬유산업, 가발 등)을 전개하면서 낮은 임금(저임금 정책)을 이용한 노동 집약적 산업이 발달하였다. • 경부고속도로 건설(1970), 포항제철 건설이 시작되었다.
한일국교 정상화 (1965.6)	• 미국의 수교 요구와 경제 개발에 필요한 자본 확보를 위해 추진하였다. • 학생을 중심으로 6 · 3시위가 발생하자 계엄령을 선포하고, 한 · 일 협정을 체결(1965.6.22)하였다.
베트남 파병 (1965~1973)	• 국군의 베트남 파견을 대가로 미국은 한국군 현대화를 위한 장비와 경제원조의 제공을 약속하였다(브라운 각서). • 베트남 특수로 경제 발달을 이루었지만, 고엽제와 인명 피해가 발생하였다.
새마을 운동(1970)	• 정부 주도로 진행(근면 · 자조 · 협동을 바탕)되어 농어촌 근대화 운동과 소득 증대 사업을 중심으로 진행되었다. • 초기는 단순한 농가의 소득배가운동에서 시작되어 점차 도시 · 직장 · 공장에 확산되면서 근면 · 자조 · 협동을 생활화하는 의식개혁운동으로 발전하였다.
3선 개헌(1969)	• 경제성장을 바탕으로 제6대 대통령 선거에 재선하였다. • 대통령의 3선 연임을 허용하는 개헌안을 통과시켜 장기 집권 기반을 마련하고, 제7대 대통령 선거에서 신민당 김대중 후보를 누르고 당선되었다.
통일 정책	• 반공을 국시로 강력한 반공정책 시행하였다. • 7 · 4남북공동성명(1972) : 남북 모두 독재 권력 계기로 삼았다. • 6 · 23평화통일선언(1973) : 남 · 북한 UN동시가입 제의, 호혜평등의 원칙하에 모든 국가에 문호 개방을 개방하였다.

Note 》》 7·4남북 공동성명*

> 첫째, 통일은 외세에 의존하거나 외세에 간섭을 받음이 없이 자주적으로 해결하여야 한다.
>
> 둘째, 통일은 서로 상대방을 반대하는 무력행사에 의거하지 않고 평화적 방법으로 실현하여야 한다.
>
> 셋째, 사상과 이념, 제도의 차이를 초월하여 우선 하나의 민족으로서 민족 대단결을 도모하여야 한다.
>
> * 제시문은 7·4남북공동성명이다. 통일에 관한 최초의 남북 합의로써 서울과 평양에서 동시에 발표되었다. 자주, 평화, 민족대단결을 통일 3대 원칙으로 삼고, 남북조절위원회 설치를 결의하였다. 발표 이후 남한은 10월 유신을 단행하였고, 북한은 사회주의 헌법 제정을 통해 남북 모두 정치적으로 이용하여 독재 권력을 강화하는 계기로 삼았다.

(3) 박정희 정부의 유신체제(1972~1979)

① **배경** : 대내외적인 위기감(냉전체제 완화, 경제 불황에 의한 국민 불만)을 극복하고 독재기반을 강화하여 영구 집권을 도모하고자 하였다.

② **성립** : 국가 비상사태를 선언(1971)하고, 국회 해산과 동시에 정당 및 정치 활동을 금지하고 유신헌법을 공포하였다(1972.10).

③ **유신체제의 성격 및 내용**
　㉠ 한국적 민주주의를 표방하였다.
　㉡ 내동령의 권한을 비정상적으로 강화하고, 의회주의와 삼권분립을 무시(의회, 사법부 징악)하였다. 대통령에게 초법적 긴급조치권과 국회의원의 1/3을 임명할 수 있는 권한과 국회해산권, 법관인사권을 부여하였다.
　㉢ 대통령 통제의 통일주체국민회의를 설립(1972.12)하고, 대통령을 간접선거에 의하여 선출(대통령 간선제, 임기 6년, 대통령 연임 철폐)하였다.
　㉣ **유신체제 사회상** : 국가가 국민의 일상을 통제하고 억압(장발과 미니스커트 단속, 통금령)하였으며, 이에 정권에 대한 저항 문화가 확산되었다.

④ **경제정책** : 제3·4차 경제개발 5개년 계획(1972~1981)
　㉠ 중화학공업 육성(재벌 중심의 수출주도형)으로 산업구조의 고도화가 이루어졌다.
　㉡ 1차 석유파동(1973년)으로 경제위기에 빠졌으나, 건설업의 중동 진출 등으로 극복하였다.
　㉢ 2차 석유파동(1978년)으로 경제 불황에 빠져 큰 어려움을 겪었다.

(4) 유신체제의 몰락

① 붕괴

　㉠ 독재체제에 대한 국민적 저항이 발생하고 국제 사회의 비판 여론이 이어졌다.

　㉡ 석유파동에 의한 경제위기(1978)와 장기집권에 대한 국민적 비판은 치열한 노동운동의 전개와 반독재운동(김대중 납치사건, 유신 반대 시위, 3.1민주 구국 운동)으로 이어졌다.

전태일 분신자살사건 (1970.11.13)	• 1970년 11월 13일 서울 동대문 평화시장 재단사로 일하던 전태일이 열악한 노동환경 개선을 외치며 온 몸에 휘발유를 붓고 분신자살한 사건(근로기준법 준수, 작업환경 개선, 임금인상, 건강진단 실시 등 주장)이다.
YH무역사건 (1979.8.9)	• 가발제조업체인 YH무역 부당한 폐업을 공고하자, 이 회사 노동조합원들이 회사 정상화와 생존권 보장을 요구하며 농성하던 중 강제 진압과정에서 여성 노동자가 사망하게 된 사건이다.
부 · 마 민주화 운동 (1979.10.16.~20)	• 경상남도 부산 및 마산 지역을 중심으로 일어난 반정부 항쟁사건으로, 박정희의 유신독재에 반대한 시위사건이다.

② 종말 : 10 · 26사태(김재규의 박정희 살해)로 유신체제는 종말을 고하였다.

04 5 · 18 민주화 운동과 6월 민주 항쟁

(1) 5 · 18 민주화 운동(1980)

① 배경 : 12 · 12쿠데타로 신군부 세력이 권력을 장악하자, 계엄령 해제와 민주화를 요구하는 대규모 시위가 전개되었고 신군부는 계엄령을 전국 확대 실시(1980.5.17)를 하였다.

② 경과 : 1980년 5월 18일에서 27일까지 전라남도 및 광주 시민들이 계엄령 철폐와 전두환 퇴진, 김대중 석방 등을 요구하여 민주화 운동을 벌였으나, 계엄군이 무력으로 시민군을 진압하였다.

③ 의의 : 1980년대 반독재, 민주화 운동, 반미 운동의 계기가 되었다.

기출예제 **03**

다음 설명에 해당하는 민주화 운동은?

> 1980년 비상계엄을 전국으로 확대한 신군부는 광주의 민주화 시위를 무자비하게 진압하였다. 이에 분노한 시민들이 시민군을 결성하여 저항하였으나, 계엄군의 무력 진압으로 수많은 사상자를 낸 채 끝나고 말았다.

① 4 · 19 혁명
② 12 · 12 사태
③ 새마을 운동
④ 5 · 18 민주화 운동

답 ④

(2) 제5공화국(1981~1987) : 전두환 정부

① 집권 과정

    ㉠ 5 · 18민주화 운동을 무력으로 진압 후 신군부는 국가보위비상대책위원회(1980.5.31)를 발족하여 권력을 장악하였다.

    ㉡ 헌법을 대통령 7년 단임, 대통령 간선제로 개정하고, 민주 정의당을 창당하여 전두환이 대통령에 취임하였다(1981).

② 정책

강압통치	• 민주화 운동 탄압, 인권 유린 및 언론 통폐합을 하였다.
유화통치	• 민주화인사를 복권시키고, 야간 통행금지를 해제하였다. • 해외여행 자유화 및 중고생 교복 자율화를 시행하였다. • 컬러텔레비전 방송이 시작되고, 프로야구, 프로축구가 출범하였다.
경제정책	• 1980년대 중반 이후 3저 호황(저유가 · 저금리 · 저달러)에 힘입어 빠른 경제성장을 달성하였다. • 반도체, 자동차, 산업용 전자 등 기술집약형 산업이 성장을 주도하기 시작하였다.
통일정책	• 비정치적 교류에 중점을 두었다. • 북한의 수재물자 제공(1984) → 남북 경제회담, 적십자회담 등 개최, 남북한 이산가족 고향 방문 및 예술공연단 교환 방문(1985) → 정치 · 군사적 갈등은 여전히 지속되었다. • 남북한의 이산가족이 각각 서울과 평양을 처음으로 방문(1985)하였다.

(3) 6월 민주항쟁(1987)

① 배경 : 5·18민주화운동의 진상 규명과 민주화 요구가 활성화되고, 군부 독재 종식을 위한 대통령 직선제 쟁취 운동이 본격화되었다.

② 전개과정 : 야당과 재야 세력 중심으로 대통령 직선제 개헌 추진→박종철 고문치사 사건 (1.14)으로 국민 저항 고조→4·13호헌조치(전두환 대통령이 국민들의 민주화 요구를 거부하고, 일체의 개헌 논의를 중단시킨 조치)와 박종철 고문치사 사건 규탄 대회(5.18)로 고문정권 규탄 및 민주화 투쟁이 거세지는 와중에 이한열 사망 사건(6.9)을 계기로 국민들의 불신감이 커지고, 이에 분노한 국민들의 항쟁은 걷잡을 수 없게 됨→전국적 범국민적 반독재 민주화 투쟁이 전개(1987.6.10)되었다.

③ 결과 : 6·29민주화선언으로 국민들의 민주화와 직선제 개헌요구가 받아들여졌다.

Note 》》 6·29선언(일부)

> ①여야 합의하에 조속히 대통령 직선제 개헌을 하고, 새 헌법에 의한 대통령 선거를 통해 1988년 2월 평화적으로 정권을 이양하며, ②자유로운 출마와 공정한 경쟁이 보장되는 대통령 선거법의 개정, ③국민적 화해와 대단결을 도모하기 위해 김대중(金大中) 씨 등의 사면복권과 극소수를 제외한 시국사범 석방, ④인간존엄성을 존중하기 위해 개헌안에 기본권 강화조항 보완 등
>
> * 6·29선언을 통해 5년 단임의 대통령 직선제 개헌(현행 헌법)과 민주개혁 조치 약속하였다.

④ 의의 : 4·19혁명 이후 최대의 민주화 운동으로 민주주의 발전에 기여하였다.

┃기출예제 04

다음에서 설명하는 민주화 운동은?

> 1987년 1월, 대학생 박종철이 경찰의 고문으로 사망하였다. 시민들은 이 사건에 분노하여 전국적으로 시위를 벌이고 대통령 직선제 개헌을 요구하였다.

① 3·1 운동   ② 4·19 혁명

③ 6월 민주항쟁   ④ 한·일 회담 반대 시위

답 ③

(4) 제6공화국(1988~1993) : 노태우 정부

① 서울 올림픽 대회를 개최하였다(1988).

② 북방 외교를 추진하여 소련(1990), 중국(1992)과 수교하였다.

③ 자주 · 평화 · 민주의 통일 3원칙을 기반으로 하여 한민족공동체 통일방안(1989)을 제시하였다.

④ 남 · 북한 정치적 교류의 활성화 : 남북한 총리회담(1990) → 남북 고위급회담 → 남북 유엔 동시 가입(1991.9) → 남북기본합의서 채택(1991.12) → 한반도 비핵화에 관한 공동선언(1991.1)

05 경제 발전과 세계 속의 한국

(1) 경제 발전과 국가 위상 제고

① 광복 직후의 경제 혼란

ㄱ 일제 강점기 주요 산업과 기술을 일제가 독점하였다.

ㄴ 광복 직후

• 남북한 경제 불균형

-남한 : 농업과 경공업이 중심이 되있다.

-북한 : 전력과 중화학 공업이 중심이 되었다.

• 경제 혼란

-미군정 : 미곡 자유 거래 허용으로 곡가 폭등으로 미곡 수집령을 공포하였다.

-부족한 재정 보충을 위한 화폐 남발 : 통화량 급증으로 인플레이션이 발생하였다.

-북한의 전력 공급이 중단되었다.

-해외 동포 귀환과 북한 동포의 월남으로 인구가 증가하였으며 실업자가 증대되고 식량부족 현상이 발생하였다.

② 이승만 정부의 경제정책과 전후복구

ㄱ 농지개혁법 : 공포(1949. 6), 시행(1950. 3)

• 목적 : 농민 안정과 일제하 일본인 및 지주의 토지 재분배를 위해 제정되었다.

• 방식 : 유상매입, 유상분배

ㄴ 전후복구의 노력과 미국의 경제원조

• 전후 국가재정 악화와 물가 폭등

• 미국의 잉여 농산물 제공과 삼백 산업(소비재 산업) 발달 : 제분, 면방직, 제당

③ 산업화와 경제성장

 ㉠ 박정희 정부의 경제정책

  • 1960년대 경제개발 5개년 계획 수립하였다.

  • 외국자본 유치 : 한일 국교 정상화, 베트남 전쟁

  • 수출 중심의 경제 정책 수립 : 급격한 경제 성장과 동시에 경제의 대외의존도 심화되었다.

  • 1970년대 중공업 육성 : 고도의 성장을 이루었으나 석유파동(1차 1973, 2차 1979)이 발생하였다.

 ㉡ 1980년대 중후반 경제호황과 시장개방

  • 3저 호황 : 저금리, 저유가, 저달러

  • 우루과이 라운드(1994)와 세계무역기구(WTO, 1995)에 가입하였다.

   ※ 김영삼 정부의 금융 실명제를 실시하였다.

 ㉢ 외환위기(1997)와 국제통화기금(IMF)의 구제금융 신청

  • 기업 구조조정과 실업 문제가 발생하였다.

  • 김대중 정부는 경제 위기 극복하였다.

(2) 세계 속의 한국

① 경제협력개발기구(OECD) 가입(1996)했으며, 경제규모가 세계 10위권에 올랐다.

② 국제사회의 역할 증대 : PKO(평화 유지 활동, Peace Keeping Operation) 등

 ※ 대한민국 국군은 유엔의 일원으로 분쟁지역(레바논 등)에서 평화유지군 활동에 적극 참여하였다.

04 6 · 25전쟁의 원인과 책임

01 6 · 25전쟁의 배경

(1) 광복 이후 한반도 내부의 불안정

① 38도선의 설정과 미군정과 소련군이 진주하였다.

② 좌 · 우의 대립과 남북 분단이 되었다.

③ 대한민국(1948.8)과 조선민주주의인민공화국(1948.9)이 수립되었다.

(2) 북한의 전쟁 준비

① 위장 평화 공세와 대남 적화 전략

    ㉠ 표면적으로 평화통일을 주장하고 통일 정부 수립 제안 등을 하였다.

    ㉡ 유격대 남파 등 사회 훈란을 유도하고, 38도선에서 군사직 충돌을 유도하였다.

    ※ 38도선 상에서 무력충돌은 1949년에 가장 빈번하게 발생되었고 이는 6 · 25전쟁 발발 이전까지 지속되었다.

② 소련에서 최신 무기를 도입(항공기, 전차 등)하고, 중국에서 조선의용군을 편입하였다.

③ 전쟁 직전 북한은 지상군 20여 만명 보유(남한 군사력의 약 2배에 해당)하고, 소련과 중국의 지원으로 남한보다 우세한 장비 및 무기체계를 보유하였다.

④ 소련과 중국의 북한군 지원

1948.2	인민군 창설, 소련이 탱크와 비행기 등 무기 원조
1949	소련 및 중국과 군사 협정 체결
1949.3	김일성, 박헌영 모스크바 방문 스탈린과 회담
1949.7 ~ 1950.4	중국 내전에 참전하였던 의용군이 귀국하여 북한 인민군에 편입
1950.3 ~ 4	김일성, 소련을 비밀리에 방문하여 스탈린과 회담 스탈린, 북한의 전쟁에 동의
1950.5	마오쩌둥, 미국 참전 시 중국군 파병 언급

⑤ 스탈린과 김일성의 대화 기록(1950.3.30~ 4.25)

> • 김일성 : … 마오쩌둥 동지는 중국 혁명만 완성되면 우리를 돕고, 필요한 경우 병력도 지원하겠다는 말을 여러 차례 했습니다.
> • 스탈린 : 완벽한 전쟁 준비가 필수입니다. … 이동 전투 수단을 기계화해야 합니다. 이와 관련된 귀하의 요청을 모두 들어 주겠습니다.
>
> -출처 : 소련 공산당 중앙 위원회 국제국-

※ 6·25전쟁 개전 직전 북한은 지상군 20여 만 명 보유(남한 군사력의 약 2배에 해당) 소련과 중국의 지원으로 남한보다 우세한 장비 및 무기체계 보유하였다.

(3) 국제 정세의 변화

① 소련이 핵무기 개발에 성공(1949)하였으며 주한미군이 철수(1949)하고, 중국이 공산화(1949)가 되었다.

② 미국의 애치슨선언(1950.1) : 1950년 1월 10일 당시 미 국무 장관 애치슨은 미국의 태평양방위선을 알래스카 – 일본 – 오키나와 – 필리핀 선으로 한다고 언명하였던 것으로, 북한은 이것을 '미국이 한국을 태평양 방위권 내에서 제외하였으므로 한국에 침공하여도 미국의 무력 지원은 없을 것'이라고 판단하였던 것이다. '애치슨라인'은 북한이 남침 가능성을 오판하게 하는 요인이 되고 말았다.

> "일본의 패배와 무장 해제에 의해 미국은 미국과 전 태평양 지역의 안전 보장을 위해 필요한 기간 동안 일본의 군사적 방위를 담당하게 되었다. … 이 방위선은 알류산 열도로부터 일본의 오키나와를 거쳐 필리핀을 통과한다. 이 방위선 밖의 국가가 제3국의 침략을 받는다면, 침략을 받은 국가는 그 국가 자체의 방위력과 국제 연합 헌장의 발동으로 침략에 대항해야 한다."

※ 주한 미군 철수(1949.6)와 더불어 한국에 대한 군사적 무관심 반영

02 6·25전쟁의 전개

(1) 전쟁의 발발 및 전개

① 북한군의 진격(1950.6.25) : 1950년 6월 25일 새벽 4시, 북한은 38도선 전 지역에서 총 공격을 시작하였다. 전투가 시작된 지 사흘 만에 서울이 북한군에게 점령되었다.

② 한강대교 폭파(1950.6.28) → 서울 함락, 낙동강 전선까지 후퇴 → 유엔군 참전(1950.6.27)

    ㉠ 마음이 다급해진 이승만은 미국에 도움을 요청하자, 미국은 빠르게 남한에 군대를 보냈고, 유엔을 움직여 유엔군을 보낸다.

    ㉡ 미군이 개입했지만 남한군과 미군은 낙동강까지 밀리게 되었다.

    ※ 6·25전쟁에 참여한 유엔 회원국 현황

병력 지원국(16개국)	미국, 오스트레일리아, 영국, 캐나다, 뉴질랜드, 터키, 네덜란드, 룩셈부르크, 콜롬비아, 벨기에, 에티오피아, 프랑스, 그리스, 필리핀, 남아프리카공화국, 태국
의료 지원국(5개국)	인도, 이탈리아, 덴마크, 스웨덴, 노르웨이

③ 국군과 유엔군의 반격(인천상륙작전, 1950. 9. 15.) → 서울탈환(1950. 9. 28.), 38도선 돌파, 평양 수복(1950. 10. 19.), 압록강까지 진출(1950. 11. 25.)

    ㉠ 9월 15일 새벽, 미군이 '인천 상륙 작전'에 성공하면서 9월 28일에는 서울을 되찾게 되었다.

    ㉡ 1950년 10월 1일 북진을 시작한 남한군과 유엔군은 10월 20일 평양을 점령하고, 10월 26일 압록강에 이르렀다.

④ 중공군 참전(1950.10.19) → 1·4후퇴 → 서울 재수복

    ㉠ 압록강까지 밀린 북한군이 중국에 도움을 요청하자, 중국은 18만 명의 중공군을 이끌고 압록강을 넘자, 중공군의 개입으로 전세는 다시 역전되었다.

    ㉡ 12월 10일 평양이 다시 중공군의 손에 들어갔고, 1951년 1월에는 서울이 다시 북한군의 손에 들어갔지만, 남한군과 미군은 우월한 무기를 앞세워 다시 북한군을 몰아붙였고, 3월 5일에 서울을 되찾았다.

    ※ 1953년 발표된 대중 가요 – 강사랑 작사, 박시춘 작곡, 「굳세어라 금순아」

> 눈보라가 휘날리는 바람 찬 흥남부두에 / 목을 놓아 불러봤다 찾아를 봤다
> 금순아 어디로 가고 길을 잃고 헤매었더냐 / 피눈물을 흘리면서 일사(1. 4) 이후 나 홀로 왔다

⑤ 재반격과 전선 교착(1951~1953)

    ㉠ 정전 회담 개최(1951.7.10, 개성)

      • 군사분계선 설정, 포로 송환 문제 등의 사안을 둘러싸고 2년간 지속되었다.

      ※ 군사분계선은 현 접촉선을 인정, 포로 송환은 개인의 자유의사 존중 등 합의하였다.

• 회담 기간 중 유리한 지역을 차지하기 위한 격전(백마고지 전투 등)에서 다수의 인명 피해가 발생하였다.

ⓒ 1953년 7월 27일 휴전 협정이 맺어지고, 맞서 싸우던 전선은 휴전선이 되었다.

⑥ 소련이 유엔에 휴전 제의(1951.6) → 우리 정부와 국민은 반대 → 이승만은 반공포로 석방(1953.6.18)하여 휴전협상 방해 → 유엔, 북한, 중국 대표가 휴전 협정에 서명 → 휴전협정체결(1953.7.27)

※ 정전 협정 조인(1953.7.27, 판문점) : 유엔군, 중국군, 북한군 대표만 서명

• 정전 협정서 내용(일부)

> 쌍방의 사령관들은 그들의 통제 아래에 있는 모든 군사력이 일체 적대 행위를 완전히 정지하도록 명령한다. … 본 정전 협정의 효력을 발생하는 당시의 쌍방에서 수용하고 있는 모든 전쟁 포로의 석방과 송환은 본 정전 협정 조인 전에 쌍방이 합의한 바에 따라 집행한다.

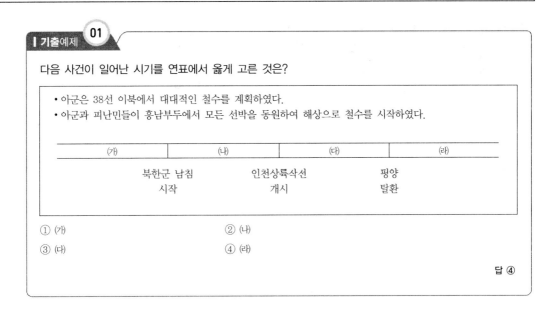

┃기출예제 01

다음 사건이 일어난 시기를 연표에서 옳게 고른 것은?

• 아군은 38선 이북에서 대대적인 철수를 계획하였다.
• 아군과 피난민들이 흥남부두에서 모든 선박을 동원하여 해상으로 철수를 시작하였다.

(가)		(나)		(다)		(라)
북한군 남침 시작		인천상륙작전 개시		평양 탈환		

① (가)

② (나)

③ (다)

④ (라)

답 ④

(2) 전쟁의 결과

① **인명 피해** : 사상자가 수백만 명, 이산가족이 1천만 명, 수많은 전쟁 고아가 발생하였다.

② **경제적 피해** : 국토는 황폐화되고 많은 산업 시설이 잿더미가 되었다. 전쟁으로 농업 생산이 어려워져 식량이 모자라고, 수많은 공장과 도로, 철도의 파괴로 공업 생산량은 크게 줄어들었다.(한반도의 약 80%가 전장이 되는 엄청난 피해 발생)

③ **적대감과 보복** : 남한군은 북한과 관련된 자들을 '빨갱이'로 몰아 죽였고, 북한군은 남한과 관련된 자들을 '반동분자'로 몰아 죽였다. 전선이 바뀔 때마다 서로에 대한 보복이 계속되었다.

④ 분단이 굳어짐 : 임시로 나뉜 38도선은 휴전선으로 굳어지고, 남북한의 적대 감정이 높아져 대결로 치달았으며 남북 분단은 현실로 굳어져 갔다.

⑤ 휴전협정 후 안보보장을 위해 한·미 상호방위조약을 체결하였다(1953.12). 연합방위체제의 법적 근간이며, 주한미군 지휘협정과 정부 간 또는 당국자 간 각종 안보 및 군사관련 후속 협정의 기초를 제공하였다.

> 제1조 당사국 중 일국의 정치적 독립 또는 안전이 외부의 무력공격에 의하여 위협받고 있다고 인정될 경우 언제든지 양국은 서로 협의한다.
> 제2조 각 당사국은 상대 당사국에 대한 무력공격을 자국의 평화와 안전을 위태롭게 하는 것이라고 인정하고, 공동의 위험에 대처하기 위하여 각자의 헌법상의 절차에 따라 행동한다.
> 제3조 이에 따라 미국은 자국의 육·해·공군을 대한민국 영토 내와 그 부근에 배비(配備)할 수 있는 권리를 갖고 대한민국은 이를 허락한다. 이 조약은 어느 한 당사국이 상대 당사국에게 1년 전에 미리 폐기 통고하기 이전까지 무기한 유효하다.
>
> * 이 조약은 1953년 7월 27일 휴전협정 이후 한·미 양국이 한반도의 군사적 긴장 상황에 공동 대처하기 위하여 체결한 것으로, 이 조약에 따라 한반도에 무력 충돌이 발생할 경우 미국은 국제 연합의 토의와 결정을 거치지 않고도 즉각 개입할 수 있다.

⑥ 가족 제도와 촌락 공동체 의식 약화되었고, 서구 문화의 무분별한 유입이 이루어졌다.

대한민국의 발전과 군의 역할

05

01 대한민국의 건국과 군의 역할

(1) 국군의 명맥, 건군, 그리고 건국

① **국군의 명맥과 전통** : 구한말 항일 의병운동 → 일제 강점기 독립군 → 광복군 → 남조선 국방 경비대(1946.1)
　→ 대한민국 국군(1948.8)

　※ 미 군정청이 설립한 '군사영어학교'와 '조선 경비대'가 모체가 되어 '국군'으로 확대 개편되었다.

② 대한민국 정부 수립(1948.8) 직후 국군으로 출범하였다.

③ 북한은 정부 수립(1948.9)에 앞서 군대(1948.2)가 먼저 창설하였다.

　※ 소련의 적극적인 지원을 받은 북한군이 규모, 장비 면에서 국군보다 우세하였다.

④ 대한민국 국군은 한말 의병, 독립군, 광복군의 정신 및 역사적 전통을 계승하였다.

　㉠ 국방부 훈령 제1호 (초대 국방부장관 이범석)

　㉡ "우리 육·해군 각급 장병은 대한민국 국방군으로 편성되는 영예를 획득하게 되었다."

(2) 국군 조직의 법적 근거

① 국군조직법(법률 제9호, 1948.11.30)

② 국방부직제(대통령령 제37호, 1948.12.17)

(3) 건국 후 무장 게릴라 소탕 작전

① 남한 내에서 활동하던 좌익 세력 진압을 위해 노력했다.

　• 지리산지구 전투사령부(1949. 3), 태백산지구 전투 사령부(1949. 9)

② 후방 지역 안정화 작전 수행 때문에 38도선에는 8개 사단 중 4개 사단만 배치하였다.

02 국가 발전 과정에서 군의 역할

(1) 1950년대

① 한·미 상호방위조약체결로 군사력이 강화되었다.

② 전후 복구와 미국의 원조가 있었다.

(2) 1960년대

① 베트남 파병(1964, 1965~1973)

    ㉠ 명분 : 6·25전쟁을 도와 준 우방국에 대한 보답 및 자유 민주주의의 수호였다. 일부 정치인과 지식인의 반대가 있었지만 정부가 미국의 요청을 수용하여 추진하였다.

    ㉡ 내용 : 비전투병(이동 외과 병원, 태권도 교관단 등)은 1964년부터 파견하고, 전투병 파병은 1965년부터 본격화되어, 1973년에 철수가 완료되었다.

    ㉢ 브라운 각서(1966.3)에 의해 미국이 국군 현대화 및 산업화에 필요한 기술과 차관을 제공하였다.

> ▶ 군사 원조
> 제1조. 한국에 있는 국군의 장비 현대화 계획을 위하여 수년 동안 상당량의 장비를 제공한다.
> 제3조. 베트남 공화국에 파견되는 추가 병력을 완전 대치하는 보충 병력을 무장하고 훈련하며, 소요 재정을 부담한다.
> ▶ 경제 원조
> 제4조. 수출 진흥의 전 부문에 있어서 대한민국에 대한 기술 원조를 강화한다.
> 제5조. 1965년 5월에 대한민국에 대하여 이미 약속한 바 있는 1억 5천만 달러 AID 차관에 추가하여 … (중략) … 대한민국의 경제 발전을 지원하기 위하여 AID 차관을 제공한다.
>
>   -브라운 각서-
>
> * 제시된 자료는 1966년 3월 7일 미국 정부가 한국군 월남 증파의 선행조건에 대한 보상 조치를 당시의 주한 미국대사 브라운이 한국 정부에 전달한 공식 통고서이다.

    ㉣ 성과 : 국군의 전력 증강과 경제 개발을 위한 차관 확보, 파병 군인들의 송금, 군수품 수출, 건설업체의 베트남 진출로 외화 획득, 미국과 정치·군사적 동맹관계가 강화되었다.

② 향토 예비군 창설(1968)

    ㉠ 1968년 4월 1일 14시, 대전 공설운동장 메인스타디움에서, 박정희 대통령을 비롯한 시민 15만명이 참석한 가운데, 성대히 거행되었다.

    ㉡ 국민의 안보 의식을 고취시키기 위해, 예비역 장병을 중심으로, 평시에는 사회생활을 하면서, 유사시에는 향토 방위를 전담할 비정규군인 '향토예비군'을 창설하였다.

(3) 1970년대

① 국군 현대화 사업 추진 : 율곡 사업(1974~), 1974년 대북 전력격차를 해소하기 위해 수립한 한국군 전투력 증강 계획이다.

② 새마을 운동(1972)에 적극 참여하였다.

03 평화유지활동

(1) 평화유지활동의 개념

① 유엔 평화유지활동은 국가 간의 분쟁을 평화적으로 해결하기 위해 시작되었다.

② 유엔 주도의 평화유지활동의 첫 출발은 1948년 팔레스타인 지역의 정전감시단(UNTSO)이다.

③ 이후 60여년간 120개국 60개 지역에 약 100만명의 파병되었고, 분쟁지역에서 정전감시, 평화 조성 및 재건, 치안활동, 난민 및 이재민 구호 활동을 하고 있다.

(2) 한국의 UN 평화유지활동 사례

① 소말리아 상록수부대(1993.7~1994.3) : 최초의 UN 평화유지활동 파병이다.
　　㉠ 상록수부대는 소말리아 땅을 푸른 옥토로 바꾸겠다는 의미이다.
　　㉡ 내전으로 황폐화된 도로(80km) 보수, 관개수로(18km) 개통, 사랑의 학교와 기술학교를 운영하였다.
　　㉢ 우리 군 최초의 유엔 PKO 활동으로 여러 가지 어려운 여건을 극복하고 기대 이상의 성과를 거두었고, 국제사회로부터 한국군의 참여를 지속적으로 요청하는 계기되었다.

② 서부사하라 국군의료지원단(1994.8~2006.5)
　　㉠ 현지 유엔요원에 대한 의료지원, 지역주민에 대한 방역 및 전염병 예방활동을 수행하였다.
　　㉡ 국내에서 1만여 km 떨어진 서부 사하라 국군의료부대까지의 보급과 지원을 실시하였다.
　　㉢ 10년 이상의 파병 기간동안 현지 PKO 요원 전원에 대한 의료지원임무를 기본으로 하면서 지역 주민에 대한 방역지원과 전염병 예방활동을 실시하여 현지인과 유대를 강화하는 데 기여하였다. → 우리 군의 군수지원체계를 발전시키는데 기여하였다.

③ 앙골라 공병부대(1995.10~1996.12)
　　㉠ 내전으로 파괴된 교량을 건설하고 비행장을 복구하는 등 평화지원 임무를 수행하였다.
　　㉡ 1996년 우리나라가 유엔안전보장이사회 비상임이사국으로 진출하는데 기여하였다.
　　㉢ 공병임무를 성공적으로 수행함은 물론 인도적 구호활동을 활발히 전개하였다.

④ 동티모르 상록수부대(1999.10~2003.10)

    ㉠ 우리 군 최초의 보병부대로써 UN 평화유지활동으로 파견되었다.

    ㉡ 지역 재건과 치안 회복을 지원하여 동티모르 평화정착에 기여하였다.

⑤ 레바논 동명부대(2007.7~현재)

    ㉠ 동티모르에 이은 두 번째 보병부대 파견으로, 정전 감시가 주 임무였다.

    ㉡ 지역주민 진료 및 방역 활동, 도로 포장, 학교 및 관공서 시설물 개선 활동을 실시하였다.

    ㉢ Peace Wave : 동명부대의 민사작전 명칭으로 노후화된 학교의 건물 개·보수, 도로 신설 및 개선, 민들을 대상으로 한 의료지원 활동 등 다양한 민사작전 활동을 수행하였다.

    ㉣ 동명부대 전 장병은 UN 평화유지군에게 주어지는 최고의 영예인 유엔메달을 수여받았다.

⑥ 아이티 단비부대(2010.2~2012.12.24)

    ㉠ 지진 잔해 제거, 도로복구, 심정개발 등의 임무를 수행하였다.

    ㉡ 콜레라가 창궐한 이후에는 응급환자 진료, 난민촌 방역활동 등을 수행하였다.

⑦ 필리핀 아라우부대(2013.12~2014.12.23)

    ㉠ 유엔 평화유지군이나 다국적군이 아닌 재해당사국의 요청에 의해 파병된 최초의 파병부대이다.

    ㉡ 최초로 육·해·공·해병대가 모두 포함된 파병부대이다.

    ㉢ 타클로반 일대에서 피해지역 정리, 공공시설 복구, 의료 지원 및 방역활동 등의 임무 수행하였다.

04 다국적군 평화활동

(1) 다국적군 평화활동의 개념

① 유엔 안보리 결의 또는 국제사회의 지지와 결의에 근거하여 지역안보기구 또는 특정 국가 주도로 다국적군을 구성하여 분쟁해결, 평화정착, 재건 지원 등의 활동을 수행하는 것이다.

② 유엔 평화유지활동과 더불어 분쟁지역의 안정화와 재건에 중요한 역할을 담당하는 것이다.

구분	UN 평화유지활동	다국적군 평화활동
주체	UN 직접 주도	지역안보기구 또는 특정 국가
지휘통제	UN 사무총장이 임명한 평화유지군 사령관	다국적군 사령관
소요경비	UN에서 경비 보전	참여 국가 부담

(2) 한국군의 다국적군 평화활동 사례

① 아프가니스탄 파병 : 최초의 다국적군 평화활동 재건지원팀 및 방호부대(오쉬노 부대) 파견

    ㉠ 2001년 9·11테러 이후 유엔 회원국으로서 다국적군에 본격적으로 참여하기 시작하였다.

    ㉡ '항구적 자유작전'으로 알려진 아프가니스탄 '테러와의 전쟁'에 동참하였다.

    ㉢ 해·공군 수송지원단 해성·청마부대, 국군의료지원단 동의부대, 건설공병지원단, 다산부대에서 파병하였다.

    ㉣ 2010년에는 지방재건팀 방호를 위해 오쉬노 부대을 파견하였다.

    ㉤ 오쉬노 부대는 민간전문가 주도로 보건 및 의료, 교육이나 농촌개발 등 다양한 분야에서 재건 사업을 추진하는 한국 PRT(Provincial Reconstruction Team(지방재건팀))을 지원, 주둔지 방어, PRT 요원의 활동시 호송과 경호 및 정찰임무 등을 수행하고 있다.

    ㉥ 2014년 6월 재건지원팀과 함께 철수하였다.

② 이라크 파병 : 최초의 다국적군 평화활동 민사지원부대 파병(자이툰 사단)

    ㉠ 2003년 미·영 연합군의 '이라크 자유작전'을 지원하기 위해 공병·의료지원단, 서희·제마부대를 파견하였다.

    ㉡ 다국적군 지원과 인도적 차원의 전후복구 지원 및 현지주민에 대한 의료지원을 하였다.

    ㉢ 2004년 4월 추가 파병된 자이툰 부대에 통합되어 임무를 수행하였다.

    ㉣ 2004년 이라크 평화지원단인 자이툰 사단(자이툰은 '올리브'를 뜻하며, 평화를 상징)을 파견하였다.

    ㉤ 자이툰 사단은 한국군 최초로 파병된 민사지원부대이다.

    ㉥ 자이툰 병원 운영, 학교 및 도로 개통 등 주민 숙원사업을 지원하였다.

③ 소말리아 해역 파병 : 최초의 다국적군 평화활동을 위한 함정 파견(청해부대)

    ㉠ 1990년대 소말리아의 오랜 내전으로 정치·경제 상황 악화로 해적활동이 급증하자, 2008년 유엔은 우리에게 해적 퇴치 활동에 적극적인 동참을 요청하였다.

    ㉡ 2009년 소말리아 해역의 해상안보 확보와 우리 선박과 국민 보호하기 위해 창군 이래 최초로 함정(청해부대)을 파견하기로 결정하였다.

    ㉢ 2011년 1월에 소말리아 해적에 피랍된 삼호주얼리호와 우리 선원을 구출하기 위하여 '아덴만 여명작전'을 실시하여 우리 국민 전원을 구출하였다.

다음에서 설명하는 부대는?

- 2011년 소말리아 해적에 피랍된 삼호주얼리호의 선원들을 구출하기 위하여 '아덴만 여명작전'을 실시, 성공적으로 우리 국민 전원을 구출하였다.
- 2021년 1월 이란 혁명수비대가 한국 선적의 화학 운반선 '한국케미호'를 나포하여 정부가 이 부대를 급파하였다.

① 동명부대   ② 단비부대

③ 청해부대   ④ 자이툰부대

답 ③

6 · 25전쟁 이후 북한의 대남도발 사례 **06**

01 북한의 대남행태 개관

(1) 전쟁 이후에도 북한은 의도적으로 한국과의 군사적 긴장관계 조성

① 대내적으로는 김일성 일가의 독재체제 정당성을 확보하고자 하였다.

② 한국을 정치 · 사회적으로 불안하게 하여 한국 정부의 정통성을 약화시키고자 하였다.

③ 주한미군을 조기에 철수하도록 하여 한반도의 공산화를 시도할 수 있는 기회를 조성하였다.

(2) 대남공작

① **목적** : 한국 내 혁명에 유리한 여건을 조성하고자 하였다.

② **내용** : 무장간첩을 남파하여 한국 사회 혼란을 조성하고, 한국 내 '혁명기지'를 구축하고자 하였다.

(3) 화전양면 전술 활용

① 겉으로는 화해와 평화의 의도로 보이지만, 실제로는 전쟁과 무력으로 목적을 성취하고자 하였다.

② 평화적인 협상 상황에서도 불리한 상황을 타계하기 위해 테러, 도발을 자행하였다.

02 시기별 도발행태

(1) 1950년대

① **배경** : 평화공세에 의한 선전전에 두고 각종 협상을 제안하였다.

　㉠ 북한 측이 제안한 평화협상에는 외국군 철수 요구, 회의 소집 요구, 평화통일에 관한 선언, 군축 제의, 4개항 통일방안 제의 등이 있었다.

　㉡ 남로당계를 숙청함과 동시에 대남공작기구와 게릴라 부대를 해체하는 변혁을 단행하였다.

② **주요 내용**

　㉠ 주로 북로당계 간첩요원을 남파(개별적인 밀봉교육의 형식)하였다.

　㉡ 1950년대 후반에 학원, 군대, 정부기관 등에 소규모 간첩단을 은밀히 침투시켜 대남공작의 근거지를 확보하였다.

　㉢ 민간항공기 납치사건(1958년) 발생

　　• 1958년 2월 16일에 일어난 대한민국 항공 역사상 최초의 항공기 공중 납치사건이다.

　　• 대한민국 최초의 민항사인 대한국민항공사의 여객기 창랑호가 부산을 출발, 서울로 향하다 6명의 무장 괴한에 의해 납치된 사건이다.

③ **특징** : 1950년대의 전반적인 평화공세에도 불구하고 항공기 납치와 같은 도발 사례를 통해 볼 때 북한의 대남정책은 기본적으로 화전양면성을 나타나고 있음을 보여준다.

(2) 1960년대

① **배경**

　㉠ 한국 내의 정치적 혼란(4.19혁명 등)으로 국민의 안보의식 와해 위험에 놓여 있었다.

　㉡ 북한은 전면전은 아니지만 다양한 수단을 동원하여 대남적화공세를 감행하였다.

　㉢ 4대 군사노선을 서둘러 추구하고 보다 강경한 대남공작을 전개 · 준비하였다.

　㉣ 1961년 조선노동당 제4차 대회에서 강경노선의 통일전략을 채택하고, 대남공작기구를 통합 · 승격시켰다.

② **목표** : 남한에서의 혁명기지 구축하여 게릴라 침투와 군사도발을 병행하고자 하였다.

③ 내용

북한의 주요 지상도발 유형	• 군사분계선 근방에 위치한 아군에 대한 습격 • 무장간첩 남파 • 해안선을 연하여 남파한 무장간첩단 • 어선을 포함한 강제 납치사건
정면 군사도발	• 북한 쾌속정이 남한 해군함정을 피격하여 탑승원 40명 사망, 30여 명이 실종되었다. • 1968년 미국의 전자정찰함 푸에블로(Pueblo)호가 북한의 쾌속정 4척과 2대의 미그기에 의해 납치되었다.
게릴라의 직접침투	
청와대 기습사건 (1.21사태)	• 전개 : 1968년 1월 21일 북한군 무장공비 31명이 휴전선을 넘어 침투하여 청와대를 습격하려다가 경찰 검문에 걸리자 기관단총을 난사하고 4대의 시내버스에 수류탄을 던져 승객들을 살상, 7명의 군경과 민간인이 북한 무장공비에 의해 살해, 군경 수색대는 31명의 공비중 1명을 생포하였고, 도주한 2명을 제외한 28명을 사살하였다. • 목적 : 대통령 관저 폭파와 요인 암살, 주한 미대사관 폭파와 대사관원 살해, 육군본부 폭파와 고급 지휘관 살해, 서울 교도소 폭파, 서빙고 간첩수용소 폭파 후 북한 간첩 대동월북 등이 목적이었다. • 결과 : 국방력 강화와 250만 명의 향토예비군이 창설되고, 방위산업공장의 설립이 추진되고, 군내 공비전담 특수부대를 편성 및 전방 155마일 휴전선에 철책을 구축하였다.
울진, 삼척지구 무장공비 침투사건 (1968년)	• 전개 : 1968년 10월 30일부터 11월 2일까지 3차례에 걸쳐 울진, 삼척지구에 무장공비 120명을 15명씩 조를 편성하여 침투하고, 이들은 주민들을 모아놓고 남자는 남로당, 여자는 여성동맹에 가입하라고 위협하였고, 주민들은 죽음을 무릅쓰고 릴레이식으로 신고하여 많은 희생을 치른 끝에 군경의 출동을 가능케 하였다. • 목적 : 북한이 우리나라의 산악지대와 농촌에서의 게릴라 활동 가능성을 탐색해 본 것이며, 한국에서 베트남전과 같은 전쟁을 할 수 있는지 시험한 것이다. • 결과 : 약 2개월간 계속된 작전에서 공비 113명을 사살하고 7명을 생포하여 120명 모두를 소탕. 아군도 군경과 일반인 등 20여 명이 사망하는 피해를 입었다.
대한항공기 납치	1969년 12월 11일 강릉에서 출발하여 서울로 향하던 대한항공기가 북한 간첩에 의하여 납치되어 원산에 강제 착륙하였다.

④ 특징

  ㉠ 위기의 유형 : 무장간첩 또는 게릴라의 직접 침투 양상과 군사도발을 병행하였다.

  ㉡ 위기사건의 빈도 : 1950년대보다는 증가하였고, 1960년대 후반기에 집중적으로 발생하였다.

(3) 1970년대

① 배경

  ㉠ 한국의 경제성장과 정치체제 안정으로 남북한 국력 격차가 현저히 좁아졌다.

  ㉡ 냉전이 완화되고 국제적 평화 공존 분위기가 조성되었다.

  • 1971년, 이산가족 재회를 위한 남북 적십자 회담 개최하였다.

  • 1972년, 7 · 4 남북 공동 성명 발표하였다.

ⓒ 김정일이 김일성의 유일한 후계자로 추대(1974년)된 이후 대남공작을 강화하였다.

- 1977년 노동연락부 내에 대성총국을 신설하여 대남공작을 관장하였다.
- 일본을 간첩침투의 기지로 구축하기 위해 대남대책부를 설치하고, 조총련 중앙조직과 지방조직단체에 대남정치선전공작부를 설치하였다.
- 해외에서의 우회침투공작을 강화하기 위해 1970년 통일혁명당을 창설하였다.

② 내용

ⓐ 특징적인 도발사건 : 남침용 땅굴 굴착과 해외를 통한 우회 간첩침투가 있다.

ⓑ 위기 사건으로 지목될 만한 사례

정부요인 암살 시도	• 1970년 6월 22일, 북한에서 남파된 무장공비 3명이 국립묘지에 시한폭탄을 장치하였으나, 폭탄 설치 중 실책으로 목적 달성에 실패하였다.
대통령 암살 시도	• 1974년 8월 15일, 문세광이 8·15 해방 29주년 기념식장에 잠입하여 연설 중인 박대통령을 저격했으나 미수에 그쳤다.
북한의 남침용 땅굴	• 배경 : 1971년 김일성은 "남조선을 조속히 해방시키기 위해서는 속전속결 전법을 도입하고, 기습남침을 감행할 수 있어야 하며 특수공사를 해서라도 남침땅굴의 굴착작업을 완료하라"고 지시하였다. • 전개 : 북한은 '특수공사'로 위장하면서 1972년 5월부터 땅굴을 파기 시작하였다. 한편, 땅굴의 숫자는 정확히 확인되지 않고 있는데, 현재까지 4개가 발견되었고, 발견된 순서에 따라 순번이 부여되었다. • 제1땅굴 : 1974년 (서부전선)고랑포 동북방에서 발견. 무장병력이 통과할 수 있고, 궤도차를 이용하면 중화기와 포신도 운반할 수 있다. • 제2땅굴 : 1975년 (중부전선)강원도 철원 북방에서 발견. 병력과 중화기가 통과할 수 있다. • 제3땅굴 : 1978년 (서부전선) 판문점 남방에서 발견. 서울에서 불과 44km거리에 있기 때문에 위협적인 것으로 평가되고 있다. • 제4땅굴 : 1989년 (동부전선)강원도 양구 동북방에서 발견되었고, 북한이 중·서부 전선뿐만 아니라 전선전역에 걸쳐 남침용 땅굴을 굴착해 놓았음이 밝혀졌다.
판문점 도끼만행 사건	• 전개 : 1976년 8월 18일 북한군은 판문점 공동경비구역에서 나뭇가지 치기 작업을 하던 UN군 소속 미군장교 2명을 도끼로 살해하는 국제적 만행을 자행하였다. 사건발생 후 미국은 모든 책임을 북한이 져야한다는 성명을 발표가 나오고 오끼나와 등지의 전폭기 대대 및 해병대를 한국에 급파하고 항공모함 레인저호와 미드웨이호를 한국 해역으로 이동시켰다. • 결과 : 한·미 양국의 강경한 태세에 김일성은 인민군 총사령관 자격으로 21일 오후 스틸웰 UN군 사령관에게 사과의 메시지를 보내왔다.

③ 특징

ⓐ 남침용 땅굴 발견으로 말미암아 북한의 평화적 제스처는 단지 위장에 불과하다는 주장이 사실로 입증되었다. → 북한은 한국과 대화하는 동안 땅굴을 파고 있었다.

ⓑ 판문점 도끼만행사건은 북한 측이 야기한 위기에 대해 미국과 한국의 단호한 응징조치가 이루어지면 북한은 저자세를 취할 수밖에 없다는 사실을 확인한 사건이다.

(4) 1980년대

① 배경

- ㉠ 총리회담 실무접촉 등 남북 대화의 무드를 이용하여 고도의 화전양면전술 구사하고, 한국민의 정신적 해이를 조장하고자 하였다.
- ㉡ 대남모략 비방선전에 적극 이용해 통일혁명당을 한국민족민주전선으로 개칭(1985년 7월 중앙위원회 전원회의)하였다.

② 내용 : 위기로 지목될 만한 도발

미얀마 아웅산 테러사건	• 전개 : 북한은 1983년 10월 9일 미얀마를 친선 방문중이던 전두환 대통령 및 수행원들을 암살하기 위해 아웅산 묘소건물에 설치한 원격조종폭탄을 폭발시켜 한국의 부총리 등 17명을 순국케 하고 14명을 부상시키는 테러를 감행하였다. • 미얀마 당국의 수사 결과 북한군 정찰국 특공대에 의해 저질러진 것으로 밝혀졌다. • 결과 : 미얀마 정부는 북한과의 외교관계를 단절하는 한편, 북한대사관 직원들의 국외 추방 단행. 그 뒤 테러범에 대해 사형선고를 내렸다. 이 사건으로 코스타리카, 코모로, 서사모아 등 3개국이 북한과의 외교관계를 단절하였으며, 미국·일본 등 세계 69개국이 대북한 규탄성명을 발표하였다.
대한항공기 폭파사건	• 전개 : 1987년 11월 28일 이라크를 출발한 대한항공기가 아랍에미리트에 도착한 뒤 방콕으로 향발. 미얀마의 상공에서 방콕공항에 무선으로 교신 후 소식이 끊어졌다. • 여객기 잔해가 태국 해안에서 발견되고, 30일 오후 해당 항공기 추락을 공식 발표하였다. • 범인은 "88서울올림픽 개최방해를 위해 KAL기를 폭파하라"는 북한의 지령을 받은 공작원으로 밝혀졌다.

③ 특징

- ㉠ 위기 발생의 배경이 한반도에 국한되지 않고 국제무대로 확장하였다.
- ㉡ 사건 자체가 고도의 테크닉을 요하는 국제 테러 수단에 의해 야기하였다.
- ㉢ 국제적 테러 사건에서 철저히 범행을 위장하려고 노력하였다.
- ㉣ 북한은 대남전략에 있어 끊임없이 새로운 위협수단 개발에 열중하고 있음을 입증하였다.

(5) 1990년대

① 배경

- ㉠ 대외적으로 냉전이 해체되고 한·중 국교 정상화되면서 북한의 고립이 심화되었다.
- ㉡ 대내적으로는 홍수 및 기근으로 심각한 식량난에 봉착하게 되었다.
- ㉢ 1991년에 남북한이 유엔에 동시 가입하고 남북 기본 합의서 채택하면서 화해 분위기가 조성되었다.
- ㉣ 1990년대 중반부터 '우리 민족끼리'라는 민족주의 명분을 내세워 통일전선 공작을 강화하였다.
- ㉤ 김정일은 '선군정치'를 통해 군을 강화하고 군을 중심으로 북한의 대내외적 위기 극복을 주장하였다.
- ㉥ 경제적 어려움과 국제 정세의 급격한 변화 속에 체제 위기를 핵 개발을 통해 극복하려 했으며 이는 북·미 갈등 및 한반도 위기를 초래하였다.
- ㉦ 1994년 북한이 국제원자력기구(IAEA)를 탈퇴하자 핵 위기가 고조되었다.

◎ 1960년대 도발사례처럼 직접적 군사도발을 재시도(잠수함 침투, 연평해전 등)하였다.

② 내용

1994년 핵 위기	• 전개 : 북한의 핵무기 개발 의혹이 국제사회에 증폭되면서 발생한 것이다. 북한은 핵무기비확산 조약(NPT)와 국제원자력기구(IAEA)를 탈퇴하자, 미국의 대 북한 경제제재 결의안을 유엔 상정하였으나, 지미 카터 전 대통령 평양 방문으로 위기상황이 극복되었다. • 북·미 제네바 기본 합의서 체결로 위기를 무마하였다.
강릉 앞바다 잠수함 침투	• 전개 : 1996년 9월 18일 강릉시 고속도로 상에서 택시기사가 거동수상자 2명과 해안가에 좌초된 선박 1척을 경찰에 신고. 좌초된 선박이 북한의 잠수함으로 확인됨에 따라 군경과 예비군은 합동으로 무장 공비에 대한 소탕작전에 돌입하게 된다. • 결과 : 대전차 로켓, 소총, 정찰용 지도 등 노획. 조타수 이광수 생포 및 승조원 11명의 사체를 발견하였고, 북한군 13명 사살. 아군 11명이 전사하였다. • 목적 : 전쟁에 대비하여 한국의 군사시설에 관한 자료를 수집과 강원도에서 열리는 전국체전 참석 주요 인사들을 암살하고자 하였다.
북한 잠수함 한국 어선 그물에 나포	• 1998년 6월 22일 강원도 속초시 근방 우리 영해에서 북한의 유고급 잠수정 1척이 그물에 걸려 표류하다 해군 함정에 의해 동해안으로 예인되었다. • 결과 : 자폭한 9명의 북한군 공작조 및 승조원 시신이 발견되었다.
1차 연평해전	• 전개 : 1999년 6월 15일, 북한 경비정 6척이 연평도 서방에서 북방한계선 (NLL)을 넘어 우리 해군의 경고를 무시하고, 우리 측 함정에 선제사격을 가하자 남북 함정간 포격전이 발생하였다. • 특징 : 6·25 전쟁 이후 남북의 정규군 간에 벌어진 첫 해상 전투이다.

③ 특징

㉠ 위협의 강도는 그리 높지 않으나, 변함없는 대남적화전략을 입증하였다.

㉡ 북한이 대외적으로는 대화 제스처를 보이지만, 내부적으로는 전쟁준비에 몰두한다는 사실을 일깨워 주었다.

㉢ 1996년 강릉 무장공비 침투사건 때에도 대북 경수로 건설 사업 등 남북 간의 경제협력은 계속되고 있었다.

(6) 2000년대 이후

① 배경

㉠ 국제 사회와 대한민국에 대해 공격·협박을 가하고 위협함으로써, 당면한 남북문제와 국제협상에서 이득을 취하고 보상 또는 태도변화 등을 획책하였다.

㉡ 6·15 남북 공동선언(2000년), 남북 협력 및 교류 사업 활성화, 10·4 남북 공동선언 (2007년) 등 화해 분위기가 조성되었다.

㉢ 최근에 일으킨 북한의 도발은 김정은이 3대 세습체제 강화를 위한 정치적 목적이 강하다.

② 주요 도발사례

제2차 연평해전	• 전개 : 제2차 연평해전은 2002년 6월 29일 연평도 인근 해상에서 북한 경비정의 선제 기습포격으로 발생한 남북 해군 함정간 교전이다. • 결과 : 해군 6명 전사, 19명 부상. 고속정 1척 침몰. 북한 역시 막대한 피해를 입었다. • 의의 : 제2차 연평해전은 북한의 의도적이고 사전 준비된 기습공격으로 우리 측이 많은 피해를 입었지만, 살신성인의 호국의지로 서해 북방한계선(NLL)을 지켜내었다.
대청해전	• 전개 : 2009년 11월 10일 대청도 인근 NLL에서 북한 경비정 퇴거 과정 중 발생하였다. • 결과 : 우리 해군은 인명피해가 없었으나, 북한 해군은 경비정 1척이 손상되고 다수의 사상자가 발생한 것으로 추정하였다.
천안함 폭침 사건	• 전개 : 2010년 3월 26일, 북한은 북방한계선(NLL) 이남의 우리 해역에 잠수함을 침투시켜 백령도 인근 해상에서 경계작전 임무를 수행하던 천안함을 어뢰로 공격하여 침몰시켰다. • 결과 : 아군 승조원 104명 중 46명이 전사하였다.
연평도 포격 사건	• 전개 : 2010년 11월 23일 연평도의 민가와 대한민국의 군사시설에 포격을 감행하였다. • 결과 : 아군 전사상자 20여명 및 민간인 사망 2명 외에도 다수의 부상자 발생하자, 한국의 연평도 해병부대도 북한 지역에 대한 대응사격을 실시하였다.
DMZ 목함지뢰 도발(2015.8.4)	• 전개 : 경기도 파주의 아 지역 DMZ에서 지뢰가 폭발. 북한군이 군사분계선을 넘어와 목함지뢰를 매설한 것으로 밝혀짐. 사건 후 연천, 파주, 화천 등에서 대북 확성기 방송을 재개. 북한은 이에 대한 대응으로 서부전선에 포격, 우리 군은 대응사격 실시. 북한 전방지역에 '준전시상태' 선포 및 '완전무장' 명령. 남북 고위당국자 접촉을 통해 북한의 준전시상태 해제와 남한의 대북 확성기 방송 중단 합의. • 결과 : 한국군 부사관 2명 부상(각각 다리와 발목 절단) • 의의 : 북한 도발에 대한 대한민국의 독자적인 강경대응 후 북한이 '유감' 표명

Note》》 천안함 폭침 사건과 연평도 포격 도발 사건

구분	천안함 폭침 사건	연평도 포격 도발 사건
북한의 공격형태	• 잠수함정을 이용한 어뢰 공격	• 방사포와 해안포로 170여발의 포사격
작전 경과	• 3월 31일, 민·군 합동조사단 편성 (현역 59명, 관 17명, 민 6명) • 4월 12일, 73명으로 재편성 (한국 49명, 외국 24명) • 5월 20일, 북한 어뢰 공격에 의한 천안함 침몰 공식 발표	• 14시 47분~15시 15분 연평부대는 K-9 자주 포로 50발의 대응 사격 • 15시 12분~29분 북한군은 방사포와 해안포 20여 발로 2차 공격 • 15시 25분~41분 연평부대는 K-9자주포로 30발의 대응 사격
피해 현황	• 승조원 104명 중 46명 전사	• 해병 2명 전사, 18명 중경상
사건피해 조사 결과	• 북한제 어뢰에 의한 외부 수중폭발로 발생한 충격파와 버블효과에 의해 절단되어 침몰	• 민간인 2명 사망 다수의 부상자 발생 • 건물 133동(전파33, 반파9, 일부파손91)과 전기·통신시설 파손, 10군데 산불 발생
북한 입장	• 자신의 소행이 아니라고 부인, 남측 날조 주장	• 남측 도발에 대한 정당한 자위적 조치라 주장
대북 조치	• 남북 간의 교역과 교류의 전면중단과 북한 선박의 우리 영해 항행 금지 등을 내용으로 하는 '5·24 조치' 발표 • 유럽의회, 북한을 규탄하는 결의안 채택 (6월 17일) • G8 정상회의, 북한 규탄 공동성명 발표 • 유엔, 안전보장이사회 의장성명으로 천안함 폭침 사건 규탄(7월 9일)	• 북한의 책임 있는 조치 강력요구, 국회도 중대한 무력도발행위로 규정하고 강력 규탄 • 미국, 영국, 일본, 독일 등 세계 각국은 북한의 비인간적 도발 행위에 대해 분노하고 규탄

③ 특징

    ㉠ 핵실험 및 화생방 전력과 같은 대량살상무기(WMD)를 개발하였다.

    ㉡ 특수부대와 수중전 등 비대칭 전력을 이용한 대남침투도발을 하였다.

    ㉢ 북방한계선(NLL) 무력화 시도 : 북한 선박 월선 행위가 증가하고, 서해해상 도발 사례도 증가하였다.

    ㉣ 이명박 정부 출범 이후에는 '천안함 폭침 사건'과 '연평도 포격 도발 사건'과 같은 군민을 가리지 않는 무차별한 대남도발을 자행하였다.

✿ 북방한계선(NLL) ✿

6·25전쟁 정전협정 체결(1953.7.27)시, 유엔군 측과 공산군 측이 육상경계선만 설정하고, 해양경계선을 합의하지 못하였는데, 클라크 유엔군 사령관이 한반도 해역에서 우발적 무력충돌 가능성을 예방한다는 목적 하에 우리 측 해군 및 공군의 초계활동을 한정하기 위해 북방한계선(NLL)을 설정(1953.8.30)하였다.
• 한국 입장 : 실질적 해상경계선으로 인정하였다.
• 북한 입장 : 유엔에 의해 일방적으로 설정된 비법(非法)적 한계선으로 보고 무력화 시도 및 불인정하였다.

03 북한의 핵·미사일 도발

(1) 북한 핵·미사일 도발의 원인

① 남한과의 재래식 군비경쟁의 열세를 극복하고 미국과의 핵 균형을 달성하고자 하였다.

② 무력시위를 통해 대내적 안정성을 도모하고자 하였다.

③ 남한 및 미국과의 협상을 통한 경제적 원조 확보하고자 하였다.

(2) 북한의 핵 도발

① 핵 실험을 통한 대남 도발 사례

구분	1차 실험	2차 실험	3차 실험	4차 실험	5차 실험	6차 실험
일자	2006.10.9	2009.5.25	2013.2.12	2016.1.6	2016.9.9	2017.9.3
위력	1kt 미만	2~6kt	6~7kt	6kt	10kt	50~70kt
유형	플루토늄탄	플루토늄탄	우라늄탄	증폭분열탄	증폭분열탄	수소탄

② 핵 실험 주기는 불규칙적이지만, 위력이 점차 강화되는 패턴이 나타났다.

③ 북한은 핵 실험의 원료 유형이 점차 발전되어가고 있다고 주장하였다.

(3) 북한의 미사일 도발

① 장거리 미사일 실험을 통한 대남 도발 사례

구분	대포동 1호	대포동 2호	대포동 2호	은하 3호	은하 3호	은하 3호	화성 14형
일자	1998.8.31	2006.7.5	2009.4.5	2012.4.13	2012.12.12	2016.2.7	2017.7.4
장소	무수단리	무수단리	무수단리	동창리	동창리	동창리	무평리
비행거리	1,620km	490km	3,600km	500km	궤도진입	500km	5,500km
결과	실패	실패	실패	실패	성공	성공	성공

② 초기에 실험에서는 궤도진입 및 미사일 분리에 실패했으나, 최근에 성공하였다.

③ 미사일 사거리가 점차 증가하고 있으며, 미국 본토까지 도달할 수 있다고 주장하였다.

(4) 북한 핵·미사일 도발의 특징

① 핵 도발과 미사일 도발을 연계하여 비슷한 시기에 실시하였다.

② 장거리 미사일 이외에도 중거리 미사일, 잠수함 발사 미사일 등 다양한 형태의 미사일 도발을 병행하였다.

③ 핵탄두의 소형화와 미사일 사거리의 증가를 목적으로 지속적 도발을 시도하였다.

04 대남도발의 양상

(1) 대남도발의 흐름

1960년대 전반	• 군사분계선을 연하는 지역에서 군사적 습격과 납치를 강행하였다.
1960년대 후반	• 무장간첩을 침투시켜 게릴라전을 시도하였다. • 북한의 군사도발이 강화된 이유 : 월남전 형태의 게릴라전을 통해 무력에 의한 적화통일 달성을 희망하였다.
1970년대	• 소규모 무장간첩 침투를 통해 한국 정치사회적 불안 조성과 반미감정을 고조시키고자 하였다.
1980년대 국제적 테러 감행	• 목적 : 상대적 열세에 대한 불안감 만회, 한국의 발전에 제동을 걸고자 하였다.
1990년대 이후	• 잠수함 침투, 핵 위기, 해군 교전, 북방한계선(NLL) 무력화 시도 등 새로운 유형의 도발을 시도하였다.

(2) 다양한 대남도발 유형

군사적 습격, 무장간첩 침투, 요인암살, 잠수함 침투, 땅굴 굴착 등

(3) 대남도발의 특징

정치-군사적 목적	• 군사적 목적에 의한 도발이 가장 많았다. • 시민을 대상으로 한 테러행위를 통해 한국의 정치 사회적 혼란을 조성하고자 하였다.
화전양면전략	• 북한의 위기도발은 남북대화와는 무관하게 자행하였다. • 대화는 필요에 의해서 추진되지만 도발행위는 일관적으로 시행하였다.
도발행위 은폐	• 북한은 자신의 의도를 숨기고 한국에 의한 조작행위로 비난하는 행태를 보였다. • 도발행위 은폐가 어려운 경우 한반도의 군사적 긴장 구조로 원인을 돌리고 미군 철수 등의 정치 선전 기회로 활용하였다.

기출예제 01

북한의 대남도발에 대한 설명으로 옳지 않은 것은?

① 군사적 목적에 의한 도발이 가장 많았다.

② 시민을 대상으로 한 테러행위를 통해 한국의 정치·사회적 혼란을 조성하고자 하였다.

③ 필요에 따른 위기도발을 통해 남북대화를 시도하려는 화전양면 전략을 구사하였다.

④ 도발행위에 대한 사실을 은폐하고 한국에 의한 조작행위로 비난하는 형태를 보였나.

답 ③

북한 정치체제의 허구성

01 북한 정치체제의 형성

(1) 해방 이후의 북한 정세

① 다양한 정파들이 각축하는 구도 형성

　㉠ 국내파 : 조만식을 중심으로 한 우익 민족진영과 박헌영을 중심으로 한 좌익 공산주의 진영이다.

　㉡ 해외파 : 허가이 등의 소련파와 김두봉, 무정 등의 친 중국 연안파 등이 파벌을 구성한 것이다.

　㉢ 김일성파 : 김일성 등의 이른바 빨치산 유격대세력이 경쟁에 가담

〈해방당시 북한내부 정치파벌〉

구분	대표인물	항일투쟁	해방 전 활동지역	소련지원
국내파	박헌영	민족해방운동	국내	X
연안파	김두봉	항일무상투생	중국(연안)	X
소련파	허가이	–	소련	○
빨치산파	김일성	항일무장투쟁	만주/소련	○

② 소련의 후원을 받은 김일성 세력이 북한권력의 주도적 세력으로 부상

③ 북한 공산당 일당독재체제의 형성 : 소비에트화 3단계 과정

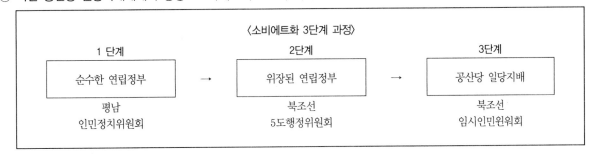

㉠ 1945년 8월 민족주의 세력과 공산주의 세력이 결합한 평남인민정치위원회를 결성하였다.

㉡ 1945년 10월 공산주의 세력이 실권을 장악하여 북조선 5도 인민위원회를 설립하였다.

㉢ 1946년 2월 중앙행정기관의 모태가 되는 북조선임시인민위원회 조직하였다.

㉣ 1947년 입법기관인 북조선인민회의는 정권수립을 위한 제반 준비 작업을 진행하였다.

㉤ 1948년 헌법을 최종 채택하고 조선민주주의인민공화국을 발족하였다.

④ 북한의 사회주의 계획경제제도 형성

㉠ 1946년 3월 무상몰수, 무상분배 원칙의 토지개혁을 단행하였으며 1953년에 농민의 토지를 몰수하였다.

㉡ 1948년 헌법에 모든 생산수단(토지, 농기계, 공장)을 국가 및 협동단체가 소유함을 명시하였다.

㉢ 1948년 9월 중앙집권적 계획경제를 시행하여 국가의 모든 생산 활동을 통제하였다.

(2) 1950년대 중·후반의 북한 정세

① 북한의 재건을 둘러싸고 향후 국가발전 전략과 관련하여 8월 종파사건이 발생하였다.

㉠ 김일성은 자신의 중공업 우선의 사회주의 국가발전 전략에 반대하는 정파와 대립하였다.

㉡ 소련파 및 연안파 등을 외세 의존적인 정파로 지목하여 제거하였다.

㉢ 김일성의 대외적 자주성에 대한 강조는 주체사상 성립에 중대한 계기로 작용하였다.

〈8월 종파사건〉

1956년 8월 연안파 윤공흠 등이 주동이 되어 당 중앙위원회 개최를 계기로 일인독재자 김일성을 당에서 축출하고자 하였으나, 사전에 누설되어 주도자들이 체포된 사건을 말한다. 김일성은 이 사건을 계기로 연안파와 소련파를 대대적으로 숙청하고, 당권을 완전히 장악하여 독재 권력의 기반을 공고히 하였다.

---

② 북한 정권의 사회주의 체제 구축작업을 진행하였다.

㉠ 농업 협동화와 상공업과 수공업 분야의 협동화를 동시에 진행하였다.

㉡ 1950년대 말까지 생산수단을 완전히 국유화하였다.

③ 군중동원의 정치노선을 활성화

㉠ 6·25 전쟁 이후의 노동력 부족현상을 극복하며 전후 경제를 건설하기 위한 방안이었다.

㉡ 인민대중이 사회주의의 주인이라는 논리로 군중의 자발적 참여를 독려하였다.

㉢ **군중동원 노선의 대표적인 사례**: 천리마 운동, 청산리 정신 및 청산리 방법 등이 있다.

〈천리마 운동〉

하루에 천리를 달리는 천리마처럼 빠른 속도로 사회주의 경제를 건설하기 위해 주민들의 증산의욕을 고취하려는 노동 경쟁 운동이자 사상 개조운동이다.

---

(3) 1960년대의 북한 정세

① 중화학공업 위주의 산업기반이 정착되는 시기였다.

② 김일성은 권력 독점적 단일지도체제 구축을 위한 지속적인 숙청작업으로 일인 권력의 공고화 및 주체사상을 강화하였다.

③ 과도한 유일체제화는 폐쇄성과 경직성을 초래함으로써 체제의 대응력 약화를 초래하였다.

(4) 1970년대의 북한 정세

① 1972년 사회주의 헌법을 제정하고 주석에게 권력이 집중되는 권력구조를 채택하여 독재권력 강화 및 중앙집권적 계획경제, 감시체제를 보유한 사회주의 독재체제를 구축하였다.

② 1974년부터 20년에 걸친 권력승계 작업을 통해 1994년 김정일 체제로 이행하였다.

〈사회주의헌법〉

1972년 12월 북한은 1948년 9월에 제정된 '조선민주주의인민공화국헌법'을 폐기하고, '조선민주주의인민공화국 사회주의 헌법'을 공포하였다. 새 헌법은 김일성의 절대권력을 헌법적으로 보장하는 국가 주석제를 신설하였다. 이는 이미 수령으로서 절대 권력을 확보한 김일성의 지위와 역할을 헌법에 명문화한 것이었다.

---

(5) 김정일 체제의 형성

① 김정일 통치체제의 특징

　㉠ 일인지배체제

　　• 당 총비서, 국방위원장으로서 사회주의 국가권력의 양대 축인 당과 군을 장악하였다.

　　• 일인지배 정당화하기 위한 이념체계로 주체사상을 활용하였다.

　㉡ 선군정치 : 군사를 제일 국사로 내세우고 군력 강화에 나라의 총력을 기울이는 정치를 하였다.

　㉢ 강성대국론

　　• 1990년대 중반 고난의 행군으로 불리는 위기시대를 극복하기 위한 목적으로 시행하였다.

　　• 사상과 정치, 군사, 경제 강국을 실현하기 위해 2012년 '강성대국 완성 선전'을 주장하였다.

〈국방위원회〉

• 국가주권의 최고 국방지도기관

• 국방위원회 제1위원장은 북한의 영도자로 국가의 무력 일체를 지휘통솔

• 대내외 사업을 비롯한 국가사업 전반을 지도, 외국과의 중요한 조약의 비준 및 폐기

---

② 김정일의 권력 승계 과정
　　㉠ 1980년 권력의 핵심 요직에 진출하면서 후계체계를 공식화하였다.
　　㉡ 1991년 인민군 최고 사령관에 취임하고 2년 뒤 위상이 격상된 국방위원장에 취임하였다.
　　㉢ 1994년 김일성 사망 후 유훈통치를 전개하였다.
　　㉣ 1998년 헌법 개정을 통해 국방위원회 중심으로 권력을 개편, 사실상 국가수반인 국방위원장에 다시 취임하였다.

(6) 김정은 체제의 형성

① 김정은의 체제의 특징
　　㉠ 2012년 당 제1비서, 당 중앙군사위원회 위원장, 국방위원회 제1위원장 등 김정일의 직책을 모두 승계하였다.
　　㉡ 2012년 이후 당의 유일지도사상으로 주체사상 대신 김일성-김정일주의를 표방하였다.

② 김정은의 권력 승계 과정
　　㉠ 2010년 김정은의 후계체제 구축과 우상화 작업을 시작하였다.
　　㉡ 당 중앙 군사위 부위원장 임명, 군부 세력의 충성을 유도하였다.
　　㉢ 2011년 김정일 사망 후 2012년에 국방위원회 제1위원장으로 북한을 통치하였다.

③ 김정은의 독재권력 강화
　　㉠ 2016년 헌법개정을 통해 국무위원회를 신설하고 김정은이 국무위원장으로 취임하였다.
　　㉡ 김정은의 노동장 위원장, 국무위원장, 인민군 총사령관 직위를 독점하였다.

02 북한의 통치 이데올로기

(1) 주체사상

① 형성 배경
　　㉠ 정치적으로 일인독재 지배체제에 대한 비판의 유입을 대내적으로 차단하였다.
　　㉡ 북한의 독재지배체제를 옹호하는 데 주력하였다.
　　㉢ 대외적으로 중·소 이념분쟁이 가열되는 상황에서 북한의 중립적 위치를 고수하였다.

② 특징

		1950년 이론적 체계화 시도
1955년	'사상에서의 주체'	• 스탈린의 사망 • 당내 남로당파 숙청
1956년	'경제에서의 자립'	• 대외원조 감소(5개년 경제계획 수립 차질) • 당내 반 김일성 움직임 고조
1957년	'정치(내정)에서의 자주'	• 공산권내 개인숭배 반대운동 • 당내 연안파, 소련파 타도
1962년	'국방에서의 자위'	• 중 · 소분쟁 심화 • 미 · 소 공존 모색 • 한국의 5 · 16 군사쿠데타
1966년	'정치(외교)에서의 자주'	• 중 · 소분쟁의 확대 • 비동맹 운동의 발전
1970년	주체사상을 마르크스-레닌주의와 같이 노동당의 공식 이념으로 채택	
1980년	마르크스-레닌주의를 제외, 주체사상이 독자적 통치이념으로 정착	

③ 한계 및 문제점

　　㉠ 사실상 개인의 권력 독점 및 우상화를 위한 정략적 도구로 활용하였다.

　　㉡ 일인 지배체제 강화와 우상화의 용도로 이용하였다.

　　㉢ 인민대중은 수령의 지도에 절대적으로 의존하고 복종해야 하는 수동적 객체로 전락하였다.

(2) 우리식 사회주의 / 조선민족제일주의

① 형성 배경 : 1980년대 후반 동구 사회주의권과 소련이 연속적으로 붕괴함에 따라 체제 위협이 증가하였다.

② 특징

　　㉠ 주체사상의 논리적 보강을 통해 북한식 사회주의의 우월성을 강조하였다.

　　㉡ 북한식 사회주의를 이미 붕괴한 동구권 사회주의와 차별화하였다.

　　㉢ 북한 사회주의의 붕괴 가능성에 대한 우려 불식에 주력하였다.

> 〈우리식 사회주의와 조선민족제일주의〉
> 1980년대 후반 소련의 개혁 · 개방으로 시작된 동유럽 사회주의 국가 몰락, 독일 통일, 소련과 유고슬라비아 해체 등 정세변화는 독자적 노선을 고집한 북한 사회주의 체제의 존속을 위협하였다. 이에 북한은 주체사상에 토대를 둔 우리식 사회주의를 강조하고, 이를 뒷받침하는 조선민족제일주의를 내세웠다.

(3) 선군정치

인민군대 강화에 최대의 힘을 넣고 인민군대의 위력에 의거하여 혁명과 건설의 전반 사업을 힘 있게 밀고 나가는 특유의 정치이다.

① 형성 배경
  ㉠ 김일성 사후 지속되는 경제난 속에서 당보다는 군에 의존하게 되면서 정권에 대한 지지 및 정통성을 부여해 왔던 사회주의적 후원주의 체제를 와해하는 대신에 군의 자원과 역량을 활용하여 인민경제 회복, 당의 사회통제 기능 보완을 시도하였다.
  ㉡ 군의 위상과 역할의 재정립을 통해 체제적 위기를 극복하고 정권의 정통성을 만회하고자 하였다.
  ㉢ 동구 사회주의권과 소련의 붕괴 이후 북한의 외교적 고립의 가속화와 부시 행정부 이래 첨예화된 미국과 북한 간의 대결적 구도로 인한 외교적 고립에 북한은 불안감을 느끼게 되었다.
  ㉣ 남한과의 체제 경쟁에서 경쟁력을 보존하는 군사 부문에 대한 자부심과 집착을 가지게 되었다.

② 특징
  ㉠ 2010년에는 개정 노동당 규약에서 선군정치를 사회주의 기본정치 양식으로 규정하였다.
    • 1995년 초 내부적으로 논의되기 시작하여 1998년 북한의 핵심적 통치 기치로 정착하였다.
    • 2009년 개정 헌법에 북한의 지도이념으로 명시하였다.
  ㉡ 군사력 강화를 최우선 목표로 군이 국가 제반 부문의 중심이 되는 정치방식이다.
    • 사회주의 혁명을 주도하며 북한의 발전적 추동력을 제공하는 군의 역할을 강조하였다.
    • 군의 영향력을 정치, 경제뿐만 아니라 교육, 문화, 예술 등 전 영역에 투영하였다.
  ㉢ 선군정치 하에서 군은 지도자와 사회주의 체제의 옹호를 위한 중심기구로 부상하였다.

③ 선군정치의 한계
  ㉠ 김정일 정권이 경제적 위기, 외교적 고립 속에서 체제 안정화를 도모하기 위한 마지막 수단으로 사용하였다.
  ㉡ 김일성과 그 후계자들의 지배를 정당화하는 수단으로 사용하였다.

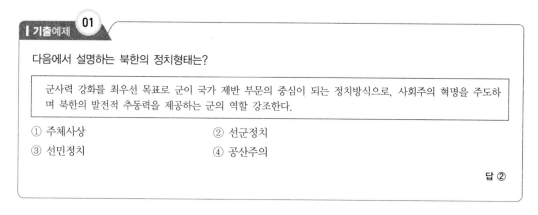

기출예제 01

다음에서 설명하는 북한의 정치형태는?

> 군사력 강화를 최우선 목표로 군이 국가 제반 부문의 중심이 되는 정치방식으로, 사회주의 혁명을 주도하며 북한의 발전적 추동력을 제공하는 군의 역할 강조한다.

① 주체사상   ② 선군정치
③ 선민정치   ④ 공산주의

답 ②

03 북한의 경제정책

(1) 사회주의적 소유제도

① 의미 : 생산수단과 생산물이 전사회적 또는 집단적으로 소유되는 제도이다.

② 특징

   ㉠ 북한 내의 모든 부의 형태와 생산된 재화들을 국가가 소유하고 있다.

   ㉡ 북한의 사유 범위는 근로소득과 일용 소비품으로 한정하고 있다.

(2) 북한의 경제정책 기조

① 자립적 민족경제발전 노선

   ㉠ 대외경제 관계를 최소한의 필요 원자재와 자본재를 수입하는 보완적 차원으로 인식하여 국제 분업 질서로부터 유리된 폐쇄경제가 형성되었다.

   ㉡ 1990년대에는 사회주의권 붕괴로 자기 완결적 자력갱생정책을 수정하였다.

   ㉢ 2000년대에는 들어오면서부터 국제 분업 질서를 인정하는 개방형 자력갱생 정책을 추진하였다.

   ※ 생산의 인적, 물적 요소들을 자체로 보장할 뿐만 아니라 민족국가 내부에서 생산, 소비적 연계가 완결되어 독자적 재생산을 실현해나가는 체계이다.

② 중공업 우선 발전정책

   ㉠ 사회주의 경제체제 수립 이후 중공업 우선 발전에 기초한 불균형 성장전략을 추진하였다.

   ㉡ 김정일 시대에 중공업 우선 발전 정책이 국방공업 우선 발전 정책으로 변화하였는데, 이는 국방공업 부문을 경제회복의 토대로 삼아야 단번에 도약이 가능하다고 보았기 때문이다.

   ㉢ 중공업 우선 발전정책은 북한 경제구조를 왜곡시키고, 민생경제 부문의 어려움을 악화시키는 결과를 초래하였다.

(3) 군사 경제 병진정책 추구

① 1960년대 중반 국방 자위를 강조하였다.

② 경제발전을 지연하더라도 군사력 강화를 우선적으로 추진하였다.

③ 북한의 군사비가 급증하여 총예산의 30% 이상 차지하게 되자 경제발전에 장애를 초래하였다.

(4) 북한의 개혁 · 개방정책

① 1980년대 합영법(북한이 서방의 자본과 기술을 도입하기 위해 1984년 9월 최고인민회의에서 제정한 합작투자법)을 제정해 외국인 투자 유치를 시도하였다. 그러나 냉전체제 속에서 미국과의 대치, 외국 자본의 투자 기피 등으로 인해 이 구상은 큰 효과를 거두지 못했으며, 심각한 외채 문제를 안게 되었다.

② 2002년 7 · 1 경제관리 개선 · 개조 조치

　ㄱ 시장 기능의 부분 활용을 의도하는 7 · 1 경제관리 개선 · 개조 조치를 시행하였다.

　ㄴ 군수산업은 계획경제 시스템 통해 국가 관리, 민수 생산은 분권화 · 시장기능을 도입하였다.

　ㄷ 계획경제 부문조차 시장에 의존하는 시장화 현상의 확대를 초래하였다.

　ㄹ 2009년 화폐개혁으로 경제의 양극화가 심해지고, 민생경제가 악화되었다.

　ㅁ 2010년 중앙집권적 계획 시스템을 강화하는 방향으로 인민경제계획법을 개정하였다.

〈7 · 1 경제관리 개선 · 개조 조치 이후의 변화〉

7 · 1 경제관리 개선 · 개조 조치 이후 물가와 임금 인상에 따라 북한 주민은 기존 화폐로 모은 예금 등의 재산가치가 하락하는 어려움을 겪게 되었다. 하지만 사적 경제활동이 확대되면서 기업소에서 임금에 인센티브를 도입함으로써 노력 여하에 따라 차등적인 보상을 받게 되었다. 그러나 이 조치 이후 물가 상승과 사재기 등의 문제가 나타나고 빈부 격차는 더 심해진 것으로 평가되고 있다. 사적 경제활동이 늘어나면서 물질주의가 팽배해져 부패와 일탈행위도 늘어난 것으로 보인다. 또한 중국과의 교역이 늘어나면서 대중국 경제의존도 역시 크게 심화되었다.

---

③ 2010년 나진 · 선봉 자유무역지대와 황금평을 경제특구로 지정하여 개발하였다.

　ㄱ 북한의 강성국가 건설을 위해 중국과 공동 개발을 추진하였다.

　ㄴ 중국은 동북 3성 지역 개발 위해 몽골, 러시아, 북한 접경지역 개발 필요와 북한 나진항을 이용한 동해로의 출로 확보가 필요하였다.

④ 2012년 6.28 방침 발표하여 국가통제가 가능한 시장경제 체계 수립을 시도하였다.

　ㄱ 7 · 1경제관리 개선조치와 화폐개혁의 시행착오를 개선하기 위한 경제 조치를 시행했다.

　ㄴ 주요 내용

　　• 공업분야 : 기업소의 경영권한 확대, 자체적 생산계획 수립 및 생산물 처분하였다.

　　• 농업분야 : 생산되는 모든 농산품 총량을 국가와 농장이 7:3의 비율로 분배하였다.

　　• 배급제도 폐지, 군과 정부기관에 근무하는 북한주민도 식량판매소에서 쌀을 구입하였다.

⑤ 2000년 초반부터 남북교류협력 사업을 통한 개방을 시도하였다.

　ㄱ 철도 · 도로 연결사업

　　• 2007년부터 경의선 남북 화물열차를 정례적으로 운행하였다.

　　• 2008년 12월 북한의 육로통행 제한조치에 의해 화물열차 운행을 중단하였다.

　ㄴ 금강산 · 개성 관광

　　• 1998년 금강산 관광 시작, 2007년부터 금강산 · 개성 관광이 확대되었다.

　　• 2008년 북한군의 총격에 의한 금강산 관광객 사망사건이 발생하여 관광이 중단되었다.

- 2010년 북한의 금강산 내 우리측 자산 몰수하였으며 2011년 우리측 체류인원 추방하였다.
  ⓒ 개성공단 사업
  - 2000년 현대와 북한의 합의서 체결로 개성 지역 내 우리 공장 건설을 시작하였다.
  - 2007년 공단을 완공하였다.
  - 2010년 천안함 피격 사건으로 공단 내 우리측 체류인원을 축소하는 조치를 취하였다.
  - 2016년 북한의 4차 핵실험 이후 개성공단을 전면 중단하였다.

04 북한의 인권

(1) 시민, 정치적 권리 침해

공개처형	• 1990년대 이후 식량난이 심해지고 이념적 동조가 약해지면서 증가하였다. • 공개처형은 그 자체로 비인도적이며, 국제사회의 비난을 초래하였다.
정치범수용소	• 1956년부터 정치범을 반혁명분자로 몰아 투옥, 처형, 산간 오지로 추방하였다. • 1966년부터 적대계층을 특정지역에 집단 수용하여, 5개 지역 수용소에 약 10만 명의 정치범을 수용하였다.

(2) 기타 시민, 정치적 권리 침해

① 거주이전 및 여행의 자유 제한
  ㉠ 거주이전은 직장 이동 등 특정한 목적으로 제한되며 직장 배치 자체가 당국에 의해 결정되기 때문에 거주이전 여부는 당국의 판단에 따를 수밖에 없다.
  ㉡ 여행도 원칙적으로 시(구역)·군 내에서만 자유로이 할 수 있으며, 그 경계를 벗어나기 위해서는 인민반장부터 시작하여 인민위원회에 이르기까지 당국의 허가를 받아야 한다.

② 종교를 아편으로 규정하고 종교 활동 탄압 : 북한에서는 종교활동을 위한 시설이나 종교인들이 자취를 감추었다.

③ 사회주의 체제를 형성, 유지, 강화 목적으로 계층구조 형성
  ㉠ 전 주민을 핵심계층, 동요계층, 적대계층으로 구분하였다.
  ㉡ 출신성분과 당성에 의해 인위적으로 구조화하였다.
  ㉢ 귀속지위에 근거한 폐쇄체제이기 때문에 개인적 노력에 의한 사회 이동이 불가능하였다.

④ 노동당이 지명하는 단일후보에 대한 찬반투표 : 당국과 다른 정치적 의사표시를 하지 못하도록 철저히 통제하고, 북한의 선거는 거의 '100% 투표에 100% 찬성'으로 당이 지명하는 단일후보가 100% 당선되었다.

(3) 경제, 사회, 문화적 권리 침해

생존권 침해	• 1980년대부터 시작된 식량난은 2000년대에도 지속되어 2000년 7·1 조치로 배급제도는 사실상 폐기되고, 국영상점에서 식품을 구매하게 하였다. • 당 간부, 국가안전보위부, 군대, 군수산업 등 특정 집단에 식량을 우선적으로 공급하였다.
직업선택의 권리 제한	• 직업 선택은 당사자의 의사보다는 당의 인력수급 계획에 따라 진행하였고, 직장 배치시 선발 기준은 개인의 적성, 능력보다 출신 성분과 당성이 우선시 되었다. • 무리배치 : 당의 지시에 따라 공장, 탄광, 각종 건설현장에 집단적으로 배치하였다.
기타 경제, 사회, 문화적 권리 침해	• 노동당이 모든 출판물을 직접 검열, 통제하였다. • 사회보장제도는 일부 선택 받은 계층에게만 적용하였다.

(4) 국제사회의 대응

① 유엔

　㉠ 2014년 3월 유엔인권이사회 전체회의에서 대북인권결의안을 채택하였다.

　　• 북한이 인권탄압을 즉각 중단할 것을 촉구하였다.

　　• 모든 회원국이 탈북자 강제송환 금지 원칙을 준수할 것을 명시하였다.

　㉡ 북한, 중국, 러시아는 결의안 통과에 반대하였다.

　㉢ 2015년 6월 서울에 UN 북한인권사무소를 개설하였다.

② 미국

　㉠ 2004년 북한 인권법을 발표하였다.

　㉡ 북한 주민의 인권 신장, 북한 주민의 인도적 지원, 탈북자 보호 등 포함하였다.

③ 일본

　㉠ 2006년 북한 인권법을 공포하였다.

　㉡ 북한 주민의 인권 침해 상황 개선을 목표로 필요한 제재 조치를 취하도록 규정하였다.

④ 한국

　㉠ 2005년 북한 인권 법안을 발의하였으나 17대 국회의 임기 만료로 폐기되었다.

　㉡ 2008년 18대 국회에서 재발의 되어 법사위 전체 회의에 계류되었다가 자동 폐기되었다.

　㉢ 2016년 북한 인권 법안이 국회에 통과되었다.

　㉣ 북한 인권 법안 주요 내용 : 북한인권증진관련 시민단체 지원, 북한인권기록 기구 설치

05 북한의 연방제 통일방안

(1) 고려민주연방공화국 창설방안

① 1973년에 제시한 고려 연방제 통일방안을 수정하여 1980년에 '고려민주연방공화국 창립 방안'을 제시하였다.

② 자주적 평화통일을 위한 선결조건

　　㉠ 국가보안법의 폐지 등 공산주의 활동의 장애물 제거를 주장하였다.

　　㉡ 주한미군의 조속한 철수를 주장하였다.

　　㉢ 미국의 한반도 문제에 대한 간섭을 배제하였다.

③ 특징

　　㉠ '고려'에다 '민주'를 첨가하여 선전효과를 극대화하고 있다.

　　㉡ '과도적 대책' 또는 '당분간'이라는 용어를 쓰지 않음으로써 외형상 완성된 형태의 연방국가라는 점을 강조하고 있다.

　　㉢ 민족·자주 등의 개념을 이용하는 용어 혼란 전술을 포함한 심리전적인 '10대 시정방침'을 제시하고 있다.

④ 문제점

　　㉠ 한국에 대해 무장해제에 가까운 선결조건을 제시하였다.

　　㉡ 남·북 두 제도에 의한 연방제는 현실적으로 실현되기가 어렵다.

　　㉢ 국호·국가형태·대외정책 노선 등을 남·북의 합의 없이 북한이 일방적으로 결정하였다.

(2) '1민족 1국가 2제도 2정부'에 기초한 연방제(1991년)

① 형성배경

　　㉠ 소련의 해체와 동구 사회주의권의 붕괴로 외교적 고립과 경제난에 봉착하였다.

　　㉡ 체제 유지에 불안을 느끼고 남북 공존의 모색이 필요하였다.

② 통일과정의 특징

　　㉠ 자주, 평화, 비동맹의 독립국가를 지향하였다.

　　㉡ 연방제 실현의 선결조건을 계속 주장하였다.

　　㉢ 주체사상과 공산주의를 통일이념으로 제시하였다.

　　㉣ 지역자치정부가 외교권, 군사권, 내치권 등을 보유하였다.

③ 문제점

　　㉠ 통일보다 체제 보전에 더 역점을 두고 있어 수세적·방어적 성격이 강하였다.

　　㉡ 국가보안법 폐지, 공산주의 활동 합법화, 주한미군 철수 등 연방제 실현의 선결조건을 계속 주장하였다.

　　㉢ 7·4 공동성명의 '통일 3원칙'을 자의적으로 해석하였다.

㉣ 통일이념에 있어서 주체사상과 공산주의를 주장하였다.

※ 남북한 통일방안 비교

구분	민족공동체 방안(남한)	고려연방제 통일(북한)
통일철학	자유민주주의	주체사상
통일원칙	자주, 평화, 민주	자주, 평화, 민족대단결 (남조선혁명, 연공합작, 통일 후 교류협력)
통일주체	민족 구성원 모두	프롤레타리아 계급
전제조건	―	국가보안법 폐지, 공산주의 활동 합법화, 주한미군철수
통일과정	화해·협력→남북연합→통일국가 완성(3단계) ※ 민족사회 건설 우선(민족통일→국가통일)	연방국가의 점차적 완성 (제도통일은 후대에) ※ 국가체제 존립우선(국가통일→민족통일)
과도통일 체제	남북연합 ―정상회담에서「남북연합현장」을 채택, 남북연합 기구 구성·운영 ※ 남북합의로 통일헌법초안→국민투표로 확정	―
통일국가 실현절차	통일헌법에 의한 민주적 남북한 총선거	연석회의 방식에 의한 정치협상
통일국가의 형태	1민족 1국가 1체제 1정부의 통일국가	1민족 1국가 2제도 2정부의 연방국가
통일국가의 기구	통일정부, 통일국회 (양원제)	최고민족연방회의, 연방상설위원회
통일국가의 미래상	자유·복지·인간존엄성이 보장되는 선진 민주국가	―

한미동맹의 필요성 CHAPTER 08

01 한미동맹의 역사

(1) 초창기 한·미 관계(1949)

한·미 관계의 시작	• 제너럴셔먼호 사건(1866)으로 인한 신미양요(1871)로 최초 군사관계가 시작되었다. • '조미수호통상조약(1882)'으로 공식적 국교관계가 수립되었다.
실질적인 군사협력관계의 시작	• 패전한 일본군의 무장해제를 위하여 미 육군 제24군단이 한반도에 진주(1945)하게 되었다. • 주한미군사고문단(KMAG)의 설치(1949) : 미군이 보유하고 있던 무기의 한국군 이양 및 사용법 교육, 한국군의 편성과 훈련지도, 군사교육기관의 정비 강화 등을 하였고, 고문단은 외교적 역할 수행과 치외법권을 가지고 있었다.

(2) 미국의 한국전쟁 참전

① **6·25전쟁의 발발** : 1950년 6월 25일 북한이 기습남침을 개시하였다.

② **국제사회의 대응**

   ㉠ 유엔 안보리는 북한의 전쟁도발 행위의 중지 및 38선 이북으로 철수를 요구하는 결의안을 의결 (1950.6.25)하였다.

   ㉡ 영국과 프랑스의 발의로 유엔군 사령부가 설치(1950.7.7)되었고, 미국, 호주, 프랑스, 터키 등 16개국이 참여하였다.

③ **미국의 참전**

   ㉠ 미국 주도의 유엔군이 창설되어, 유엔군 사령부는 미군 주도의 통합사령부인 미 극동군 사령부가 위치한 도쿄에 설치되었다.

   ㉡ 이승만 대통령은 한국군의 지휘권을 유엔군 사령관에게 위임(1950.7.18)하였고, 인천상륙작전을 통해서 서울을 수복하였으나, 중공군의 개입으로 후퇴하게 되어, 전선은 고착화되었다.

   ㉢ 미국은 사망 36,940명, 부상 92,134명, 실종 3,737명, 포로 4,439명 등 총 137,250명의 희생을 감내해야 했다.

(3) 한미상호방위조약의 체결(1953.10.1 조인, 1954.11.17부 발효)

① 조약 체결의 배경

휴전을 둘러싼 의견 대립	• 미국은 휴전을 원하고, 한국은 지속적 전쟁을 통한 북진 통일을 원하였다. • 한국은 휴전 거부의사를 표명하며 휴전회담에도 참석하지 않았다. • 한국은 정전협정조인에 결국 참여하지 않았다.
휴전협정 조인 후 한국의 방어를 위해 체결	• 휴전을 하는 대신, 한미상호방위조약 체결, 대한군사원조 등이 이루어졌다. • 한국은 한미상호방위조약에 한반도 유사시 미국의 자동개입 항을 삽입하기를 요구하였으나, 미국은 이에 대한 대안으로 미군 2개 사단을 한국에 주둔하였다.

② 이 조약은 체결이후 현재까지 그 내용의 변화없이 효력이 지속되고 있다.

③ 한미상호방위 조약

> **제1조**
> 당사국은 관련될지도 모르는 어떠한 국제적 분쟁이라도 국제적 평화와 안전과 정의를 위태롭게 하지 않는 방법으로 평화적 수단에 의하여 해결하고 또한 국제관계에 있어서 국제연합의 목적이나 당사국이 국제연합에 대하여 부담한 의무에 배치되는 방법으로 무력에 의한 위협이나 무력의 행사를 삼가할 것을 약속한다.
>
> **제2조**
> 당사국 중 어느 일방의 정치적 독립 또는 안정이 외부로부터의 무력침공에 의하여 위협을 받고 있다고 어느 당사국이든지 인정할 때에는 언제든지 당사국은 서로 협의한다. 당사국은 단독적으로나 공동으로나 자조와 상호원조에 의하여 무력공격을 방지하기 위한 적절한 수단을 지속하여 강화시킬 것이며, 본 조약을 실행하고 그목적을 추진할 적절한 조치를 협의와 합의 하에 취릴 것이다.
>
> **제3조**
> 각 당사국은 타 당사국의 행정 관리하에 있는 영토 또한 금후 각 당사국이 타 당사국의 행정 관리하에 합법적으로 들어갔다고 인정하는 영토에 있어서 타 당사국에 대한 태평양지역에 있어서의 무력공격을 자국의 평화와 안전을 위태롭게 하는 것이라고 인정하고 공통한 위험에 대처하기 위하여 각자의 헌법상의 수속에 따라 행동할 것을 선언한다.
>
> **제4조**
> 상호합의에 의하여 결정된 바에 따라 미합중국의 육군, 해군과 공군을 대한민국의 영토 내와 그 주변에 배치하는 권리에 대해 대한민국은 이를 허용하고 미합중국은 이를 수락한다.
>
> **제5조**
> 본 조약은 대한민국과 미합중국에 의하여 각자의 헌법상의 절차에 따라 비준되어야 하며, 그 비준서가 양국에 의하여 워싱턴에서 교환되었을 때에 효력을 발생한다.
>
> **제6조**
> 본 조약은 무기한으로 유효하다. 어느 당사국이든지 타 당사국에 통고한 일년 후에 본 조약을 종지시킬 수 있다.
>
> * 한미상호방위 조약은 한미연합방위체계의 법적 근거가 되는데, 특히 제3조의 '상대국에 대한 무력공격은 자국의 평화와 안정을 위태롭게 하는 것으로 간주하여 헌법상의 절차에 따라 공동으로 대처 제4조의 '미군의 한국 내 주둔을 인정이 이를 증명한다.

(4) 한국의 전후복구와 미국의 지원

① **미국의 군사적 지원** : 대외군사판매(FMS ; Foreign Military Sale)를 통한 무기체계 공급으로 한국군 전력을 증강하였다.

  ㉠ 방산기술지원 및 협력을 통해 한국군 무기체계를 개선하였다.

  ㉡ 한국의 방어를 위한 주한미군의 기여도가 증가하였다.

② **미국의 경제적 지원** : 미국은 1953년에서 1959년까지 총 16억 2,200만 달러의 원조를 제공하였다. 한국의 요구량은 10억 달러였다.

  ㉠ **소비재 중심의 경제 원조** : 미국의 식량, 의복, 의약품 등 생활 필수품을 지원하였다.

  • 미공법(미국의 농산물 무역 촉진 원조법) 480호에 따른 농산물을 원조하였다.

  • 한국 정부는 원조 받은 농산물의 판매 수익을 통해 대충자금을 조성하여 정부 계획에 집행하였다.

  ㉡ **원조의 영향** : 원조물자를 가공한 면방직업, 제당업, 제분업 등 삼백 산업이 발달하게 되었다.

  ㉢ **원조의 한계** : 한국이 원했던 생산재 및 사회 기반 시설 중심의 원조는 미약하였고, 1950년대 후반, 미국은 국내경제 악화를 이유로 경제적 지원의 형태를 무상 원조에서 유상 차관으로 변경되었다.

  ㉣ **원조의 결과** : 식량 문제 해결에 크게 기여하였으나, 밀가루, 면화 등의 대량 수입으로 농업 기반이 붕괴되었다.

(5) 한국의 베트남 파병과 한미안보협력

① 베트남전 전개 과정

  ㉠ 2차 세계대전 이후 프랑스로부터 독립을 위해 결성된 "베트남 독립동맹"과 이를 저지하려는 프랑스의 전쟁이 시작되었다.

  ㉡ 디엔비엔푸 전투에서 프랑스는 큰 타격을 입고 제네바 협정을 체결하였다.

  ㉢ **베트남 독립동맹** : 북베트남에 자리를 잡고 공산주의를 표방하였으며, 남베트남에는 비공산주의자들이 자리를 잡게 되었다.

  ㉣ 미국의 지원을 받고 있었던 남베트남은 민주주의를 표방하였고, 북베트남은 공산화 통일을 시도하였다.

> 남베트남은 독립하되 절대로 공산화가 되어서는 안 된다…… 우리가 남 베트남에서 이 목표를 달성하지 못하면 동남아시아 전역이 공산주의자들의 손에 넘어갈 것이다…… 아시아에서 뿐만 아니라, 베트남 분쟁을 공산주의의 '해방전쟁'에 맞서 싸우고 있는 자유 국가를 미국이 얼마나 신속히 지원할 수 있는지 시험하는 장이라고 보고 있는 다른 지역에서도 그 파장은 뚜렷했을 것이다. 이 점은 우리 외교 정책에 있어서 가장 중요한 사안인 것이다.
> 맥나마라 미 국방장관, "남베트남 외교각서" (1964. 3. 16)

② **한국의 참전 배경** : 한미동맹 차원에서 미국의 한국전 지원에 대한 보답과 주한미군의 베트남 투입 가능성을 차단하고, 한국군의 실전 전투경험 축적을 통한 전투역량을 강화시키기 위해 참전하게 되었다.

③ 한국군의 참전

    ㉠ 8년 8개월(1964.7.18~1973.3.23) 동안 총 312,853명 투입되었다.

    ㉡ 주월 한국군사령부 창설되어 맹호부대, 백마부대 등 전투병이 파병되었고, 주월 한국군 사령부가 한국군의 작전권을 행사하였다.

④ 성과

    ㉠ 대민지원 중심의 민사심리전 수행으로 베트남 주민들의 지지를 확보할 수 있었다.

    ㉡ 한국전쟁에서의 산악전 경험을 토대로 효과적인 전투임무를 수행하였고, 미국의 동맹국으로서 국제적 지위와 위상을 제고하였다.

    ㉢ **경제적 성과** : 베트남 파병 군인들의 송금, 군수품의 수출, 건설업체의 베트남 진출 등으로 국가적인 이익을 얻었다.

    ㉣ 정치적 갈등관계를 청산했으며 상호보완적 동맹관계로 발전하였다. 또한 1968년 제1차 한·미 연례국방각료회의 개최 후 현재의 한·미 안보협의회의로 개칭하였다.

⑤ 베트남 파병 이후, 한미간 협력이 강화됨

    ㉠ 미국의 군사적, 경제적 지원이 증가하였다.

    ㉡ 한국군 전력증강과 경제개발을 위한 차관를 제공하고, 한국의 산업 발전을 위한 기술원조를 하였다.

제1조 추가 파병에 따른 비용은 미국이 부담한다.
세2소 한국 육군 17개 사단과 해병대 1개 사단의 장비를 현대화한다.
제3조 베트남 주둔 한국군을 위한 물자와 용역은 가급적 한국에서 조달한다.
제4조 베트남에서 실시되는 각종 건설·구호 등 제반 사업에 한국인 기업이 참여한다.
제5조 미국은 한국에 추가로 차관과 군사원조를 제공하고, 베트남과 동남아시아로의 수출증대를 가능하게 할 차관을 추가로 제공한다.

-브라운 각서(1966. 3)-

* 제시된 자료는 1966년 3월 7일 미국 정부가 한국군 월남 증파의 선행조건에 대한 보상조치를 당시의 주한 미국대사 브라운을 통하여 한국 정부에 전달한 공식 통고서이다. 베트남 전쟁의 특수는 빠른 경제성장과 수출 증대에 기여를 하였다.

---

⑥ 한미안보연례협의회(SCM : Security Consultative Meeting)의 설치

    ㉠ **배경** : 청와대 습격 사건(1968.1.21), 푸에블로호 납치 사건(1968.1.23), 울진, 삼척 무장공비 침투사건(1968.10.30)등 증가하는 북한의 도발에 대한 대응의 필요성이 증가되었다.

    ㉡ **의의** : 양국 국방장관을 수석대표로 하는 장관급회의인 SCM은 오늘날까지 안보 현안에 대한 논의의 장으로 활용되고 있으며, 예하에 소주제를 다룰 수 있는 다양한 위원회가 존재하고 있다.

ⓒ 한미안보협의회의(SCM)의 구성

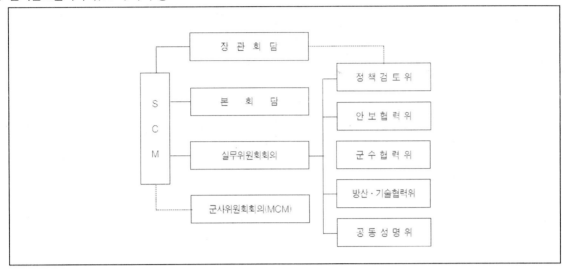

(6) 닉슨 독트린과 한미동맹의 변화

① **주한미군 감축 움직임** : 데탕트의 도래와 베트남전 이후 미국의 재정 적자 악화로 인해 아시아 지역의 미군을 감축하려는 움직임이 나타나기 시작하였다.

② 닉슨 독트린(Nixon Doctrine, 1969.7)

　ⓖ **배경**

　• 베트남에 대해 미국이 유엔 파병을 제안했으나 유엔는 이를 거부하였다.

　• 외교적 고립 하에 대규모 병력 파병에 따른 국제사회의 비난을 받았으며 국내 반전운동 전개하였다.

　ⓛ **내용**

　• 미국은 앞으로 베트남 전쟁과 같은 군사적 개입을 피한다.

　• 미국은 아시아 여러 나라와의 조약상 약속을 지키지만, 강대국의 핵에 의한 위협의 경우를 제외하고는 내란이나 침략에 대하여 아시아 각국이 스스로 협력하여 대처하여야 한다.

　• 미국은 태평양 국가로서 그 지역에서 중요한 역할을 계속하지만 직접적, 군사적인 또는 정치적인 과잉 개입은 하지 않으며 자력 구제의 의사를 가진 아시아 여러 나라의 자주적 행동을 측면 지원한다.

　* 닉스 독트린에서 "아시아의 안보는 아시아인에 의해"에서 아시아 지역에 대한 안보공약의 축소를 주장하였고, 주한미군 부분 철수를 논의하여 제7사단이 철수(1971.3)하는 등 해외 주둔 미군을 축소하였다. 미국은 대외정책을 반공에서 평화공존으로 변경하였고 중국은 UN에 가입하였으며 상임이사국으로 인정되었다.(1971)

③ 카터(Jimmy Carter) 행정부의 주한미군 철수 정책

    ㉠ **3단계 철군안 발표** : 1977년~82년까지 3단계에 걸쳐서 철군하여 1978년까지 3,400명 철군하였다.

    ㉡ **철군계획의 취소(1979)**

      • 북한 군사력에 대한 재평가 : 미국 내에서 북한의 군사력이 높은 수준에 있다는 평가가 나오기 시작하였다.

      • 신냉전의 분위기 확산 : 소련은 아프간 및 베트남 일대에서 팽창 의도를 보이며 데탕트 분위기를 와해시켜나 갔다.

(7) 주한미군 철수를 보완하기 위한 한미동맹의 강화

① 주한미군 철수 계획으로 인한 한국의 자체적인 역량 강화 시도하였고, 이에 제1차 율곡사업(1974~1981. 한국군전력증강사업)을 시작하였다.

② 한국의 역량 강화를 위한 미국의 군사 원조 강화

    ㉠ 주한미군이 보유하고 있던 일부 장비들에 대해 무상으로 이양하였다.

    ㉡ 대외군사판매(FMS)를 통한 무기체계의 제공을 확대하고, 한국군 역량 강화를 위한 차관을 추가 제공하였다.

③ 철군에 따른 동맹의 보완책 추진

한미연합사령부(CFC : Combined Forces Command) 창설(1978)

㉠ 군사위원회로부터 전략 지시를 받아서 한미연합군을 지휘하였다.

㉡ 사령관은 미군 대장, 부사령관은 한국군 대장, 참모장은 미군 중장이며, 각 참모 요원은 부서장과 차장에 한미군의 장교들이 교차되어 임명되었다.

㉢ 한반도 방어를 위한 전쟁수행 사령부가 유엔사에서 연합사로 변경하여 동반자적 한미군사관계의 새로운 틀을 마련하였다.

㉣ 한미연합훈련의 발전 : 미 본토에서 공수부대를 투입하는 프리덤 볼트(Freedom Bolt)훈련을 시행하였다.

㉤ 1950년 맥아더 유엔군 사령관에게 이양된 '작전 지휘권'→1954년 한·미 합의 의사록에 의거 '작전 통제권'으로 변경→1978년 한미연합사령부 창설로 '작전 통제권'이 유엔군 사령관에서 한미연합사령관으로 이양

※ 한·미 연합방위체제 근간 : 한미상호방위조약, 한미안보협의회의, 한미연합사령부

(8) 80년대 한미 동맹관계 재결속 및 90년대 냉전의 종식과 안보 동반자 관계

① 한국의 국력신장에 따른 역할을 재조정하여 일방적 안보지원 대상국에서 해지하고 FMS 차관을 중단, 방위비 분담을 요구하였다.

② 1989년 '넌-워너 법안' 상원 본회의에 제출 및 통과하였다. 한국에 있어서의 주둔 군사력 위치 및 전력구조와 임무 재평가, 한국의 안보부담 증가, 주한미군의 감군 필요성과 가능성을 협의하였다.

③ 1990년 '동아시아 전략구상(EASI)' 발표하였다.

    ㉠ 아·태 지역의 미군주둔 전략을 재검토하였고 3단계에 걸친 전력 감축을 계획하였다.

    ㉡ 90년대 초반 북한의 핵개발 의혹에 따라 주한미군 철수를 중단하였다.

ⓒ 주한미군 역할을 한국방위에 있어 '주도적 역할'에서 '보조적 역할'로 변경하고 한국 정부에 더 많은 방위비 분담금을 지불할 것을 요구하였다.

④ 한국군 한반도 방위의 주도적 역할을 이행하고 군정위 수석대표에 한국군 장성임명, JSA경비책임 일부 한국군에 이관, 한·미 야전사 해체, 지상구성군사 분리 및 한국군 장성을 사령관에 임명, 평시작전통제권 전환 등을 하였다.

(9) 2000년대 이후 미래지향적 한미동맹

① 미국의 해외주둔군 재배치 구상(GPR), 한국의 국력 신장으로 성숙한 동맹관계 요구하였다.

② 주한미군 기지를 이전하였다.
    ㉠ 용산기지 이전계획(YRP) 2003년 합의, 연합토지관리계획(LPP) 2004년 합의
    ㉡ 국토의 균형발전과 주한미군의 안정적 주둔여건 보장

③ 전시작전통제권을 전환하였다.
    ㉠ 2007년, 전작권의 전환(2012년 4월 17일)을 합의하였다.
    ㉡ 2010년, 북한의 위협과 한국군의 능력 고려 전작권 전환 연기(2015년 12월 1일)하였다.
    ㉢ 2014년, 조건에 기초한 전작권을 전환하고 재연기 결정을 내렸다.

④ 방위비 분담금 협상하여 1991년 방위비 분담금 부담, 2014년 제9차 방위비 분담협정을 체결(9200억 원)하였다.

⑤ 2008년 '전통적 우호관계'에서 '21세기 전략동맹'으로 격상하였고 2009년 '한미동맹 공동비전'을 통해 '포괄적 전략동맹'을 확인하였다.
    ㉠ 자유민주주의와 인권, 시장경제라는 공동가치를 공유하는 가치동맹
    ㉡ 군사, 외교, 안보, 경제, 사회, 문화를 포괄하는 호혜적인 신뢰동맹
    ㉢ 한반도를 넘어 동아시아와 세계의 평화, 번영에 기여하는 평화구축동맹

⑥ 2013년 '한미동맹 60주년 공동선언'을 통한 연합방위 태세 유지 재확인 및 한미 간 포괄적 전략동맹의 지속 발전을 합의하였다.

02 한미동맹의 역할

(1) 군사적 차원

① 대북 억제 : 주한미군의 주둔을 통한 대북 억지력이 강화되었다.

    ㉠ 한국은 주한미군의 정보자산을 통해 대북 정보 획득 : 주한미군은 정찰기 및 정찰 위성 등을 통해 획득한 대북정보를 한국군에 제공해주었다.

    ㉡ 주한미군의 강력한 전투력을 통해서 북한의 도발 및 위협을 억제하였다.

    ㉢ 유사시 증원전력을 통해 북한의 군사적 위협에 대비할 수 있도록 하였다.

맞춤형 억제 전략(tailored deterrence strategy)

- 배경 : 북한은 1990년대부터 핵개발을 실시해 왔으며 현재 세 차례의 핵실험을 실시하였다. 한미 양국은 북한 핵 및 대량살상무기(WMD) 위협에 대응하려고 하였다.
- 내용 : 정찰자산을 이용하여 북한의 움직임을 3단계(위협, 사용임박, 사용)로 나누어서 판단하고, 단계별로 가용한 수단을 이용하여 타격하고자 하였다.

---

② 한국군의 군사전략 및 전술의 발전

    ㉠ 미국은 많은 전쟁경험을 통해서 현대전에 적합한 전략 및 전술을 개발 및 발전시켜왔다.

    ㉡ 한국군은 한미연합사와 한·미연합군사훈련을 통해서 미군의 전략 및 전술을 학습하였다.

③ 한국군의 무기체계 발전

    ㉠ 미국의 군사원조와 한국군의 현대화 : 6·25전쟁 이후 한국군의 현대화 과정에서 미국의 군사원조가 결정적 역할을 하였다.

    ㉡ 미국은 대외군사판매제도(FMS)를 통해서 한국군에 고성능 무기들을 공급하였다.

    ㉢ 한미는 한미방위기술협력 위원회를 통해서 무기체계의 공동 개발연구를 진행하는 등 방위기술 교류를 활발히 진행하고 있다.

(2) 정치 · 외교적 차원

동아시아의 세력 균형자, 안정자 역할	• 한국은 중국, 일본, 러시아 등 강대국들 속에 둘러싸여 있다. • 강대국들의 세력 다툼 속에서 한 · 미동맹은 중국 및 러시아 등에 대해 균형을 유지할 수 있도록 만드는 중요한 기제이다.
지역 분쟁의 조정자 역할	• 동아시아에는 역내 국가 간 다양한 분쟁 요소들이 산재(역사 및 영토 등)되어 있다. • 한미동맹의 한 축인 미국은 지역 분쟁의 조정자로서 지역내의 작은 분쟁들이 전쟁으로 비화되는 것을 막아주고 있다.
국제평화 및 안보에 기여	• 한미 양국은 대량살상무기 확산 방지 구상(PSI), 핵확산 방지 조약(NPT) 등을 통해서 국제 군비통제 분야에서 협력해 왔다. • 국제평화를 위한 군사협력에 기여하였다. • 미국이 대량살상무기 제거를 위해 이라크와 벌인 전쟁(이라크 전쟁)에서, 아르빌 북부 지역에 자이툰 부대를 파견하여 미국과 협조 하에 재건활동을 실시하였다. • 한국 해군은 아프리카 소말리아 해역인 아덴만에 4,500톤 급 구축함 1척을 파견하여 대해적 작전을 실시하였다. • 한국군은 미국이 주도하는 테러와의 전쟁을 지원하기 위하여 아프가니스탄에 재건부대를 파견하였다.

(3) 경제적 차원

① 원조를 통한 미국의 전후복구 지원

㉠ 미국은 유엔을 통해 다양한 방면에서 지원하였다.

- 유엔 한국 통일 부흥 위원단(UNCURK), 유엔 한국 재건단(UNKRA) : 난민 구호, 식량 배급 등 인도주의적 지원
- 유엔 아동 기금(UNICEF) : 식량 제공, 의료 지원
- 유엔 교육 과학 문화 기구(UNESCO) : 교육 지원
- 인도적 차원의 유엔 활동에 소요되는 대부분의 비용을 미국이 제공하였다.

㉡ 미국의 지원은 원조를 통해서도 이루어졌다.

- 미국은 기아와 역병 방지를 위한 인도주의적 목적, 공산주의 확산 방지를 위한 정치적 목적을 가지고 원조하였다.
- 미국은 1953년에서 1959년까지 총 16억 2,200만 달러(한국 요구량 : 10억 달러)의 원조를 제공하였으며 전후 경제 재건 자금의 90% 이상이 미국 원조 자금이었다. 1950년대 후반에 정부 재정에서 미국 원조가 차지하는 비중이 50% 이상이 되었다.

㉢ 미국의 식량, 의복, 의약품 등 생활 필수품을 지원 등과 같은 소비재 중심의 경제 원조가 이루어졌다.

- 미공법(미국의 농산물 무역 촉진 원조법) 480호에 따른 농산물 원조
- 한국 정부는 원조받은 농산물의 판매 수익을 통해 대충자금을 조성하여 정부 계획 하에 집행(50%는 미국의 무기체계 구매)하였다.

㉣ 원조물자를 가공한 면방직업, 제당업, 제분업 등 삼백 산업이 발달하였다.

- 어려운 시기에 미국의 지원을 받아 성장을 위한 기반을 마련하였으나 한국이 원했던 생산재 및 사회 기반 시설 중심의 원조는 미약하였다.
- 1950년대 후반, 미국은 국내경제 악화를 이유로 경제적 지원의 형태를 무상원조에서 유상차관으로 변경하였다.

② 한국의 베트남 파병과 한미경제협력

　　㉠ 미국은 국군 전력증강과 경제개발을 위한 차관을 제공하고 한국의 산업 발전을 위한 기술원조까지 경제 지원을 확대하였다.

> 〈브라운 각서(1966. 3)〉
> • 한국군 18개 사단의 현대화를 지원
> • 파병비용은 미국이 부담
> • 베트남에 주둔한 한국군의 보급 물자와 장비를 한국에서 구매
> • 베트남 현지 사업들에 한국을 참여시킴
> • 한국의 수출 진흥을 위해 기술 원조를 강화
> • 차관의 추가제공

　　㉡ 베트남 파병 군인들의 송금으로 외화를 획득하고, 군수품 수출 및 한국 기업의 베트남 진출하는 등 수출도 증대되었다. 이는 1960년대 한국 경제성장을 이끄는 기반이 되는 경제적 성과를 이루었다.

③ 한미동맹의 경제적 의의

　　㉠ 경제발전을 할 수 있는 안정된 환경 제공
　　　• 해외 투자자들이 마음 놓고 투자할 수 있는 여건을 마련하였다.
　　　• 코리아 디스카운트의 주요 원인 중의 하나는 북한의 군사적 위협으로 전쟁이 일어날 지도 모른다는 안보 불안이다. 북한의 도발이 있을 때 마다 한국의 주식 시장이 요동치는데 한미동맹과 주한미군의 주둔은 북한의 군사적 도발을 억제함으로써 해외 투자자들에게 투자할 수 있는 여건을 조성해주고 있다.

　　㉡ 안보비용의 절감 : 한국은 6 · 25전쟁 이후 한미동맹을 통해 안보를 달성하였으며, 그렇게 절약한 안보비용을 경제 발전에 투자하여 경제성장에 성공하였으며 현재 주한미군 자산의 가치는 약 200억 달러(22조원), 유사시 전개되는 미 증원전력에 소요되는 예산은 약 2,500억 달러(270조원)로 추산되며 이를 통해 안보비용을 절약하고 있다.

　　㉢ 한미 경제협력 강화를 통한 이익 : 한미 교역의 확대를 통한 이익을 얻고 경제협력으로 인한 선진경영기법 도입 및 기술교류를 하였다.

│ 기출예제 │ 01

다음 중 한미동맹의 경제적 의의에 해당하지 않는 것은?

① 코리아 디스카운트의 개선
② 안보비용의 절감
③ 지역 분쟁의 조정자 역할
④ 선진경영기법 도입 및 기술교류

답 ③

중국의 동북공정

CHAPTER 09

01 동북공정이란?

(1) 의미

① '동북변강역사여현상계열연구공정(東北邊疆歷史與現狀系列硏究工程)'의 줄임말이다.

② 중국 국경 안에서 전개된 모든 역사를 중국 역사로 만들기 위해 2002년부터 2007년까지 중국정부의 지원을 받아 추진한 동북 변경지역의 역사와 현상에 관한 연구 프로젝트이다.

(2) 배경

① 2001년 한국 국회에서 재중 동포의 법적 지위에 대한 특별법 상정→중국 당국은 조선족 문제와 한반도의 통일과 관련된 문제 등에 대한 국가적 차원의 대책을 세우기 시작→장기적으로 볼 때 남북 통일 후의 국경 문제를 비롯한 영토 문제를 공고히 하기 위한 사전 포석으로 볼 수도 있는 것이다.

② 2001년 북한에서 고구려 고분군을 유네스코 세계문화유산 등록 신청→북한이 신청한 고구려 고분군이 세계문화유산으로 지정을 받게 되면 중국이 고구려 역사를 중국의 역사로 주장하는 명분이 사라질 가능성이 많아지게 되기 때문이다.

(3) 내용

① 오늘날 중국 영토에서 전개된 모든 역사를 중국의 역사로 편입하려는 시도의 일부('통일적 다민족국가론')이다.

② 고조선, 고구려 및 발해의 역사가 중국의 역사의 일부라 왜곡하는 것이다.

③ 한국과 중국의 구두양해각서(2004년)에서 고구려사 문제를 학문적 차원에 국한시킨다고 동의하고 공식적인 동북공정은 2007년에 종결시켰다.

④ 동북공정의 목적을 위한 역사왜곡은 지금도 진행 중으로 동북공정식 역사관을 가르치는 중국 역사 교과서, 동북공정식 메시지를 전달하는 지안 고구려 박물관, 역대장성 등에서 알 수 있다.

※ **역대장성** : 2012년 6월 5일 중국 국가문물국에서 발표한 총 길이가 2만 1,196.18km에 이르는 장성을 지칭하는 말이다. 중국은 기존 만리장성에 고구려·발해가 쌓은 성 등 전근대 동북아시아에서 활약한 모든 민족들이 세운 성을 포함시켜 중국의 역대 왕조들이 건축한 하나의 장성이라 주장하고 있다.

⑤ 중앙 정부 주도의 동북공정은 2007년에 종결되었지만, 2007년 이후 지방 정부 주도의 동북공정은 지속되고 있다.

⑥ 최근 고조선, 고구려 및 발해에 대한 서술을 다양화하고, 일부 서적에서는 백제까지 편입하여 동북공정을 강화하는 추세이다.

(4) 문제점

역사적인 문제점	• 한국 고대사 왜곡으로 인해 한국사의 영역이 시간적(2,000년), 공간적(한강 이남)으로 국한되어 버린다.
정치적인 문제점	• 남북통일 후의 국경 문제를 비롯한 영토 문제를 공고히 하기 위한 사전 포석일 가능성이 높으며, 북한정권의 붕괴 시 북한 지역에 대한 중국의 연고권을 주장할 가능성이 있다.
군사적인 문제점	• 동북공정을 통해 북한 지역에 대한 개입 명분을 확보하고, 유사시 대내외적으로 홍보하여 유리한 국면을 조성할 수 있다.

02 상고사를 둘러싼 역사분쟁

(1) 고조선

① 고조선에 대한 기본적인 이해

　㉠ 우리 민족사에 최초로 등장하는 국가로 「삼국유사」와 「제왕운기」의 단군신화에 기록되어 있다.

　㉡ 세력 범위는 요령 지방과 한반도 북부로 추정되고 있으며, 비파형동검과 고인돌의 분포가 이를 증명하고 있다.

　㉢ **기자동래설** : 중국의 「상서대전」에 중국 은(殷)나라의 기자가 고조선을 세우고 초대 왕이 되었다는 설이 적혀 있다.

　㉣ **위만조선** : BC 194년 중국 연(燕)나라 망명자 출신 위만이 반란을 일으켜 집권한 후 멸망할 때까지의 고조선을 말한다.

② 고조선과 관련된 논쟁

단군조선을 둘러싼 논쟁	• 중국의 왜곡 : 단군은 신화적인 존재였고, 단군조선은 실재하지 않다고 주장하고 있다. • 우리의 반론 : 단군신화의 역사성을 인정해야하고, 단군조선은 독자적인 청동기 문화를 바탕으로 세워진 실존하는 한국사 최초의 국가라고 주장하고 있다.
기자동래설을 둘러싼 논쟁	• 중국의 왜곡 : 은나라의 왕족 기자가 고조선을 건국한 후 주(周) 왕실의 조회에 참석하여 제후국이 되었으므로, 고조선은 중국사의 일부라고 주장하고 있다. • 우리의 반론 : 기자동래설을 입증하는 「상서대전」의 신뢰성에 문제가 있으며, 기자의 이주를 입증할 수 있는 고고학적 사료(고조선 문화에 중국 청동기 문화의 유입 흔적)가 미미하다고 주장하고 있다.
위만조선을 둘러싼 논쟁	• 중국의 왜곡 : 연나라 출신이 고조선을 지배하였고, 고조선은 중국사의 일부라고 주장하고 있다. • 우리의 반론 : 지배층 일부가 교체되었을 뿐, '조선'의 국호 등 국가 정체성을 계속 유지하였다고 주장하고 있다.

(2) 부여

① 부여에 대한 기본적인 이해 : 기원전 2세기부터 494년까지 북만주 송화강 유역 평야지대에서 번영한 농업국가이다.

② 부여와 관련된 논쟁

중국의 왜곡	• 중국 측 주장 : 부여는 중국의 문화를 받아들이고 결국 중국에 흡수된 고대 중국의 소수민족 정권 중에 하나이다. • 근거 : 부여인은 중국식의 묘지를 이용하였고, 부여 유적 내 중국 계통의 철기와 토기가 발견되었다.
우리의 반론	• 반론 : 부여는 고조선, 고구려, 옥저, 동예 등의 주류를 형성한 고대 한국 민족인 예맥족이 세운 나라이다. • 근거 – 중국의 사서인 삼국지를 살펴보면 "부여는 예맥의 땅에 있었다.", "맥인(貊人) 또는 예맥이라 불린 고구려는 언어와 법칙이 대체로 부여와 같은 부여 별종"이라고 서술되어 있다. → 부여인이 예맥족의 한 갈래였을 가능성이 있다. – 후대의 고구려인들과 백제인들이 부여의 직접 후계임을 주장할 정도의 깊은 동족의식을 가지고 있다. – 부여의 주요 관명– 마가(馬加), 우가(牛加), 저가(豬加), 구가(狗加) 등은 중국의 것과는 다른 계통에 속한다. – 고구려 건국시조 주몽은 졸본부여 출신이고, 427년 백제가 북위에 보낸 외교문서에는 "백제와 고구려가 모두 부여에서 비롯되었다."라고 기록되어 있다.

(3) 고구려

'고구려는 중국 땅에 세워졌다?'

중국의 왜곡	우리의 반론
• 주장 : 중국의 영토에서 진행된 고구려사는 한국사의 일부가 아니다. • 근거 – 고구려는 한(漢)나라의 영역인 현도군 고구려 현에서 건국되었다. – 427년에는 한의 낙랑군 평양으로 천도하였다.	• 반론 : 중국의 주장은 영토 패권주의에 불과하다. • 근거 – 고구려에 선행하는 고조선 · 부여의 역사는 명백한 우리의 역사이다. – 현재 자국 영토 안에 있다는 이유로 그 역사를 귀속할 수 없다.

'고구려는 중국의 지방 정권이었다?'

중국의 왜곡	우리의 반론
• 주장 : 고구려는 중국 민족이 세운 중국의 지방 정권이다. • 근거 – 고구려현은 이미 한의 현도군 소속으로, 고구려는 한(漢) 왕조의 신하이다. – 고구려는 3세기부터 7세기까지 중국 왕조의 책봉을 받고 조공을 하였다.	• 반론 : 고구려는 민족의 기원과 역사 계승 의식 모두 중국과 별개인 우리의 자주 국가이다. • 근거 – 조공과 책봉은 외교의 한 형식이자 국제 무역의 한 형태이다. 만약 조공 · 책봉만으로 중국의 지방정권 여부를 구분한다면 신라 · 백제 · 일본 · 베트남도 중국의 지방정권으로 보아야 하나 중국조차 그런 주장을 하지 않는다. – 고구려는 광개토대왕의 연호 사용, 광개토왕릉비의 천하관에서 볼 수 있듯 황제 국가를 표방하였다.

'고구려는 중국 땅에 세워졌다?'

중국의 왜곡	우리의 반론
• 주장 : 중국의 영토에서 진행된 고구려사는 한국사의 일부가 아니다. • 근거 – 고구려는 한(漢)나라의 영역인 현도군 고구려 현에서 건국되었다. – 427년에는 한의 낙랑군 평양으로 천도하였다.	• 반론 : 중국의 주장은 영토 패권주의에 불과하다. • 근거 – 고구려에 선행하는 고조선 · 부여의 역사는 명백한 우리의 역사이다. – 현재 자국 영토 안에 있다는 이유로 그 역사를 귀속할 수 없다.

'수 · 당과 고구려의 전쟁은 중국 국내 전쟁이었다?'

중국의 왜곡	우리의 반론
• 주장 : 같은 중국 민족이 벌인 통일 전쟁이다. • 근거 – 고구려는 중국의 지방정권이다. – 중국 내부의 통일 전쟁이자 지방 정권의 반란을 진압한 사건이다.	• 반론 : 동아시아 패권을 놓고 중국의 침략에 맞서 싸운 국가 대 국가의 국제 전쟁이다. • 근거 – 수 · 당 전쟁은 고구려 뿐 아니라 백제, 신라, 왜도 참여한 다국가 전쟁이다. – 고구려의 영역은 고조선 – 부여 – 고구려로 이어지는 한민족의 영역이다.

'고려는 고구려를 계승한 국가가 아니다?'	
중국의 왜곡	**우리의 반론**
• 주장 : 고려는 신라를 계승한 국가이다. • 근거 – 고려는 대동강 이남만 차지하였다. – 수도 개성은 신라의 옛 땅이다.	• 반론 : 고려는 명백히 고구려를 계승한 국가이다. • 근거 – 고려의 국호는 고구려를 계승한 역사의식의 산물이다. – 고려는 「삼국사기」, 「삼국유사」와 같은 역사서를 편찬하였다. – 고려는 고구려의 수도 서경을 중시하며, 압록강까지 북진정책 을 추진하였다.

(4) 발해

① 발해에 대한 기본적인 이해

    ㉠ 건국 : 698년 고구려 유민 대조영이 고구려 유민을 중심으로 건국되었다.

    ㉡ 성장 : 말갈 등 주변의 부족을 복속시킨 후 만주, 러시아, 한반도 북부를 장악하였다.

    ㉢ 멸망 : 926년 거란의 습격에 의해 멸망 후 발해 유민이 대거 고려로 이주하였다.

② 발해사와 관련된 논쟁

주변국의 발해사 왜곡	
중국	• 주장 : 발해의 국호는 말갈국이고, 말갈족이 세운 당의 지방 정부이다. • 근거 : 발해 건국 주체민족은 고구려 유민이 아닌 말갈족이고, 발해는 당에 의해 책봉된 지방정권이다.
러시아	• 주장 : 발해는 말갈이 중심이 된 연해주 최초의 중세 국가이다.
일본	• 주장 : 발해는 일본의 조공국이다.

우리의 반론	• 주장 : 발해는 처음에는 고려 혹은 고려국이라고 불릴만큼 고구려 계승의식이 분명한 독립국가이다.
	• 근거
	– 발해 무왕 때 '인안' 등 독자적인 연호를 사용하였다.
	– 이전 왕에 대한 시호를 정하고, 문왕은 자신을 '대왕' 또는 '선인' 등으로 부르면서 '황상'이라고 하였다.
	– 발해는 이전 왕이 사망한 후, 당으로부터 새롭게 책봉 받기 전에 이미 신임 왕이 국정을 담당하는 등 정상적
	  인 왕권을 행사하였다.
	– 당나라가 외국인을 위해 실시한 과거시험인 빈공과에 발해인이 응시하여 급제하였다.
	– 일본에서 보낸 국서에 스스로 '천손'이라 하고, 주변의 말갈족을 발해에 속해 있는 나라라는 의미의 '번국'으로
	  상정하였다.
	– 제2대 무왕이 일본에 보낸 국서에는 "이 나라는 고구려(高句麗)의 옛 땅을 회복하여 계승하고 부여(夫餘)의
	  유속(遺俗)을 지킨다."가, 제3대 문왕이 일본에 보낸 국서에서 스스로를 '고구려 국왕'이라 칭하면서 발해 계
	  승의식을 표명하였다.
	– 고구려 유민 집단이 지배층을 형성하였다.

CHAPTER 10 일본의 역사 왜곡

01 독도 영유권 분쟁의 역사적 배경

(1) 독도의 구성과 위치

① 대한민국의 동쪽 끝에 위치하고, 동도, 서도와 그 외 89개의 부속도서로 구성되었다.

② 대한민국 천연기념물 제 336호로 총 면적은 187,554㎡이며, 60여종의 식물, 129종의 곤충, 160여종의 조류와 다양한 해양생물의 서식지와, 동해안에 날아드는 철새들의 중간 기착지이다.

③ 지리적으로 울릉도에서 87.4Km에 위치하고, 일본 오키섬으로부터는 157.5Km에 위치한다.

(2) 한국 영토로서 독도의 역사적 배경

① 신라시대 우산국 : 신라 이찬 이사부가 우산국을 정벌하여 신라가 우산국을 복속하면서 울릉도와 독도는 우리 역사와 함께 하기 시작하였다.

   ㉠ 조선시대 관찬문서인 「만기요람」(1808년) : '독도가 울릉도와 함께 우산국의 영토였다'는 내용이 기록되어 있다.

   ㉡ 조선 초기 관찬서인 「세종실록지리지」(1454년)에 울릉도(무릉)와 독도(우산)가 강원도 울진현에 속한 두 섬이라는 기록과 두 섬이 6세기 초엽(512년) 신라가 복속한 우산국의 영토라고 기록되어 있다. → 독도에 대한 통치는 신라시대부터 이어짐을 보여준다.

   ㉢ 독도에 관한 기록은 「신증동국여지승람」(1531년), 「동국문헌비고」(1770년), 「만기요람」(1808년), 「증보문헌비고」(1908년) 등 다른 관찬 문헌에서도 일관되게 기술되고 있다.

   ㉣ 특히 『동국문헌비고』「여지고」(1770년)에서는 "울릉(울릉도)과 우산(독도)은 모두 우산국의 땅이며, 우산(독도)은 일본이 말하는 송도"라고 기술하고 있으며, 「민기요람」(1808년)에서는 '독도가 울릉도와 함께 우산국의 영토였다'라고 기술하여 우산이 독도이며, 우리나라 영토임을 확인하였다.

- ㉙ 고종의 시책
  - 1881년 고종이 이규원을 검찰사로 임명하여 1882년에 현지 조사를 명령하였다. 이규원은 검찰 결과를 〈울릉도 검찰 일기〉의 형태로 상세히 보고하였고 여기에는 당시 울릉도에서 자신들의 땅인 것처럼 표목까지 세워 놓고 벌목하고 있는 일본인에 대한 기록도 포함되어 있다.
  - 1882년 고종은 울릉도 개척령을 내리고 김옥균을 울릉도와 독도를 포함한 동남 제도의 개척사로 임명하였다. 김옥균은 이주민을 모집하여 섬으로 이주시키고 식량과 곡식의 종사, 가축, 무기 등을 지원하며 그들의 정착을 도왔다.

② 육안으로 관측 가능한 섬이 독도이다.
  - ㉠ 울릉도 주민들은 독도를 울릉도의 일부로 인식하였으며, 맑은 날에 울릉도에서 육안으로 독도 관측이 가능하다.
  - ㉡ 조선 초기 관찬서 「세종실록」「지리지」(1454년)에는 "우산(독도)·무릉(울릉도) … 두 섬은 서로 멀리 떨어져 있지 않아 날씨가 맑으면 바라볼 수 있다"고 기록되어 있다.

③ 대한제국의 독도 정책

1900년 10월 27일 대한제국 「칙령 제41호」

- 황제의 재가를 받아 울릉도를 울도로 개칭하고 도감을 군수로 승격한다는 내용이 기록되어 있다.
- 제2조에서는 울도군의 관할구역을 "울릉전도 및 죽도, 석도(石島, 독도)"로 명시하고 있다.

1906년 3월 28일 울도(울릉도) 군수 심흥택은 울릉도를 방문한 일본 시마네현(島根縣) 관민 조사단으로부터 일본이 독도를 자국 영토에 편입하였다는 소식을 듣고, 다음날 이를 강원도 관찰사에게 아래와 같이 보고하였다.

- 이 보고서에는 "본군(本郡) 소속 독도"라는 문구가 있어, 1900년 「칙령 제41호」에 나와 있는 바와 같이 독도가 울도군 소속이었음을 보여준다.
- 강원도 관찰사 서리 춘천 군수 이명래는 4월 29일 이를 당시 국가최고기관인 의정부에 「보고서 호외」로 보고하였고, 의정부는 5월 10일 「지령 제3호」에서 독도가 일본 영토가 되었다는 주장을 부인하는 지령을 내렸다.
- 울도(울릉도) 군수가 1900년 반포된 「칙령 제41호」의 규정에 근거하여 독도를 계속 관할하면서 영토주권을 행사하고 있었다.

④ 대한민국 정부의 독도에 대한 기본 입장 : 독도는 역사적, 지리적, 국제법적으로 명백한 우리 고유의 영토이다.
  - ㉠ 독도에 대한 영유권 분쟁은 존재하지 않으며, 독도는 외교 교섭이나 사법적 해결의 대상이 될 수 없다.
  - ㉡ 우리 정부는 독도에 대한 확고한 영토주권을 행사 중이며, 어떠한 도발에도 단호하고 엄중하게 대응하고 있으며, 앞으로도 독도에 대한 우리 주권을 수호할 것이다.

02 일본의 독도 영유권 인식과 편입 시도

(1) 도쿠가와 막부와의 '울릉도 쟁계(爭界)'

① 17세기 일본 돗토리번(鳥取藩)의 오야(大谷) 및 무라카와(村川) 양가는 조선 영토인 울릉도에서 불법 어로 행위를 하다가 1693년 울릉도에서 안용복을 비롯한 조선인들을 만나게 되었다.

② 오야 및 무라카와 양가가 도쿠가와 막부에 조선인들의 울릉도 도해를 금지해달라고 청원함에 따라 막부와 조선 정부사이에 교섭이 일어나게 되었다.

③ 교섭 결과 1695년 12월 25일 "울릉도(竹島)와 독도(松島) 모두 돗토리번에 속하지 않는다"는 사실을 확인하였고, 1696년 1월 28일 일본인들의 울릉도 방면의 도해를 금지하도록 지시하였다.

→1696년 도쿠가와 막부에서 독도가 조선의 영토임을 공식적으로 인정했다는 것을 보여준다.

(2) 일본 메이지 정부의 독도 영유권 인식

러일전쟁 이전 메이지 정부의 독도 영유권 인식

① 19세기 말 메이지 정부의 '조선국교제시말내탐서'(1870년), '태정관지시문(「태정관지령」)'(1877년) 등에서 독도가 조선의 영토임을 인정하고 있다.
② 1877년 3월 일본 메이지 시대 최고 행정기관인 태정관은 17세기말 도쿠가와 막부의 울릉도 도해금지 사실을 근거로 '울릉도 외 1도, 즉 독도는 일본과 관계없다는 사실을 명심할 것'이라고 내무성에 시시하였다.
③ 내무성이 태정관에 질의할 때 첨부하였던 지도인 「기죽도약도(磯竹島略圖, 기죽도는 울릉도의 옛 일본 명칭)」에 죽도(울릉도)와 함께 송도(독도)가 그려져 있는 점 등에서 위에서 언급된 '죽도 외 일도(一島)'의 일도(一嶋)가 독도임은 명백하다.

1905년 시마네현 고시에 의한 독도 편입 시도

① 1904년 9월, 당시 일본 내무성 이노우에(井上) 서기관은 독도 편입청원에 대해 "한국 땅이라는 의혹이 있는 쓸모없는 암초를 편입할 경우 우리를 주목하고 있는 외국 여러 나라들에 일본이 한국을 병탄하려고 한다는 의심을 크게 갖게 한다."는 이유로 반대하였다.
② 하지만, 러일전쟁 당시 일본 외무성의 정무국장이며, 대러 선전포고 원문을 기초한 야마자 엔지로(山座円次郎)는 독도 영토 편입을 "이 시국이야말로 독도의 영토 편입이 필요하다. 독도에 망루를 설치하고 무선 또는 해저 전선을 설치하면 적함을 감시하는데 극히 좋지 않겠는가?"는 이유로 적극 추진하였다.
③ 1877년 메이지 정부가 가지고 있었던 '독도는 한국의 영토'라는 인식을 그대로 반영한 것이며 1905년 시마네현 고시에 의한 독도 편입 시도 이전까지 독도를 자국의 영토가 아니라고 인식하였음을 보여주고 있다.

1905년 1월, 일제는 러일전쟁 중에 한반도 침탈의 시작으로 독도를 자국의 영토로 침탈

① 1905년 일본의 독도 편입 시도는 오랜 기간에 걸쳐 확고히 확립된 우리 영토 주권을 침해한 불법 행위로서 국제법상 무효이다.
② 침탈조치를 일본은 독도가 주인이 없는 땅이라며 무주지 선점이라고 했다가, 후에는 독도에 대한 영유 의사를 재확인하는 조치라며 입장을 변경하였다.

(가)에 해당하는 지역은?

- 조선 숙종 때 안용복이 일본으로 건너가 [(가)]가 우리 땅임을 주장하였다.
- 일본이 러·일 전쟁 중 [(가)]를 자국의 영토로 불법 편입하였다.

① 독도   ② 간도

③ 거문도   ④ 제주도

답 ①

03 현대의 독도 영유권과 동북아시아의 미래

(1) 해방과 독도 영유권 회복

① 제2차 세계대전의 종전과 함께 카이로선언(1943년) ("일본은 폭력과 탐욕에 의해 탈취한 모든 지역으로부터 축출되어야 한다"고 기술)등 전후 연합국의 조치에 따라 독도는 당연히 한국의 영토로 회복되었다.

② 전후 일본을 통치했던 연합국총사령부는 훈령(SCAPIN) 제677호를 통해 독도를 일본의 통치적, 행정적 범위에서 제외하였다. → 샌프란시스코 강화조약(1951년)은 이러한 사실을 재확인하였다고 볼 수 있다.

③ 일본의 독도 영유권 주장은 제국주의 침략전쟁에 의해 침탈되었던 독도와 한반도에 대해 점령지 권리, 나아가서는 과거 식민지 영토권을 주장하는 것으로서 한국의 완전한 해방과 독립을 부정하는 것과 같다.

(2) 일본의 독도 영유권 주장

일본의 주장	우리의 반론
독도는 일본이 1905년 무주지 선점으로 자국에 편입한 지역으로 해방 이후 한국에 이를 반환한 의무가 없다.	독도는 고대 이래로 우리의 영토였으며, 1905년 일본이 불법적으로 독도를 침탈할 당시 일본 역시 독도가 조선의 영토임을 인지하고 있었다.
샌프란시스코 강화조약에서는 한반도에 반환되어야 할 도서에 거문도, 제주도 및 울릉도를 명시하고 있을 뿐 독도는 제외되어 있으므로, 연합국에서도 독도에 대한 일본의 권리를 인정한 것이다.	샌프란시스코 강화조약의 조약문에서는 한국의 3,000여개의 도서 중 대표적인 3개의 섬을 예시적으로 명시하고 있는 것이며, 해방 후 연합국총사령부에서 발표한 각서(SCAPIN) 제677호를 보면 일본의 영역에서 독도를 명확히 제외하고 있는 것을 알 수 있다.
일본은 독도 문제를 평화적이고, 합리적으로 해결하기 위해 국제사법재판소에 회부할 것을 한국에 제안하였으나, 한국이 이를 거부하였다.	독도는 명백한 대한민국의 영토로 분쟁의 대상이 될 수 없음

(3) 현재 독도의 상황

① 2005년 일본 시마네현은 독도에 대한 여론 조성을 위해 2월 22일을 소위 "죽도의 날"(죽도(竹島)는 독도의 일본명)로 지정하였다.

② 2008년 일본 문부과학성은 중학교를 대상으로 독도에 관한 교육을 심화하고 있으며, 최근 일본은 독도에 대한 교육, 홍보를 더욱 강화하고 있다.

③ 현새 독도에는 한국의 경찰, 공부원 그리고 주민이 40여 명 거주하고 있으며, 매년 20만 명이 넘는 국·내외 관광객이 관람하고 있다.

④ 일본의 독도에 대한 잘못된 영유권 주장 중단을 통해 우리는 일본과 함께 바른 역사 인식을 토대로 21세기 동북아의 평화와 번영을 이루어 나갈 수 있어야 한다.

04 일본군 위안부 피해자 문제

(1) 대한민국 정부의 입장

① 1965년 '대한민국과 일본국간의 재산 및 청구권에 관한 문제의 해결과 경제협력에 관한 협정' 이후 일본군 위안부 피해자에 대한 대일 배상청구권 문제가 소멸되었는가의 여부에 대해 한-일 양국 간 해석상 분쟁이 존재한다.

〈 대한민국 헌법재판소 판결 (2011년 8월 30일) 〉
(1) 판결내용 : '대한민국과 일본국간의 재산 및 청구권에 관한 문제의 해결과 경제협력에 관한 협정 제3조 부작위 위헌 확인'
(2) 판결 이후 한국은 정부 차원의 적극적인 대응방안을 모색

② 일본군 위안부 피해자에 대한 대한민국 정부의 공식 입장 : '반인도적 불법행위에 해당하는 사안으로 청구권협정에 의해 해결된 것으로 볼 수 없고 일본 정부의 법적 책임이 존재한다.'

(2) 일본 정부의 입장

① 일본군위안부 피해자 문제는 한 · 일 청구권협정에 의해 이미 해결되었다는 입장이다.

② 1993년 8월 4일 '고노(河野) 담화'를 통해 사죄와 반성의 뜻 표명하였다.

③ 1995년 일본 정부는 인도적 차원에서 민간주도의 '아시아여성기금'을 설립하여 피해자들에게 개별적으로 1인당 500만 엔(한화 약 4,300만 원) 상당 지원하였다.

〈아시아여성기금 설립 당시 우리 피해자 및 한국정신대문제대책협의회 등의 관련단체들은 기금활동 저지 운동 전개〉
(1) 기금의 설립의 본질이 일본 정부의 법적책임을 회피하고자 하는 것
(2) 일본 정부가 피해자들을 배상의 대상이 아닌 인도적 자선사업의 대상으로 인식한다는 것이 기금활동 저지의 이유

Note 》》 고노 담화의 주요 내용

일본군 위안부 문제에 대해 1991년 12월부터 일본정부가 조사한 결과에 대한 발표
㉠ 장기간, 광범위한 지역에 위안소가 설치되었고 수많은 위안부가 존재하였다.
㉡ 위안소는 당시 군 당국의 요청에 따라 설치된 것이며, 위안소의 설치, 관리 및 위안부 이송에 관해서는 옛 일본 군이 직접 또는 간접적으로 관여하였다.
㉢ 위안부 모집에 관해서는 군의 요청을 받은 업자가 주로 담당하였으며 감언, 강압에 의해 본인들의 의사에 반해 모집된 사례가 많았다.
㉣ 위안소에서의 생활은 강제적인 상황 하의 처참한 생활이었다.
㉤ 군의 관여 하에 다수 여성의 명예와 존엄에 깊은 상처를 입혔다.
㉥ 일본은 이런 역사의 진실을 회피하지 않고, 역사의 교훈으로 직시해 갈 것이며, 역사 연구, 역사 교육을 통해서 이런 문제를 오래 기억하고 같은 잘못을 반복하지 않겠다는 굳은 결의를 표하였다.

필수유형문제

01 개항기/일제강점기 독립운동사

1 다음 사건에 대한 설명으로 옳은 것은?

> 임오년 서울의 영군(營軍)들이 큰 소란을 피웠다. 갑술년 이후 대내의 경비가 불법으로 지출되고 호조와 선혜청의 창고도 고갈되어 서울의 관리들은 봉급을 못 받았으며, 5영의 병사들도 가끔 결식을 하여 급기야 5영을 2영으로 줄이고 노병과 약졸들을 쫓아냈는데, 내쫓긴 사람들은 발붙일 곳이 없으므로 그들은 난을 일으키려 했다.

① 성리학의 화이론에 기반을 둔 강력한 반침략, 반외세 운동이었다.
② 고부 군수 조병갑의 횡포에 전봉준이 사발통문을 돌려 관아를 습격하였다.
③ 온건개화파가 주조하여 국군기무처를 중심으로 자주적으로 개혁을 추진하였다.
④ 이 사건을 계기로 제물포 조약을 체결하게 되었다.

> **Tip 》》** ① 위정척사 운동에 대한 설명이다.
> ② 동학농민운동에 대한 설명이다.
> ③ 1차 갑오개혁에 대한 설명이다.

2 다음의 내용이 담긴 비석이 세워진 계기가 된 사건으로 볼 수 없는 것은?

> "서양 오랑캐가 침범했을 때, 싸우지 않는 것은 곧 화친하는 것이요. 화친을 주장하는 것은 곧 나라를 파는 것이다."

① 어재연이 적국의 침략에 맞서 광성보에서 나라를 지켜냈다.
② 미국이 제너럴셔먼호 사건을 빌미로 조선을 개항시키려 하였다.
③ 흥선대원군이 하야한 후 운요호 사건을 일으켰다.
④ 흥선대원군의 강경한 통상수교거부정책과 조선 민중의 저항에 부딪혀 미국은 뜻을 이루지 못하였다.

> **Tip 》** 제시된 내용이 담긴 비석은 척화비이다. 척화비는 신미양요(1871)를 계기로 세워져 서양의 침입에 대한 투쟁의지와 민심 결속을 강화하였다.
> ③ 운요호 사건(1875)은 일본이 조선의 문호를 강제로 개방하기 위해 일으킨 사건이다.

3 동학농민운동이 전개된 순서대로 나열한 것은?

> (가) 동학농민군은 외국 군대 철수와 폐정개혁안을 조건으로 정부와 전주화약을 체결하였다.
> (나) 고부 군수 조병갑의 횡포에 전봉준이 사발통문을 돌려 고부 관아를 습격하였다.
> (다) 안핵사가 봉기 관련자를 역적으로 탄압하자 전봉준 등은 재봉기를 하여 전주성을 점령하였다.
> (라) 동학농민군은 전라도 각 고을에 자치기구인 집강소를 설치하였다.

① (나)→(다)→(가)→(라)
② (나)→(다)→(라)→(가)
③ (다)→(나)→(가)→(라)
④ (다)→(가)→(라)→(나)

> **Tip 》** (나) 고부 군수 조병갑의 횡포에 전봉준이 사발통문을 돌려 고부 관아를 습격→(다) 안핵사가 봉기 관련자를 역적으로 탄압하자 전봉준 등은 재봉기를 하여 전주성을 점령→(가) 동학농민군은 외국 군대 철수와 폐정개혁안을 조건으로 정부와 전주화약을 체결→(라) 동학농민군은 전라도 각 고을에 자치기구인 집강소를 설치하였다.

Answer 》 1.④ 2.③ 3.①

4 정미7조약의 내용으로 옳지 않은 것은?

① 한국 정부는 대일본 정부가 추천한 일본인 1인을 재정 고문으로 하여 정부에 용빙할 것.

② 한국의 사법사무는 보통 행정사무와 이를 구분할 것.

③ 한국 고등관리의 임면은 통감의 동의로써 이행할 것

④ 한국정부의 법령제정 및 중요 행정상의 처분은 통감의 승인을 거칠 것

> **Tip ≫** ① 제1차 한일협약의 내용이다. 이 협약에의 제1조에서 대한 정부는 대일본 정부가 추천한 일본일 1명을 재정 고문으로 하여 대한 정부에 용빙하고 재무에 관한 사항은 일체 그 의견을 물어 실행해야한다는 내용을 담고 있다.

5 다음 중 1910년대에 일어난 일제의 침략행위가 아닌 것은?

① 총독부의 자문기구로 조선인 회유를 목적으로 중추원을 만들었다.

② 근대적 토지 소유제도 확립 및 정리를 명분으로 토지조사사업을 시행하였다.

③ 보통 경찰제도를 시행하여 이전보다 경찰의 인원, 장비, 유지비를 3배 이상 증가시켰다.

④ 광업권을 허가제로 하여 일본인이 광산을 독점하였다.

> **Tip ≫** ③ 보통 경찰제도는 1920년대 문화통치시기에 시행되었다.
> ② 토지조사사업(1912~1918)
> ④ 광업령(1915)

6 다음 중 흥선대원군이 실시한 정책으로 가장 적절하지 않은 것은?

① 의정부와 삼군부를 통합하고, 비변사의 기능을 확대하였다.

② 폐단이 심했던 환곡제를 개혁하여 사창제를 실시하였다.

③ 종래에 상민(常民)에게만 징수해 온 군포를 양반에게까지 확대·징수하였다.

④ 법치질서를 정비하기 위해 「대전회통(大典會通)」을 간행하였다.

> **Tip ≫** ① 흥선대원군은 비변사의 기능을 축소하고 1865년 삼군부를 부활하고 의정부의 기능을 강화하였다.

7 다음 설명의 밑줄 친 '그'가 집권하여 개혁을 펼치던 시기에 발생한 역사적 사실을 모두 고른 것은?

> 그는 "백성을 해치는 자는 공자가 다시 살아난다 해도 내가 용서하지 않을 것이다."는 단호한 결의로 47 개소만 남기고 대부분의 서원을 철폐하였다.

> ㉠ 갑신정변
> ㉡ 신미양요
> ㉢ 임술 농민 봉기
> ㉣ 제너럴셔먼호 사건
> ㉤ 오페르트 도굴 사건

① ㉠㉡㉤

② ㉠㉢㉣

③ ㉡㉣㉤

④ ㉢㉣㉤

Tip 》 제시된 자료는 서원 철폐를 단행한 흥선대원군(1820~1898)의 개혁조치이다.
  ㉠ 갑신정변(1884년, 고종21)은 우정국 개국 축하연을 이용하여 김옥균, 박영호, 서재필 등의 급진개화파들이 거사를 일으킨 것으로 3일 만에 실패로 끝나게 되었다.
  ㉡㉣ 미국 상선 제너럴셔먼호가 평양에서 소각되는 사건(1866.7)을 계기로 로저스 제독이 강화도에 침입해 오자 어재연 등이 광성보에서 미국 군대를 격퇴하는 사건이 신미양요(1871)이다.
  ㉢ 임술 농민 봉기(1862년, 철종13)는 경상도 단성에서 시작된 진주 민란(백건당의 난)을 계기로 북쪽의 함흥으로부터 남쪽의 제주까지 전국적으로 확산된 농민봉기다.
  ㉤ 오페르트 도굴 사건(1868)은 2차례에 걸친 통상 요구를 거부당한 독일 상인 오페르트가 충청도 덕산에 있는 남연군의 묘를 도굴하려 실패한 사건이다.

Answer 》 4.① 5.③ 6.① 7.③

8 다음의 밑줄 친 조약에 관한 설명 중 옳은 것은 모두 몇 개인가?

> <u>조약</u>의 서문
> 제1관 조선국은 자주의 나라이며, 일본과의 평등한 권리를 갖는다.
> 제2관 15개월 후에 양국은 서로 사신을 파견한다.
> 제3관 이 조약 이후 양국 공문서는 일본어를 쓰되 향후 10년간은 조선어와 한문을 사용한다(이하 중략).

> ㉠ 이 조약은 조선이 일본과 불평등하게 맺은 강화도조약(조·일 수호조규)이다.
> ㉡ 부산·인천·울산 3항구를 개항하여 무역을 허용하였다.
> ㉢ 영사재판권을 허용하였다.
> ㉣ 조선의 해안의 자유로운 측량권을 부여하였다.
> ㉤ 일본공사관의 호위를 명목으로 일본군의 서울 주둔을 허용하였다.

① 2개   ② 3개
③ 4개   ④ 5개

> **Tip** 》 제시된 자료는 1876년 2월 일본과 체결된 강화도 조약의 일부이다.
> ㉡ 강화도조약 체결 이후 부산 외에 원산, 인천을 개항하였다.
> ㉤ 제물포 조약(1882)과 관련된 내용이다.

9 다음 보기의 사건을 주도했던 세력에 대한 설명으로 가장 적절한 것은?

> 청나라에 대한 종속관계를 청산하고 인민 평등권의 내용과 능력에 따른 인재의 등용을 표방하였으며 행정 조직의 개편과 조세제도의 개혁을 모색하였다. 우리나라에서 처음으로 근대국가를 건설하려 하였던 사건으로 큰 의미가 있다. 또한 양반 지주층 일부가 중심이 되어 위로부터의 근대화를 꾀하였다는 점에서 의의가 있다고 하겠다. 그러나 이 사건은 외세의 조선침략을 촉진하는 결과를 가져왔으며, 농민들의 바람인 토지문제의 해결에 적극적이지 않았다는 한계가 있다.

① 영은문(迎恩門)과 모화관(慕華館)을 없앴다.

② 구본신참(舊本新參)의 원칙 아래 개혁정책을 수행하였다.

③ 일제가 날조한 105인 사건으로 인해 와해되었다.

④ 일본에서 차관을 도입하여 국가 재정을 보충하자고 하였다.

> **Tip 》** 제시된 자료는 급진개화파가 주도한 갑신정변(1884)에 대한 역사적 평가이다.
> ① 독립협회는 청의 사신을 영접하던 모화관을 수리하여 독립관이라 하고, 옛 영은문을 헐고 그 자리에 독립문을 세워 자주독립의식을 고취하였다.
> ② 대한제국의 광무개혁은 갑오·을미개혁의 급진성을 비판하고 점진적인 개량을 추구하여 예전의 제도를 본체로 하고, 새로운 제도를 참작한다는 구본신참을 표방하였다.
> ③ 신민회는 안명근의 테라우치 암살 미수를 계기로 일제가 날조한 105인 사건(1910.12)으로 해산되었다.

10 다음 중 동학농민운동에 관한 설명으로 옳은 것을 모두 고르면?

> ㉠ 1894년 전라북도 전주에서 시작되었다.
> ㉡ 정부는 동학농민군을 무력 진압하기 위해 일본에 파병을 요청하였다.
> ㉢ 일본은 톈진조약에 의해 군사를 파병하였다.
> ㉣ 전통적 지배체제를 부정하는 반봉건적 성격을 지닌다.
> ㉤ 동학농민운동의 주장은 후에 갑오개혁 때 일부 반영되었다.

① ㉠㉡㉢

② ㉡㉢㉤

③ ㉡㉣㉤

④ ㉢㉣㉤

> **Tip 》** ㉠ 1894년 전라도 고부 군수 조병갑의 횡포와 착취에 항거하기 위해 봉기하였다.
> ㉡㉢ 정부는 처음 청나라에 파병을 요청하였으며 청의 군대가 파병되자 일본에서는 톈진조약을 들어 일본군도 파병하게 된다. 이로 인해 청·일 전쟁이 발발하게 되었다.

Answer 》》 8.② 9.④ 10.④

11 다음의 단체에 대한 설명으로 옳은 것은?

> • 1907년 안창호·양기탁 등이 주도하여 국권 회복을 목표로 조직되었다.
> • 서간도에 신한민촌을 건설하고 경학사를 조직하였다.

① 1920년대 무장투쟁을 주도하였다.
② 해외 독립운동기지 건설을 주도하였다.
③ 광주 항일학생운동을 지원하였다.
④ 소수결사로 일제와 매국노에 대한 암살과 파괴활동을 수행하였다.

> **Tip** 》 제시문은 비밀결사조직으로 국권 회복과 공화정체의 국민 국가건설을 목표로 한 신민회에 대한 설명이다. 국내적으로는 문화·경제적 실력양성운동을 전개하였으며, 국외에 독립군기지건설을 주도하여 군사적 실력양성운동을 추진하다가 105인 사건으로 해체되었다.

12 동학 농민군의 진압을 위해 일본군이 청나라와 동일하게 파병할 수 있는 계기가 된 조약은?

① 을사조약
② 강화도조약
③ 톈진조약
④ 포츠머스조약

> **Tip** 》 ① 을사조약 : 1905년 을사년에 러·일 전쟁에서 승리한 일본이 대한 제국의 외교권을 박탈하기 위해 강제로 체결한 조약이다.
> ② 강화도조약 : 1876년 2월 강화부에서 조선과 일본 사이에 체결된 최초의 근대적 조약이다.
> ③ 톈진조약 : 1884년 갑신정변 후 일본과 청이 맺은 조약으로 청은 조선의 정치적 주도권을 장악하고, 일본은 경제적 영향력을 가지게 되었다. 조약의 내용에 조선에서 "청·일 양국 군대는 동시 철수하고, 동시에 파병한다."는 1894년 청·일 전쟁의 구실이 되었다. 1894년 동학 농민 운동이 발생하자 조선 정부는 청에게 원군을 요청하고, 이에 일본 군대는 톈진 조약에 의거해 군대를 조선에 파병할 명분을 얻었다.
> ④ 포츠머스조약 : 러일전쟁을 종결시키기 위해 1905년 일본과 러시아가 맺은 강화조약이다.

13 다음 보기와 같은 개혁이 추진될 당시의 정황으로 가장 적절한 것은?

> ㉠ 단발령 실시 ㉡ 태양력 사용
> ㉢ 우편사무 시작 ㉣ 소학교 설립
> ㉤ '건양'연호 사용 ㉥ 종두법 실시

① 청은 군대를 상주시키고 조선의 내정에 간섭하였다.
② 개화당 요인들이 우정국 개국 축하연 때에 정변을 일으켰다.
③ 일제는 명성황후를 시해한 후 친일내각을 수립하였다.
④ 통감부가 설치되어 조선의 모든 내정에 간섭하였다.

> Tip 》 제시된 내용은 1895년 11월 17일에 추진된 을미개혁(=제3차 갑오개혁)안 들이다. 개혁은 삼국간섭 이후 친러내각이
> 성립되자 일본은 조선 침략에 방해가 되는 명성황후를 시해하는 만행을 저지르고, 제4차 김홍집 내각이 성립되어
> 진행한 것이다.
> ①은 임오군란(1882)이다.
> ②는 갑신정변(1884)이다.
> ④는 제2차 한일협약(1905)이다.

14 다음 중 독립협회의 활동 및 광무개혁 내용에 관한 설명으로 가장 적절한 것은?

① 독립협회는 최초의 근대적 민중집회인 만민공동회를 개최하였다.
② 독립협회는 양전사업을 시행하여 농민의 토지소유권을 근대법적으로 인정하고 지주제를 점차 개혁하고
자 하였다.
③ 광무정권은 최초의 의회인 중추원을 설립하여 의회적 기능을 갖도록 하였다.
④ 독립협회는 궁극적으로 군주제를 폐지하고 대외적으로 자주성을 갖는 공화제를 실시하고자 하였다.

> Tip 》 ② 대한제국은 광무개혁을 실시하면서 1898년 양지아문을 설치하고 양전사업을 시행하였다. 근대적 토지 소유권제
> 도라고 할 수 있는 지계를 1901년부터 발급하다 러·일 전쟁이 발발되면서 중단된다.
> ③ 독립협회는 기존의 자문기구였던 중추원을 의회식 제도로 개편하고자 하였다.
> ④ 독립협회는 입헌군주제를 수립하고자 하였다.

Answer 》》 11.② 12.③ 13.③ 14.①

15 대한제국에 대한 설명으로 가장 옳지 않은 것은?

① 양지아문을 설치하고 양전 사업을 실시하였다.

② 궁내부 내장원에서 관리하던 수입을 탁지아문에서 관장하게 하여 국가재정을 건전하게 운영하였다.

③ 대한국 국제는 황제에게 육해군의 통수권, 입법권, 행정권 등 모든 권한을 집중시켰다.

④ 블라디보스토크와 간도 지방에 해삼위통상사무관과 북변도 관리를 파견하였다.

    Tip 》 탁지부에서 궁내부 내장원으로 이관하게 하였다.

16 다음 사건 중 시간적 선후가 바른 것은?

① 강화도조약 – 갑신정변 – 임오군란 – 갑오개혁 – 아관파천

② 강화도조약 – 임오군란 – 갑신정변 – 갑오개혁 – 아관파천

③ 임오군란 – 강화도조약 – 갑오개혁 – 갑신정변 – 아관파천

④ 임오군란 – 갑신정변 – 강화도조약 – 갑오개혁 – 아관파천

    Tip 》 ① **강화도조약** : 1876년 2월 강화도에서 조선과 일본이 체결한 조약이다.

        ② **임오군란** : 1882년 6월 9일 구식군대가 일으킨 군변이다.

        ③ **갑신정변** : 1884년 12월 4일 김옥균을 비롯한 급진개화파가 개화사상을 바탕으로 조선의 자주독립과 근대화를 목표로 일으킨 정변이다.

        ④ **갑오개혁** : 1894년 7월 초부터 1896년 2월 초까지 약 19개월간 3차에 걸쳐 추진된 일련의 개혁운동이다.

        ⑤ **아관파천** : 1896년 2월 11일에 친러세력과 러시아공사가 공모하여 비밀리에 고종을 러시아공사관으로 옮긴 사건이다.

17 신민회에 대한 설명으로 가장 옳지 않은 것은?

① 일제의 탄압을 피해 비밀결사 조직의 형태를 유지하였다.

② 신교육과 신사상 보급 등 교육운동에서 활발한 활동을 하였다.

③ 이동휘는 의병운동에 고무되어 무장투쟁론을 주장하였다.

④ 원산 노동자의 총파업과 단천의 농민운동 그리고 광주학생 항일운동을 지원하였다.

> **Tip ≫** 신민회는 1907년에 결성되어 1911년에 해산되었다. 1929년 함경남도 원산 노동자 총파업, 1930년 함경남도 단천·정평 삼림조합 설립반대운동, 1929년 11월 광주학생운동이 발생되었다.

18 다음은 항일 의병에 대한 설명이다. 밑줄 친 ㉠, ㉡에 들어갈 내용으로 옳은 것은?

> 항일 의병 투쟁은 을사조약과 일본의 침략에 항거하는 을사의병으로 다시 불타올랐다. 이어서 ㉠ 와 ㉡ 을 계기로 정미의병이 거세게 일어나 항일 의병 전쟁이 전국적으로 전개되었다. 그러나 일본군의 무자비한 진압 작전과 남한 대토벌 작전 등으로 의병 투쟁의 기세가 꺾였으며, 많은 의병들이 만주와 연해주로 이동하여 훗날 독립군으로 전환하였다.

① ㉠ 고종 황제의 강제퇴위 ㉡ 단발령

② ㉠ 명성 황후의 시해 ㉡ 단발령

③ ㉠ 명성 황후의 시해 ㉡ 군대 해산

④ ㉠ 고종 황제의 강제퇴위 ㉡ 군대 해산

> **Tip ≫** 제시된 자료는 1907년 정미의병이 계기에 관한 설명이다.
> 한말 항일의병활동은 고종의 강제퇴위와 군대 해산을 계기로 의병전쟁으로 발전되었다.

Answer ≫ 15.② 16.② 17.④ 18.④

19 다음과 같은 운동이 일어나게 된 배경으로 가장 옳은 것은?

> 국채 1,300만 원은 우리 대한의 존망에 관계가 있는 것이다. 갚아 버리면 나라가 존재하고 갚지 못하면 나라가 망하는 것은 대세가 반드시 그렇게 이르는 것이다. 현재 국고에서는 이 국채를 갚아 버리기 어려운즉 장차 삼천리 강토는 우리나라와 백성의 것이 아닌 것으로 될 위험이 있다. 토지를 한번 잃어버리면 다시 회복하기 어려운 것이다.
>
> −대한 매일 신보, 1907년 2월 22일−

① 일제는 화폐 정리와 시설 개선 등의 명목을 내세워 우리 정부로 하여금 일본으로부터 거액의 차관을 들여오게 하였다.

② 러시아가 일본의 선례에 따라 석탄고의 설치를 위해 절영도의 조차를 요구하였다.

③ 일제는 우리 정부가 소유하고 있던 막대한 면적의 황무지에 대한 개간권을 일본인에게 넘겨주도록 강요하였다.

④ "조선국은 일본국의 항해자가 자유로이 해안을 측량하도록 허가한다."는 조약을 맺었다.

> **Tip 》** 제시된 자료는 1907년 대구 기성회가 주도한 국채보상운동 궐기문이다.
> ② 독립협회는 러시아의 절영도 조차 요구(저탄소 설치 목적), 한러은행 설치, 프랑스의 광산 채굴권 요구 등을 좌절시켰다.
> ③ 일본은 일본인 이주를 위해 전 국토의 1/4에 해당하는 국가 또는 황실이 소유한 막대한 황무지 개간권을 요구하자 보안회는 일세의 탄압에도 서족적인 반대운동을 진개하였다.
> ④ 강화도조약 체결의 내용이다.

20 다음 시기에 대두된 것은?

> 영국이 러시아의 남하를 견제하기 위해 불법석으로 거문도를 점령하였다.

① 고종이 러시아 공사관으로 거처를 옮겼다.
② 청의 파병에 따라 일본도 파병하였다.
③ 열강들의 조선 침략이 격화되면서 한반도중립화론이 대두되었다.
④ 일본은 청으로부터 할양 받은 요동반도를 반환하였다.

Tip >> 영국이 러시아의 남하를 막기 위해 1885년부터 1887년까지 거문도를 점령하는 등 조선에 대한 열강들의 침략이 격화되자 조선 중립론이 대두되었다. 독일인 부들러의 경우 스위스를 유길준은 벨기에와 불가리아를 모델로 하는 중립화안을 제안하였다.

21 다음 중 ㉠의 시기에 해당하는 것은?

> 1860년대 — 1870년대 — ㉠ 1880년대 — 1890년대

① 최익현이 왜양일체론을 주장하면서 개항을 반대하였다.
② 이항로의 척화주진론을 통해 위정척사사상이 집대성되었다.
③ 보수 유생층에 의해 항일의병운동이 처음으로 발생하였다.
④ 이만손은 영남만인소를 통해 조선책략에 소개된 외교책을 비판하였다.

Tip >> ① 1870년대   ③ 1895년

Answer >>   19.① 20.③ 21.④

22 다음은 항일 의병 운동의 시기별 특징을 설명한 것이다. ⒃시기에 일어난 역사적 사실이 아닌 것은?

> ㉮ 존왕양이를 내세우며 지방관아를 습격하여 단발을 강요하는 친일 수령들을 처단하였다.
> ㉯ 일본의 외교권 박탈을 계기로 국권 회복을 위한 무장항전을 전개하였다.
> ㉰ 유생과 군인, 농민, 광부 등 각계각층을 포함하여 전력이 향상된 의병은 일본군과 직접 전투를 벌였다.

① 민종식은 1천여 의병을 이끌고 홍주성을 점령하였다.
② 평민 출신 의병장 신돌석이 처음으로 등장하여 강원도와 경상도의 접경지대에서 크게 활약하였다.
③ 의병 지도자들은 서울 진공 작전을 시도하여 경기도 양주에서 13도 창의군을 결성하였다.
④ 최익현은 정부 진위대와의 전투에 임해서 스스로 부대를 해산시키고 체포당하였다.

Tip》 ③ 정미의병에 대한 설명이다.
　　　　㉮ 을미의병(1895)은 명성황후 시해 및 을미개혁의 단발령 등이 원인이 되어 발생하였다. 단발령이 철회되고 고종의 해산권고로 대부분 해산하였으며, 일부는 만주로 옮겨 항전을 준비하거나 화적·활빈당이 되어 투쟁을 지속하였다.
　　　　㉯ 을사의병(1905)은 을사조약과 러일전쟁을 배경으로 발생하였다. 다수의 유생이 참여하였으며, 전직관료가 거병하는 사례도 증가하였으며, 신돌석과 같은 평민의병장이 등장하였다.
　　　　㉰ 정미의병(1907)은 일본이 고종을 강제 퇴위시키고, 군대를 해산한 사건이 계기가 되었다. 해산된 군대가 의병활동에 참여하면서 조직성이 높아져 의병전쟁화 되었으며, 연합전선을 형성하여 서울 진공 작전을 시도하였으나 실패하였다.

23 다음의 조약이 체결될 당시 우리의 저항으로 옳은 것은?

> • 일본 정부는 한국이 외국과의 사이에 맺어진 모든 조약의 시행을 맡아보고 한국은 일본정부를 통하지 않고는 어떠한 국제적 조약이나 약속을 맺을 수 없다.
> • 일본 정부는 대표자로 통감을 서울에 두되, 통감은 오직 외교를 관리하고 또 한국의 각 항구를 비롯하여 일본이 필요로 하는 지역에 이사관을 두어 사무일체를 지휘·관리하게 한다.

① 평민 의병장 신돌석이 일월산을 거점으로 활약하였다.
② 의병들이 연합전선을 형성하여 서울진공작전을 시도하였다.
③ 유인석은 격고팔도열읍이라는 격문을 통해 지구전에 대비하고자 하였다.
④ 강제해산된 군인들이 의병활동에 참여하였다.

Tip 》》 제시문은 외교권을 박탈하고 통감정치를 결정한 을사조약(1905)이다. 이 조약이 체결되자 최익현·이상설 등은 조약파기를 위한 상소를 올렸으며, 민영환·조병세 등이 자결하였다. 학생들은 동맹휴학하고 상인들은 상점의 문을 닫았으며, 언론에서는 을사조약의 무효를 주장하였다. 또한 고종은 1907년에 개최된 헤이그 만국평화회의에 밀사를 보내어 조약의 부당함을 알리고자 하였으나 실패하였다.

②④ 정미7조약(1907) ③ 을미사변(1895)

24 다음의 단체에 대한 설명으로 옳은 것은?

- 1907년 안창호·양기탁 등이 주도하여 국권회복을 목표로 조직되었다.
- 서간도에 신한민촌을 건설하고 경학사를 조직하였다.

① 1920년대 무장투쟁을 주도하였다.
② 해외 독립운동기지 건설을 주도하였다.
③ 광주항일학생운동을 지원하였다.
④ 소수 결사로 일제와 매국노에 대한 암살과 파괴활동을 수행하였다.

Tip 》》 제시문은 비밀결사조직으로 국권회복과 공화정체의 국민국가 건설을 목표로 한 신민회에 대한 설명이다. 국내적으로는 문화·경제적 실력양성운동을 전개하였으며, 국외에 독립군기지 건설을 주도하여 군사적 실력양성운동을 추진하다가 105인 사건으로 해체되었다.

25 다음 중 독립협회의 설명으로 옳지 않은 것은?

① 만민공동회를 개최하여 자주민권운동을 전개하였다.

② 고종의 비협조와 황국협회의 방해로 해산하였다.

③ 독립신문을 발간하였으며 국민계몽을 위해 애썼다.

④ 구본신참의 원칙에 따른 개혁을 추진하였다.

  Tip 》 ④은 대한제국의 개혁방침이다.

26 다음에서 설명하는 인물이 실시한 정책으로 보기 어려운 것은?

> 1863년 철종이 죽고 고종이 어린 나이로 왕위에 오르자, 고종의 아버지로서 정권을 잡았다. 그는 왕권을 강화하여 정치 질서를 바로잡고자 하였다.

① 서원 건립

② 사창제 실시

③ 호포제 실시

④ 원납전 징수

  Tip 》 ① 흥선 대원군은 당시 면세와 면역의 혜택을 누리고 있던 서원을 대부분 없애 국가 재정을 충실히 하고 민생을 안정시키는 데 기여하였다.

27 다음과 같은 정책을 실시한 공통적인 목적은?

> • 세도 정치를 이끌던 안동 김씨 세력을 몰아내고 인재를 고루 등용하였다.
> • 비변사를 폐지하고 의정부와 삼군부로 그 기능을 옮겼다.

① 왕권의 강화
② 국가 재정의 확충
③ 삼정의 문란 시정
④ 농업 생산력 향상

Tip》 제시된 자료는 흥선 대원군이 실시한 정책들이다. 흥선 대원군은 왕권을 강화하여 정치 질서를 바로잡기 위해 통치
체제를 정비하였다.

28 다음과 같은 일이 일어난 원인이 된 사건은?

> 미국은 강화도를 침략하여 초지진과 덕진진을 점령하고 광성보를 공격하였다. 하지만 어재연의 수비대가
> 광성보에서 미군에 맞서 거세게 저항하자 물러갔다.

① 외규장각의 도서를 약탈해 갔다.
② 천주교 선교사와 신자를 처형하였다.
③ 제너럴 셔먼호를 불태워 침몰시켰다.
④ 남연군의 묘를 파헤치려다 실패하였다.

Tip》 제시된 자료는 신미양요에 대한 내용이다. 신미양요는 미국 상선인 제너럴 셔먼호를 평양 관군과 주민들이 불태워
침몰시킨 사건을 구실로 미국이 강화도를 침략한 사건이다.

Answer》 25.④ 26.① 27.① 28.③

29 다음과 같은 사건들이 발생한 결과로 알맞은 것은?

> • 병인양요
> • 남연군 묘 도굴 사건
> • 신미양요

① 정부의 재정 수입이 감소하였다.
② 청이 미국과 교역할 것을 강요하였다.
③ 러시아에게만 통상 수교를 허가하였다.
④ 서양 세력을 배척하는 기운이 높아졌다.

Tip 》 병인양요, 신미양요 등 두 차례 서양 세력의 침입을 겪으면서 서양 세력에 대한 위기의식이 고조되었고, 남연군 묘 도굴 사건을 계기로 서양 세력을 배척하는 기운이 높아졌다.

30 다음 인물들의 공통점으로 알맞은 것은?

> • 박규수
> • 오경석
> • 유홍기

① 통상 수교를 거부하였다.
② 통상 개화를 주장하였다.
③ 토지 제도를 개혁하였다.
④ 신분 제도를 폐지하였다.

Tip 》 흥선 대원군이 통상 수교를 거부하던 시기에 한편에서는 문호 개방을 주장하는 사람들이 나타났다. 박규수, 오경석, 유홍기 등은 통상 개화를 주장하였고, 민씨 정권이 통상 수교 거부 정책을 완화하면서 통상 개화론자들의 주장은 힘을 얻었다.

31 강화도 조약의 일부 내용이다. 이를 통해 알 수 있는 강화도 조약의 성격은?

> 제7조 조선국 연해의 섬과 암초를 조사하지 않아 매우 위험하다. 일본국 항해자가 자유로이 해안을 측량하도록 허가한다.
> 제10조 일본국 국민이 조선국 항구에서 죄를 범한 것이 조선국 국민에게 관계된 사건일 때에는 모두 일본국 관원이 심판한다.

① 불평등한 조약이다.
② 최초의 근대적 조약이다.
③ 조선이 자주국이라 규정하였다.
④ 조선의 강요로 체결한 조약이다.

> **Tip 》》** 제시된 강화도 조약 제7조는 해안 측량권, 제10조는 치외법권과 관련된 조항으로, 강화도 조약의 불평등성을 확인할 수 있다.

32 다음 사건들을 시대순으로 바르게 나열한 것은?

> ㈎ 신미양요   ㈏ 병인양요
> ㈐ 척화비 건립   ㈑ 강화도 조약 체결

① ㈎ - ㈏ - ㈐ - ㈑
② ㈎ - ㈐ - ㈏ - ㈑
③ ㈏ - ㈎ - ㈐ - ㈑
④ ㈏ - ㈑ - ㈐ - ㈎

> **Tip 》》** ㈏ 병인양요(1866), ㈎ 신미양요(1871), ㈐ 척화비 건립, ㈑ 강화도 조약 체결(1876)의 순서이다.

Answer 》》   29.④   30.②   31.①   32.③

33 다음 연표의 표시된 시기에 조선 정부가 추진한 개화 정책의 내용으로 옳지 <u>않은</u> 것은?

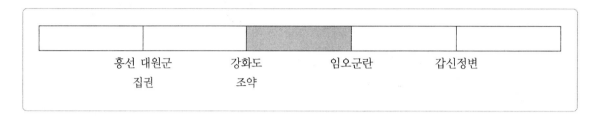

	홍선 대원군 집권		강화도 조약	임오군란	갑신정변

① 총괄적 개혁기구인 통리기무아문을 설치하였다.
② 김옥균, 박영효, 김윤식 등 개화파 인사들을 등용하였다.
③ 청에 조사 시찰단을 파견하여 무기 제조 기술을 배워왔다.
④ 일본인 교관의 훈련을 받는 신식 군대인 별기군을 창설하였다.

> **Tip 》** ③ 개항 이후 민씨 정권은 청에는 영선사를 파견하여 무기 제조 기술과 군사 훈련법을 배워 왔다.

34 다음 내용과 관계 깊은 기구는?

> • 개항 이후 민씨 정권이 개화 정책을 추진하면서 설치한 기구이다.
> • 개화 정책과 관련된 국가의 중요한 행정을 담당하던 기구이다.

① 의정부   ② 비변사
③ 교정청   ④ 통리기무아문

> **Tip 》** 개항 이후 민씨 정권은 새로운 정책을 총괄하는 기구로 통리기무아문을 설치하고 개화파 인사들을 등용하였다.

35 위정척사 운동에 대한 설명으로 옳은 것은?

① 성리학적 전통 질서를 지키고 외세의 침략을 물리쳐야 한다고 주장하였다.
② 민씨 정권이 추진하는 개화 정책을 적극적으로 지지하였다.
③ 강화도 조약을 체결하고 서양 세력과 수교할 것을 주장하였다.
④ 서양 세력은 배척해야 하지만 일본에는 개항해야 한다고 주장하였다.

> **Tip** 》 위정척사는 정학인 성리학을 지키고 사학인 서양의 문물과 사상을 물리친다는 의미이다. ②, ③ 흥선 대원군의 통상 수교 거부 정책을 지지하였다. ④ 최익현은 일본과 서양 세력이 같다고 주장하면서 개항 반대 운동을 전개하였다.

36 다음과 같은 배경으로 일어난 사건은?

> 구식 군인들은 별기군보다 낮은 대우를 받고, 급료마저 제때 받지 못해 불만이 많았다. 이러한 가운데 급료로 받은 쌀에 겨와 모래가 섞여 있자 구식 군인들이 폭동을 일으켰다.

① 병인박해
② 임오군란
③ 갑신정변
④ 갑오개혁

> **Tip** 》 임오군란이 일어난 가장 직접적인 계기는 구식 군대에 대한 차별 대우였다.

Answer 》 33.③ 34.④ 35.① 36.②

37 갑신정변에 대한 설명으로 옳지 않은 것은?

① 근대 국가 건설을 목표로 일어났다.
② 14개조 정강을 발표하고 개혁을 추진하였다.
③ 우정국 개국 축하 연회를 이용하여 일으켰다.
④ 일본이 적극적으로 개입하여 3일 만에 끝이 났다.

> **Tip》** ④ 김옥균을 중심으로 한 급진 개화파는 일본의 군사·재정적 지원을 약속받고 갑신정변을 일으켰으나 청군의 개입으로 정변은 3일 만에 끝이 났다.

38 다음은 갑신정변 이후 한반도의 상황으로 옳지 않은 것은?

① 조선은 러시아와 수호 통상 조약을 맺어 청을 견제하였다.
② 러시아는 얼지 않는 항구를 찾아 남쪽으로 세력을 넓혔다.
③ 영국의 남하를 견제하기 위해 러시아는 거문도를 점령하였다.
④ 유길준은 열강이 보장하는 한반도의 중립화를 구상하였다.

> **Tip》** 영국은 러시아의 남하를 견제하기 위해 즉각 함대를 파견하여 거문도를 점령하였다.

39 동학에 대한 설명으로 옳지 않은 것은?

① 보은 집회에서 탐관오리 처벌과 외세 배척을 주장하였다.
② 삼례에서 동학에 대한 박해 중지를 요구하는 집회를 열었다.
③ 외세의 경제적 침투와 현실에 대한 불만으로 동학의 교세가 확장되었다.
④ 최제우는 보국안민과 제폭구민을 구호로 내걸고 백산에서 농민들과 봉기하였다.

> **Tip》** ④ 보국안민과 제폭구민을 구호로 내걸고 백산에서 농민들과 봉기한 것은 전봉준, 김개남 등이다.

40 다음과 같은 상황에서 내려진 조치는?

> 개항 이후 근대 문물의 수용과 각종 배상금 지불에 드는 비용으로 인해 국가 재정이 어려워졌다. 이는 농민들의 세금 부담으로 이어졌고, 청과 일본의 경제 침탈까지 더해져 농민들의 생활이 더욱 힘들어졌다. 더구나 흉년이 거듭되고 일본으로 곡물이 유출되면서 곡물 가격이 폭등하였다.

① 수신사 파견
② 별기군 설치
③ 방곡령 선포
④ 갑신정변 추진

> **Tip 》》** 개항 이후 일본으로 곡물이 유출되자 함경도, 황해도 등지의 지방관은 곡물 반출을 일시적으로 중단시키는 방곡령을 내렸다.

41 동학 농민 운동의 전개 과정을 순서대로 바르게 나열한 것은?

> (가) 황토현 전투   (나) 우금치 전투
> (다) 전주성 점령   (라) 고부 농민 봉기
> (마) 전주 화약 체결

① (나) – (가) – (다) – (라) – (마)
② (나) – (라) – (다) – (가) – (마)
③ (다) – (라) – (마) – (가) – (나)
④ (라) – (가) – (다) – (마) – (나)

> **Tip 》》** (라) 고부 농민 봉기, (가) 황토현 전투, (다) 전주성 점령, (마) 전주 화약 체결, (나) 우금치 전투의 순서이다.

Answer 》》 37.④ 38.③ 39.④ 40.③ 41.④

42 갑오개혁에 대한 설명으로 옳지 않은 것은?

① 군국기무처를 신설하고 여러 개혁을 진행하였다.
② 국방력을 강화하기 위해 군사 제도 개혁에 힘을 쏟았다.
③ 갑신정변과 동학 농민 운동에서 제기된 개혁 요구를 반영하였다.
④ 고종은 홍범 14조를 통해 우리나라가 자주독립 국가임을 선포하였다.

> **Tip** 》 갑오개혁은 일본의 간섭으로 군사 제도의 개혁에 소홀하였고, 농민이 요구한 토지 제도의 개혁 등은 이루어지지 않았다.

43 갑오개혁의 내용을 〈보기〉에서 모두 고른 것은?

㉠ 신분제 폐지
㉡ 과거제 폐지
㉢ 단발령 실시
㉣ 토지 균등 분배

---

① ㉠, ㉡   ② ㉠, ㉢
③ ㉡, ㉢   ④ ㉡, ㉣

> **Tip** 》 갑오개혁은 왕의 권한 제한, 신분제와 과거제의 폐지, 재정 담당 관청의 일원화, 은 본위 화폐 제도의 채택 등을 내용으로 하고 있다. ㉢ 을미개혁의 내용이다. ㉣ 동학 농민 운동의 폐정 개혁안의 내용이다.

44 다음에서 밑줄 친 내용과 관련 있는 사건은?

청·일 전쟁에서 일본이 승리하자 고종은 러시아의 힘을 빌려 일본의 간섭에서 벗어나고자 하였다. 이에 일본은 <u>명성황후를 시해하고</u> 단발령, 태양력 사용 등을 포함한 개혁을 단행하였다.

① 갑오개혁　　　　　　　　　　　　② 을미사변
③ 광무개혁　　　　　　　　　　　　④ 아관파천

Tip 》》 고종이 러시아의 힘을 빌려 일본의 간섭에서 벗어나려고 하자 이에 당황한 일본은 명성황후를 시해하는 을미사변을 일으켰다.

45 다음과 같은 사실들이 나타난 시기를 연표에서 고르면?

- 고종이 러시아 공사관으로 거처를 옮겼다.
- 러시아를 비롯한 서양 열강들의 이권 침탈이 심해졌고 나라의 위상이 크게 손상되었다.

①	②	③	④
갑신 정변	갑오 개혁	을미 사변	아관 파천	을사 조약

Tip 》》 고종이 러시아 공사관으로 거처를 옮긴 아관 파천 이후 러시아를 비롯한 서양 열강의 이권 침탈이 심화되었고, 나라의 위상은 크게 손상되었다.

Answer 》》　42.② 43.① 44.② 45.④

46 대한제국에 대한 설명으로 옳지 않은 것은?

① 지배층의 보수적 성향과 열강의 도움으로 개혁이 성과를 거두었다.

② 구본신참의 원칙에 따라 개혁을 단행하였다.

③ 연호를 광무로 정하고 국호를 대한 제국으로 바꾸었다.

④ 대한국 국제를 반포하여 모든 권한을 황제가 갖는다고 규정하였다.

> **Tip 》** 대한제국의 근대화 정책은 지배층의 보수적 성향과 열강의 간섭 등으로 한계가 있었다.

47 광무개혁의 내용으로 보기 어려운 것은?

① 군제를 개편하였다.

② 근대적 회사의 설립을 지원하였다.

③ 양전을 실시하고 지계를 발급하였다.

④ 의회를 설치하고 자유 민권 운동을 전개하였다.

> **Tip 》** ④ 의회의 설치와 자유 민권 운동을 주장한 것은 독립 협회이다. 대한제국은 국방력 강화뿐만 아니라 교육과 산업, 과학 기술 등에서 상당한 성과를 거두었다.

48 을사조약을 체결한 이후의 상황으로 옳지 않은 것은?

① 일본의 내정 간섭이 시작되었다.

② 자주독립 국가의 자격을 상실하였다.

③ 러시아는 절영도의 조차를 요구하였다.

④ 초대 통감인 이토 히로부미는 황제의 권한을 제한하였다.

> **Tip 》** ③ 러시아의 절영도 조차는 1890년대 후반의 일로, 독립 협회의 반대로 무산되었다.

49 다음에서 설명하는 조약의 내용을 〈보기〉에서 모두 고른 것은?

> 러·일 전쟁 이후 일본은 고종 황제의 거부에도 불구하고 강압적으로 조약을 체결하였다. 이 조약은 고종 황제가 동의하지 않으므로 효력을 갖지 못하며, 강요에 의해 체결되었기 때문에 국제법상 무효이다.

〈보기〉
㉠ 총독부 설치　　　　　　　　　　　㉡ 통감부 설치
㉢ 외교권 박탈　　　　　　　　　　　㉣ 사법권 박탈

① ㉠, ㉡　　　　　　　　　　　　　② ㉠, ㉢
③ ㉡, ㉢　　　　　　　　　　　　　④ ㉡, ㉣

> **Tip 》** 제시된 자료는 을사조약에 대한 내용이다. 일본은 고종 황제의 거부에도 불구하고 을사조약을 체결하여 대한 제국의 외교권을 빼앗고, 통감부를 설치하였다.

50 을사조약 체결에 대한 저항으로 보기 어려운 것은?

① 전국적으로 의병이 일어났다.
② 13도 창의군을 결성하여 서울 진공 작전을 펼쳤다.
③ 민영환은 유서를 남기고 자결하였다.
④ 을사조약의 부당성을 알리는 글을 신문에 실었다.

> **Tip 》** ② 13도 창의군은 정미의병과 관련된 내용이다. 13도 창의군은 일본이 군대를 해산시킨 이후 각지의 의병 부대가 연합하여 만들었고, 서울 진공 작전을 펼쳤으나 실패하였다.

Answer 》　46.① 47.④ 48.③ 49.③ 50.②

51 을사조약에 저항한 인물과 활동을 바르게 연결한 것은?

① 이재명 - 을사 5적의 처단을 시도함.
② 나철 - 이완용을 칼로 찔러 부상을 입힘.
③ 안중근 - 하얼빈에서 이토 히로부미를 사살함.
④ 전명운 - 헤이그 만국 평화 회의에 특사로 파견됨.

Tip 》 ① 나철 · 오기호, ② 이재명, ④ 이준 · 이상설 · 이위종의 활동 내용이다.

52 다음의 사건을 빌미로 발생한 일은?

> 고종 황제는 네덜란드 헤이그에서 열리는 만국 평화 회의를 일본의 지배에서 벗어날 좋은 기회로 생각하였다. 이에 3인의 특사를 비밀리에 파견하였으나 일본과 영국 등의 방해로 회의에 참석하지 못하였다.

① 아관 파천
② 한 · 일 병합
③ 을사조약 체결
④ 고종 강제 퇴위

Tip 》 제시된 자료는 헤이그 특사 파견에 대한 내용이다. 일본은 헤이그 특사 파견을 구실로 고종 황제를 강제로 퇴위시켰다.

53 한·일 신협약의 내용을 〈보기〉에서 모두 고른 것은?

〈보기〉
㉠ 주요 관직에 일본인을 임명한다.
㉡ 대한 제국의 군대를 해산시킨다.
㉢ 통감부를 설치하고 외교권을 박탈한다.
㉣ 부산, 원산, 인천 등 세 항구를 개항한다.

① ㉠, ㉡   ② ㉠, ㉢
③ ㉡, ㉢   ④ ㉡, ㉣

> **Tip 》》** ㉢ 을사조약, ㉣ 강화도 조약의 내용이다. 일본은 고종 황제를 강제 퇴위시킨 이후 한·일 신협약(정미7조약)을 체결하여 주요 관직에 일본인을 임명하고, 군대를 해산시켜 대한 제국을 실질적으로 지배하였다.

54 항일 의병 운동에 대해 잘못 설명한 학생은?

① 동수 : 을사의병 때 평민 출신 의병장도 등장했지.
② 승기 : 일본의 대대적인 토벌 작전에도 국내 의병 활동이 활발하게 지속되었어.
③ 승호 : 위정척사를 주장하였던 양반 유생층이 주도했어.
④ 수향 : 해산 군인들이 합류하면서 의병 부대의 조직력과 전투력이 강화되었어.

> **Tip 》》** ② 의병 운동이 전국으로 확산되자 일본은 대대적인 토벌 작전을 벌여 의병 운동을 탄압하였다. 이로 인해 많은 의병들은 만주, 연해주 등지로 이동하여 독립군으로 활동하였다.

Answer 》》   51.③ 52.④ 53.① 54.②

55 다음 인물들의 공통점으로 알맞은 것은?

> • 민종식
> • 최익현
> • 신돌석

① 을사조약에 반대하며 자결하였다.
② 을사조약에 반대하는 상소를 올렸다.
③ 만주, 연해주 등지에서 의거 활동을 전개하였다.
④ 을사조약이 체결되자 의병을 조직하여 일본군에 맞섰다.

> **Tip** 》 을사조약이 체결되자 을사의병이 전개되었다. 전직 관리인 민종식, 양반 유생인 최익현, 평민 출신 의병장인 신돌석 등이 의병을 조직하여 일본군에 맞섰다.

56 애국 계몽 운동에 대한 설명으로 옳지 않은 것은?

① 주로 지식인과 관료층이 전개하였다.
② 국권 회복을 위해 일본인에 총칼로 맞섰다.
③ 개화사상과 독립 협회의 활동을 계승하였다.
④ 교육, 언론, 학문, 경제 분야에서 활동을 전개하였다.

> **Tip** 》 ② 애국 계몽 운동은 민족의 실력을 길러 국권을 회복하자고 주장하였다.

57 다음 글과 관련 있는 단체의 활동 내용을 〈보기〉에서 모두 고른 것은?

> 을사조약 이후 통감부는 정치 활동을 강력히 탄압하였다. 이에 안창호, 양기탁 등이 비밀 단체를 설립하였고, 공화정 수립을 목표로 다양한 활동을 전개하였다. 하지만 일제가 데라우치 총독 암살 미수 사건을 조작하여 민족 지도자들을 체포하고 탄압하였다.

〈보기〉
㉠ 오산 학교, 대성 학교를 설립하였다.
㉡ 태극 서관과 자기 회사를 운영하였다.
㉢ 황성신문을 통해 국민 계몽에 앞장섰다.
㉣ 만주 삼원보에 신흥 무관 학교를 설립하였다.

① ㉠, ㉡, ㉢   ② ㉠, ㉡, ㉣
③ ㉠, ㉢, ㉣   ④ ㉡, ㉢, ㉣

> **Tip 》** 제시된 자료는 신민회에 대한 내용이다. 신민회는 오산 학교, 대성 학교를 설립하여 민족 교육을 실시하였다. 또한 태극 서관을 운영하고 자기 회사를 세워 민족 자본을 만들기 위해 노력하였으며, 독립운동 기반을 마련하기 위해 만주 삼원보에 신흥 무관 학교를 설립하여 독립군을 양성하였다.
> ㉢ 신민회는 대한매일신보를 통해 국민 계몽에 앞장섰다.

58 보안회에 대한 설명으로 옳은 것은?

① 입헌 군주제 도입을 주장하였다.
② 교육과 산업의 진흥을 강조하였다.
③ 고종의 퇴위 반대 운동을 전개하였다.
④ 일본의 황무지 개간권 요구를 막아냈다.

> **Tip 》** 을사조약을 전후하여 애국 계몽 운동 단체가 만들어져 활동하였다. 보안회는 일본의 황무지 개간권 요구를 막아냈다.

Answer 》 55.④ 56.② 57.② 58.④

59 다음과 같이 항일 의병 운동이 전개된 시기를 연표에서 고르면?

> • 의병 부대의 조직력과 전투력이 강화되고 의병 운동이 전국적으로 확산되었다.
> • 이인영을 총대장으로 하여 13도 창의군을 결성하고 서울 진공 작전을 전개하였다.

| (가) | (나) | (다) | (라) |

을미   을사   군대   한 · 일
개혁   조약   해산   병합

① (가)   ② (나)

③ (다)   ④ (라)

> **Tip 》** 고종의 강제 퇴위와 군대 해산을 계기로 의병 부대의 조직력과 전투력이 강화되었다. 의병 운동이 전국적으로 확산되자 의병 지도자들은 이인영을 총대장으로 13도 창의군을 결성하여 서울 진공 작전을 전개하였다.

60 다음의 민족 운동이 전개된 직접적인 목적은?

> 일본이 근대 시설을 설치한다는 구실로 정부에 차관을 얻도록 강요하여 우리나라는 많은 빚을 지게 되었다. 이에 국가의 빚을 갚아 국권을 지키자는 운동이 대구에서 시작되어 전국적으로 확산되었으며 농민, 상인, 학생 등 다양한 계층이 금주, 금연으로 돈을 모으고 금은의 패물을 성금으로 냈다.

① 공화정을 수립하기 위해서

② 경제적으로 자립하기 위해서

③ 근대적 제도 개혁을 이루기 위해서

④ 열강의 이권 침탈에 반대하기 위해서

> **Tip 》** 제시된 자료는 국채 보상 운동에 대한 내용이다. 국채 보상 운동은 경제적 자립 노력의 일환이었다.

임시정부 수립과 광복군 창설의 의의  02

1 다음 〈보기〉에 제시된 1920년대의 사건을 시간 순서대로 나열한 것은?

> ㉠ 암태도 소작쟁의   ㉡ 봉오동 전투
> ㉢ 신간회 창립   ㉣ 자유시 참변
> ㉤ 미쓰야협정

① ㉠→㉢→㉡→㉤→㉣
② ㉡→㉣→㉠→㉤→㉢
③ ㉡→㉣→㉤→㉢→㉠
④ ㉢→㉠→㉣→㉡→㉤

Tip 》 ㉡ 봉오동 전투(1920) → ㉣ 자유시 참변(1921) → ㉠ 암태도 소작쟁의(1923~1924) → ㉤ 미쓰야협정(1925) → ㉢ 신간회 창립(1927)

2 다음 중 민족문화 수호운동에 대한 설명으로 옳지 않은 것은?

① 민족주의 사관은 한국사의 주체적 발전과 정신 사관을 강조하였다.
② 백남운은 유물사관을 바탕으로 한국사가 세계사의 보편법칙에 따라 발전하였음을 강조하여 식민사관의 정체성론을 비판하였다.
③ 조선어학회는 1932년 한글맞춤법 통일안을 제정하고 한글 기념일 '가갸날'을 정하였다.
④ 일본 어용학자들의 한국학 연구 왜곡에 반발하여 진단학회는 조직하고 한국학 연구에 힘썼다.

Tip 》 ③ 조선어학회는 한글날을 제정하였으며 '가갸날'은 조선어연구회(1921)에서 정한 한글 기념일이다.

Answer 》 59.④ 60.② / 1.② 2.③

3 1920년대 다음 내용과 관련된 정책은?

> • 벼 품종 교체
> • 화학 비료 사용
>
> • 수리 시설 확대
> • 쌀 수출량 증대

① 물산 장려 운동
② 임야 조사 사업
③ 산미 증식 계획
④ 민립 대학 설립 운동

Tip 》 산미 증식 계획(1920~1934) … 일제가 조선을 일본의 식량 공급지로 만들기 위해 실시한 농업 정책이다. 이 사업은 수리 시설의 확대와 품종 교체, 화학 비료 사용 증가 등을 통해 이루어졌는데, 대부분의 지주는 다소 이익을 보기도 했지만 소작농은 소작료율과 부채 증가로 많은 고통을 겪었다. 이에 따라 자작농이 감소하고 소작농이 증가했으며, 늘어난 생산량보다 많은 양의 쌀이 일본으로 실려 나갔다.

4 다음에서 서술하고 있는 역사적 사건은?

> 1937년 6월 동북항일연군 대원에 의해 발생하였다. 일제의 행정관청을 태우고 국내 조직의 도움을 받아 압록강을 건너다 추격하는 일본군에 상당한 피해를 입었다. 이 사건으로 일제는 조선광복회의 국내 조직 색출과 만주 지역의 독립군에 공세를 펼쳤다.

① 청산리 전투
③ 보천보 전투

② 봉오동 전투
④ 자유시 전투

Tip 》 동북항일연군 내의 항일유격대는 함경남도 갑산의 보천보에 들어와 경찰주재소와 면사무소를 파괴하였다.

5 1930년대에 전개된 소작쟁의에 관한 내용으로 옳은 것은?

① 일제의 식민지 지배에 저항하는 민족운동의 성격이었다.

② 일제의 탄압으로 쟁의가 감소하였다.

③ 전국 각 지역의 농민조합의 수가 1920년대에 비해 감소하였다.

④ 전국적인 농민조합인 조선농민총동맹이 결성되었다.

> **Tip >>** 일제는 1920년대의 소작료 인하와 소유권 이전 반대와 같은 농민들의 생존권을 위한 정당한 요구도 탄압하였다. 이
> 에 농민들은 1920년대의 단순한 경제적 투쟁을 일제의 식민지 지배에 저항하는 정치적 성격의 운동으로 전환시켰다.
> ②③ 1930년대 이후의 소작쟁의는 일제의 수탈에 저항하는 민족운동의 성격을 띠면서 더욱 격렬해져 갔다.
> ④ 조선농민총동맹은 1927년에 결성되었다.

6 일제강점기의 일본의 통치제도에 대한 설명으로 가장 적절한 것은?

① 3 · 1운동은 일본의 통치 방법을 바꾸는 결정적인 계기가 되었다.

② 1910년 일본은 우리 민족을 회유하기 위하여 문화통치를 펼쳤다.

③ 1920년대 실시된 회사령은 우리 민족의 기업 설립을 방해하였다.

④ 1930년대 이후 전쟁이 시작되면서 보통경찰제가 헌병경찰제로 바뀌었다.

> **Tip >>** ② 1910년대는 헌병경찰제(=무단통치)를 펼쳤으며, 3 · 1운동 이후 1920년대에 보통경찰제로(=문화정치)로 전환되었다.
> ③ 1910년에 회사령을 공포하여 한국인의 회사 설립을 억제하고, 한국 민족 자본의 성장을 억압하였으며, 1920년대
> 에는 회사령을 신고제로 전환하여 일본 기업의 진출을 용이하게 하였지만, 한국인의 회사가 설립될 수 있었다.
> ④ 1931년 만주사변과, 1937년 중 · 일전쟁을 도발하여 대륙침략을 감행하면서 한반도를 병참기지로 삼고 민족말살
> 정책을 추진하였다.

Answer >> 3.③ 4.③ 5.① 6.①

7 다음 중 대한민국 임시정부에 대한 설명으로 옳지 않은 것은?

① 삼권분립에 근거한 최초의 민주공화정부이다.

② 1923년 국민대표회의가 소집되면서 활동이 더욱 활성화되었다.

③ 국내 · 외의 연락을 위해 연통제와 교통국을 두었다.

④ 군자금을 충당하기 위해 독립공채를 발행하였다.

> **Tip 》** ② 독립운동의 노선을 둘러싸고 세력 간에 갈등이 표출되자 국민대표회의(1923)를 개최하였으나 의견 통합을 이루지 못하고 임시정부에서 이탈하는 세력이 생겼다.

8 다음 중 3 · 1운동에 대한 설명으로 옳지 않은 것은?

① 윌슨의 민족자결주의에 영향을 받았다.

② 대한민국 임시정부의 지원을 받았다.

③ 3 · 1운동 이후 일제의 통치방식에 변화가 생겼다.

④ 중국의 5 · 4운동, 베트남이 독립운동 등에 영향을 미쳤다.

> **Tip 》** ② 3 · 1운동을 계기로 지속적이고 체계적인 독립운동을 위해 정부가 필요하다는 인식 아래 국내 · 외의 임시 정부를 통합하여 대한민국 임시정부가 수립되었다.

9 다음 중 상해에 있었던 대한민국임시정부에 대한 설명으로 옳지 않은 것은?

① 국가체제에 민주공화정을 내세웠다.

② 독립신문을 발행하였고 연통제를 실시하였다.

③ 무장투쟁을 강조하여 광복군을 조직하였다.

④ 국내 외에 세워진 여러 임시정부를 통합하여 대한민국임시정부를 수립하였다.

> **Tip 》** ③ 광복군은 1940년 중국 충칭에서 조직된 항일 군대이다.

10 다음 중 3·1운동의 대내외적 배경에 대한 설명으로 가장 적절하지 않은 것은?

① 1910년대 일제의 경제적 약탈과 사회적·정치적 억압으로 인해 일제에 대한 분노와 저항은 전 민족적으로 고조되었다.

② 1917년 러시아 혁명 직후 레닌은 자국 내 100여 개 이상의 소수민족에 대해 민족사결의 원칙을 선언하였다.

③ 1918년 미국 대통령 윌슨은 제1차 세계대전 후 지구상의 모든 식민지 처리에 민족자결주의를 적용하자고 주창하였다.

④ 1919년 신한청년당에서는 독립청원서를 작성하여 김규식을 파리강화회의에 대표로 파견하였다.

> **Tip »** 1918년 미국 대통령 윌슨이 '세계 평화와 민주주의'를 선언하고, 제1차 세계대전의 전후 처리를 위해서 열린 파리강화회의에서 '민족자결'의 원칙을 제시하였다. 민족자결주의는 비록 패전국의 신민지에만 적용되었지만, 민족 지도자들은 이를 기회로 활용하였다.

11 해외 독립운동 기지와 관련되어 다음에서 설명하고 있는 지역은?

> • 대한광복군정부가 수립되었다.
> • 권업회(勸業會)가 조직되어 항일투쟁을 전개하였다.
> • 3·1운동 이후 대한국민의회가 결성되어 독립운동의 새로운 방향을 모색하였다.

① 연해주
② 북간도
③ 밀산부
④ 미주

> **Tip »** 제시된 독립운동단체가 활동하고 있던 지역은 블라디보스토그를 중심으로 한 연해주이다.

Answer » 7.② 8.② 9.③ 10.③ 11.①

12 다음 독립운동과 관련된 설명으로 가장 적절하지 않은 것은?

> ㉠ 3 · 1 운동
> ㉡ 6 · 10 운동
> ㉢ 광주학생항일운동

① ㉠은 비폭력적 시위에서 무력적인 저항운동으로 확대되어갔다.
② ㉡은 일제의 수탈정책과 식민지 교육에 대한 반발로 발생하였다.
③ ㉢은 3 · 1운동 이후 최대의 민족운동으로 신간회 설립에 영향을 주었다.
④ ㉠으로 인해 일제는 식민통치방식을 무단통치에서 문화통치로 바꾸었다.

> **Tip》** 신간회는 1927년 2월 민족주의 좌파와 사회주의자들이 연합하여 서울에서 창립한 민족협동전선으로 1929년 광주학생항일운동 이전에 결성되었으며, 광주학생운동에 진상조사단을 파견하기도 하였다.

13 다음 보기의 강령을 내세운 단체의 활동으로 가장 적절한 것은?

> • 우리는 정치적, 경제적 각성을 촉진한다.
> • 우리는 단결을 공고히 한다.
> • 우리는 기회주의를 일체 부인한다.

① 1929년 광주학생운동이 일어나자 '민중대회'를 열어 항일(抗日) 열기를 확산시키려고 하였다.
② 국민대표기관으로서 임시의정원을 두고, 기관지「독립신문」을 발간하였다.
③ 홍범도가 이끄는 대한독립군은 봉오동에서 일본군 1개 대대를 격파하였다.
④ 김좌진이 이끄는 북로군정서는 청산리에서 일본군 1200여 명을 사살하는 큰 승리를 거두었다.

> **Tip》** 제시된 자료는 1927년에 결성된 신간회의 강령이다.
> ②은 대한민국 임시정부의 활동이다.
> ③은 1920년 7월 봉오동 전투를 승리로 이끈 대한독립군의 활동이다.
> ④은 1920년 10월 청산리 전투를 승리로 이끈 북로군정서군의 활동이다.

14 다음은 국외에서 일어난 항일운동과 관련된 사건들이다. 일어난 순서대로 바르게 나열한 것은?

> ㉠ 봉오동 전투　　　　　　　　㉡ 간도 참변
> ㉢ 청산리 전투　　　　　　　　㉣ 자유시 참변

① ㉠㉡㉢㉣　　　　　　　　　　② ㉠㉢㉡㉣
③ ㉢㉠㉡㉣　　　　　　　　　　④ ㉢㉠㉣㉡

Tip 》 ㉠ **봉오동전투**(1920. 6) : 대한독립군(홍범도), 군무도독부군(최진동), 국민회군(안무)이 연합하여 일본군에게 승리한 전투이다.
　　㉡ **간도참변**(경신참변 1920. 10) : 봉오동 전투와 청산리 전투에서 독립군이 승리하자 이를 약화시키기 위해 일본이 군대를 파견하여 만주의 한민족을 대량 학살한 사건이다.
　　㉢ **청산리전투**(1920. 10) : 김좌진의 북로군정서군과 국민회 산하 독립군의 연합부대가 조직되어 일본군에게 승리한 사건이다.
　　㉣ **자유시참변**(1921) : 밀산부에서 서일·홍범도·김좌진을 중심으로 대한독립군단을 조직한 뒤 소련 영토내로 이동하여 소련 적색군에게 이용만 당하고 배신으로 무장해제 당하려하자 이에 저항한 독립군은 무수한 사상자를 내었다.

15 다음에서 설명하는 지역과 관련이 있는 것은?

> 19세기 말 함경도 지역에 가뭄이 들면서 대대적인 이주가 시작되었다. 일제시대에는 조선 내부에서의 저항 운동이 불가능하다고 여긴 사람들이 이주하여 국외 독립기지를 건설하기도 하였다. 특히 3·1운동을 계기로 독립운동이 더욱 활발해지고 청산리 전투에서 대패한 일본은 군대를 보내어 이 지역에 사는 한국인들을 대량 학살하는 만행을 저지르기도 하였다.

① 신한촌　　　　　　　　　　② 성명회
③ 흥사단　　　　　　　　　　④ 서전서숙

Tip 》 제시된 지역은 간도지역이다. 민족 운동가들은 북간도 용정에 서전서숙이라는 학교를 설립하였다.
　　①② 연해주 ③ 미국 로스엔젤레스

Answer 》　12.③　13.①　14.②　15.④

16 다음 중 신간회에 대한 설명으로 옳지 않은 것은?

① 신간회의 영향으로 근우회가 만들어졌다.
② 기회주의자를 배격하였다.
③ 민립대학설립운동을 추진하였다.
④ 광주 항일학생운동 때 진상 조사단을 파견하였다.

> **Tip** 》 민립대학설립운동은 실력 양성론의 일환으로 1920년대 초반에 추진되었으나 일제의 탄압과 경성제국대학이 설립되면서 실패하였다.

17 다음 독립운동 단체들이 활동하던 시기에 나타난 일제의 식민통치 정책은?

- 독립의군부
- 조선국권회복단
- 대한광복회
- 송죽회

① 한국인의 회유를 위해 형식적으로 중추원을 설치하였다.
② 총동원령을 내려 징병, 징용의 명목으로 한국인을 끌고 갔다.
③ 치안유지법을 제정하고 사회주의 활동을 억압하였다.
④ 회사령을 폐지하여 일본 기업의 한국 진출을 추진하였다.

> **Tip** 》 제시된 단체들은 1910년대에 활동한 비밀결사조직이다.
> ② 1930년대 ③④ 1920년대

18 다음 중 실력양성론에 해당하지 않는 것은?

① 물산장려운동
② 수리조합반대운동
③ 문맹퇴치운동
④ 민립대학설립운동

> **Tip ≫** 실력양성론은 조선이 아직 독립할 역량이 부족하므로 실력을 먼저 기르자는 준비론으로 경제적으로 실력을 기르고 사상적으로는 민족성을 개조하자고 주장한 것이다. 실력양성론자들은 문맹퇴치운동, 물산장려운동, 민족기업육성, 민립대학설립운동 등을 추진하였다.

19 다음은 일제의 식민 통치에 대한 서술이다. 시대 순으로 바르게 나열된 것은?

> ㉠ 재판없이 태형을 가할 수 있는 즉결 처분권을 헌병경찰에게 부여하였다.
> ㉡ 한반도를 대륙침략을 위한 병참기지로 삼았다.
> ㉢ 국가총동원령을 발표하여 인적·물적자원의 수탈을 강화하였다.
> ㉣ 사상통제와 탄압을 위하여 고등경찰제도를 실시하였다.

① ㉠㉡㉢㉣
② ㉠㉣㉡㉢
③ ㉣㉠㉡㉢
④ ㉣㉠㉢㉡

> **Tip ≫** ㉠ 1910년대 ㉡ 1930년대 초반 ㉢ 1930년대 후반 ㉣ 1920년대

Answer ≫ 16.③ 17.① 18.② 19.②

20 다음 중 1920년대 민족운동에 대한 설명으로 옳지 않은 것은?

① 의열단은 무정부주의와 무장투쟁론을 지향하는 테러조직이다.
② 신간회는 민족주의 진영과 사회주의 진영의 연합으로 결성된 민족운동단체이다.
③ 임시정부 내 개조파와 창조파의 갈등은 국민대표회의에서 해소되었다.
④ 물산장려운동, 민립대학설립운동 등 실력양성운동을 전개하였다.

> **Tip >>** 독립운동 전체의 방향 전환을 논의하고 임시정부를 통일전선 정부로 만들기 위하여 국민대표회의가 개최되었으나 개조파와 창조파의 대립으로 인하여 국민대표회의는 성과를 거두지 못하였으며 창조파와 개조파는 임시정부에서 이탈한 뒤 서서히 세력을 잃고 말았다.

21 일제 시기의 경제정책에 관한 설명으로 옳지 않은 것은?

① 일제는 산미증산계획을 이루기 위해 지주제를 철폐하였다.
② 일제는 1930년대 이후에 조선의 공업구조를 군수공업체제로 바꾸었다.
③ 일제의 토지조사사업으로 많은 양의 토지가 총독부 소유지로 편입되었다.
④ 일제는 1910년에 회사령을 공포하여 조선인의 회사설립을 통제하였나.

> **Tip >>** 산미증식계획은 수리시설, 지목전환, 개간간척의 토지, 개량 사업과 품종 개량과 비료사용의 증가, 경종법개선 등 일본식 농사 개량사업으로 전개되었으며 지주 육성책으로 시행되었다. 결과적으로는 일본인 대지주의 수는 증가하고 우리 농민은 이중 부담으로 인하여 조선인 지주와 자작농의 수는 감소하였다.

22 일제하에 일어났던 농민·노동운동에 대한 설명으로 옳지 않은 것은?

① 1920년대 소작쟁의는 주로 소작인 조합을 중심으로 전개되었다.
② 1920년대 노동운동 중에서 가장 규모가 큰 투쟁은 원산총파업이었다.
③ 1920년대 농민운동으로 암태도 소작쟁의가 일어났다.
④ 1920년대에 이르러 농민·노동자의 쟁의가 절정에 달하였다.

> **Tip >>** 농민·노동운동이 절정에 달한 시기는 1930~1936년으로 부산진 조선방직 노동자파업, 함남 신흥 탄광 노동자 파업, 평양 고무 공장 노동자 총파업 등이 대표적이다.

23 다음 내용의 직접적 계기가 된 사건으로 옳은 것은?

> 한국의 독립운동에 냉담하던 중국인이 한국독립운동을 주목하게 되었고, 이후 중국 정부는 대한민국임시정부에 대한 지원을 강화하였다. 이 사건을 계기로 중국 정부가 중국 영토 내에서 우리 민족의 무장독립활동을 승인함으로써 한국광복군이 탄생할 수 있었다.

① 파리강화회의에서 김규식의 활동
② 윤봉길의 상하이 홍커우 공원 의거
③ 홍범도, 최진동 연합부대의 봉오동 전투
④ 만주사변 이후 한·중연합작전의 전개

> **Tip》** 제시문은 1932년 윤봉길이 상하이 홍커우 공원에서 일본군 요인을 폭살한 의거의 영향에 대한 내용이다. 이 사건을 계기로 만보산 사건으로 인해 나빠진 한국과 중국의 관계가 회복되어 중국 영토 내에서의 한국독립운동의 여건이 좋아졌고, 중국 국민당 총통이었던 장제스가 상하이 대한민국임시정부를 지원해주는 계기가 되었다.

24 일제의 식민지 정책을 시기 순으로 바르게 나열한 것은?

> ㉠ 농촌경제의 안정화를 명분으로 농촌진흥운동을 전개하였다.
> ㉡ 학도지원병 제도를 강행하여 학생들을 전쟁터로 내몰았다.
> ㉢ 회사령을 철폐하여 일본 자본이 조선에 자유롭게 유입될 수 있게 하였다.
> ㉣ 토지의 소유권과 가격에 대한 대대적인 조사를 진행하였다.

① ㉢㉣㉠㉡　　　　　　　　　② ㉢㉣㉡㉠
③ ㉣㉢㉠㉡　　　　　　　　　④ ㉣㉢㉡㉠

> **Tip》** ㉠ 농촌진흥운동(1932) ㉡ 학도지원병 제도(1943)
> ㉢ 회사령 철폐(1920) ㉣ 토지조사사업(1912)

Answer 》 20.③ 21.① 22.④ 23.② 24.③

25 다음 설명 중 옳은 것은?

> (가) 토지 소유자는 조선 총독이 정하는 기간 내에 주소, 씨명, 명칭 및 소유지의 소재, 지목, 자번호(字番號), 사표(四標), 등급, 지적 결수(結數)를 임시 토지조사 국장에게 신고해야한다.
> (나) 회사의 설립은 조선총독의 허가를 받아야한다.

① (가)는 화폐정리사업의 기반이 되었다.
② (가)를 시행하면서 자작농이 증가하였다.
③ (나)는 조선의 민족기업들의 자본축적을 막기 위해 시행되었다
④ (나)는 일본의 경제대공황 타개책의 일환이었다.

> Tip 》 (가)는 토지조사사업, (나)는 회사령이다.
> ① 화폐정리사업은 1905년 시행되었으며, 토지조사사업은 1910년 실시되었다.
> ② 일제가 정한 양식에 의해 신고를 하지 않으면 토지소유권을 인정해주지 않았으며 지주의 소유권만을 인정하고 관습적으로 인정되던 개간권, 도지권과 같은 농민의 권리는 인정해주지 않았다. 또한 토지조사사업으로 식민지 지주제가 확립되었다.
> ③ 일제는 회사의 설립을 허가제로 하는 회사령을 시행하여 민족산업의 발전과 자본축적을 방해하였다.
> ④ 일제는 1920년대 후반 발생한 세계경제대공황을 타개하기 위해 병참기지화 정책을 실시하였다.

26 다음에서 설명하는 식민 통치 기구는?

> • 일제가 우리나라를 병합한 뒤 우리 민족을 통치하기 위해 설치한 조선 식민 통치의 최고 기관이었다.
> • 현역 육 · 해군 대장 가운데 이곳의 우두머리가 임명되었고, 그는 입법, 사법, 행정, 군사 등 식민지 통치에 관한 모든 권한을 지니고 있었다.

① 통감부   ② 집강소
③ 군국기무처   ④ 조선 총독부

> Tip 》 일제는 우리나라를 병합한 뒤 조선 총독부를 설치하고 현역 육 · 해군 대장 가운데 조선 총독을 임명하였다. 그는 입법, 사법, 행정, 군사 등 식민 통치에 관한 모든 권한을 가지고 있었다.

27 다음에서 설명하는 일제 강점기의 식민지 지배 방식은?

> 1910년대 일제는 헌병 경찰에 의한 강압적인 통치를 실시하였다. 헌병 경찰은 즉결 처분권을 가지고 있어서 정식 재판 절차를 거치지 않고도 벌금, 태형 등의 처벌을 가할 수 있었다.

① 무단 통치
② 문화 통치
③ 민족 말살 통치
④ 민족 분열 통치

> **Tip** 》 제시된 자료는 무단 통치에 대한 내용이다. 일제는 1910년대 헌병 경찰에 의한 무단 통치를 실시하여 전국 곳곳에 헌병 기관과 경찰서를 설치하고 한국인을 감시하였다.

28 다음과 같은 법령이 시행된 시기에 대한 설명으로 옳지 않은 것은?

> 제11조 태형은 감옥 또는 즉결 관서에서 비밀리에 행한다.
> 제13조 본령은 조선인에 한하여 적용한다.

① 한국인의 모든 정치 활동을 탄압하였다.
② 일본어를 중심으로 교과목을 편성하였다.
③ 언론 · 출판 · 집회 · 결사의 자유를 부분적으로 허용하였다.
④ 한국인에게는 초보적인 기술과 실무적인 내용만을 가르쳤다.

> **Tip** 》 제시된 자료는 조선 태형령의 내용이다. 1910년대 일제는 헌병 경찰에 의한 무단 통치를 실시하였는데, 헌병 경찰은 즉결 처분권을 가지고 벌금, 태형 등의 처벌을 가할 수 있었다.
> ③ 무단 통치기에는 언론 · 출판 · 집회 · 결사의 자유를 박탈하였다.

Answer 》 25.③ 26.④ 27.① 28.③

29 일제가 토지 조사 사업을 실시한 실질적인 목적은?

① 일본인의 토지 소유를 제한하기 위해

② 일본인 지주를 통해 농민들의 생활을 안정시키기 위해

③ 소작농들에게 토지를 분배하여 자영농으로 만들기 위해

④ 식민 통치의 기초 자료를 마련하고 재정을 확보하기 위해

> **Tip》** 일제는 토지 조사 사업이 지세를 공정하게 부과하고 근대적인 토지 소유권을 확립하기 위한 것이라고 선전하였지만 실질적인 목적은 식민 통치의 기초 자료를 마련하고 재정을 확보하는 데 있었다.

30 일제가 다음과 같이 통치 방식을 바꾸게 된 계기는?

무단 통치	➡	문화 통치

① 을사조약   ② 3·1 운동
③ 105인 사건   ④ 국채 보상 운동

> **Tip》** 우리 민족은 일제의 무단 통치에 저항하여 3·1 운동을 일으켰는데, 3·1 운동을 계기로 일제는 무단 통치의 한계를 깨닫고 문화 통치로 지배 방식을 바꾸었다.

31 일제가 실시한 문화 통치의 내용으로 옳지 않은 것은?

① 문관 출신의 총독을 임명한 적이 없었다.

② 우리말 사용과 우리 역사 교육을 금지하였다.

③ 경찰력을 크게 늘리고 치안 유지법을 만들었다.

④ 독립운동을 약화시키기 위해 친일 여론을 조성하였다.

> **Tip》** ①, ③, ④는 우리 민족의 문화와 관습을 존중한다며 실시한 문화 통치의 실상이다. ②는 민족 말살 정책의 내용이다.

32 다음에 나타난 식민 통치 정책의 목적에 대한 설명으로 가장 적절한 것은?

> 조선 문제 해결의 성공 여부는 친일 인물을 많이 얻는 데 있다. 따라서 핵심적 친일 인물을 골라 친일 단체를 조직하게 하고 각종 편의와 원조를 제공하라.
>
>   – 조선 민족 운동에 대한 대책, 사이토 총독

① 우리 민족을 분열시키려 하였다.
② 일본의 식량 부족 문제를 해결하려 하였다.
③ 우리 민족의 문화와 관습을 존중하려 하였다.
④ 한반도를 일제의 병참 기지로 이용하려 하였다.

> **Tip 》** 일제는 3 · 1 운동 이후 우리 민족의 문화와 관습을 존중한다며 문화 통치로 지배 방식을 바꾸었다. 하지만 이러한 정책의 목적은 우리 민족의 불만을 잠재우고 우리 민족을 분열시키는 데 있었다.

33 산미 증식 계획의 결과에 대한 설명으로 옳지 않은 것은?

① 일본으로의 쌀 수출량이 증가하였다.
② 우리나라의 식량 사정이 크게 나빠졌다.
③ 수리 시설 확충, 종자 개량 등을 통해 쌀 생산을 늘렸다.
④ 쌀 생산량이 증가하여 한국인의 쌀 소비량도 증가하였다.

> **Tip 》** 1920년대 산미 증식 계획이 실시되어 쌀 생산량은 늘어났지만 일제가 증산된 양보다 더 많은 쌀을 가져가 우리나라의 식량 사정이 크게 나빠졌다.
> ④ 쌀 생산량은 늘었지만 한국인의 1인당 쌀 소비량은 감소하였다.

Answer 》   29.④   30.②   31.②   32.①   33.④

34 일제가 1920년대 우리나라에서 산미 증식 계획을 실시한 목적은?

① 회사 설립에 필요한 자본을 축적하기 위해
② 침략 전쟁을 수행할 때 필요한 식량을 비축하기 위해
③ 식량 자원을 수출하기 위한 철도와 주요 항만을 건설하기 위해
④ 일본의 공업화로 인해 발생한 자국의 식량 문제를 해결하기 위해

> Tip》 제1차 세계 대전을 계기로 일본에서는 공업이 빠르게 발전하였고, 이 과정에서 농업 생산량이 줄어들면서 식량 부족 문제가 발생하였다. 이에 일제는 자국의 식량 문제를 해결하기 위해 우리나라에서 산미 증식 계획을 실시하였다.

35 다음과 같은 일제의 식민 통치 정책은?

> • 일제는 우리 민족을 침략 전쟁에 효율적으로 동원하기 위해 우리 민족의 전통과 문화를 뿌리 뽑아 일본인에 동화시키려고 하였다.
> • '조선인과 일본인은 하나'라는 내선일체를 주장하였다.

① 무단 통치
② 민족 말살 통치
③ 헌병 경찰 통치
④ 민족 분열 통치

> Tip》 일제는 내선일체 등을 주장하며 우리 민족의 전통과 문화를 뿌리 뽑아 일본인에 동화시키려는 민족 말살 정책을 실시하였다.

36 1930년대 이후 일제의 식민 정책에 대한 설명으로 옳지 않은 것은?

① 국가 총동원법을 제정하여 인력과 물자를 수탈하였다.
② 토지 조사 사업을 통해 우리 민족의 토지를 약탈하였다.
③ 지원병제, 징병제를 실시하여 청년들을 전쟁터로 내몰았다.
④ 군량미를 확보하기 위해 쌀 배급 제도와 공출 제도를 시행하였다.

> **Tip ≫** ② 1910년대 토지 조사 사업과 관련된 내용이다. 조선 총독부는 토지 조사 사업을 통해 빼앗은 토지를 동양 척식 주식회사나 일본인에게 헐값에 팔아 넘겼다.

37 일제가 다음과 같은 정책을 실시한 목적은?

> • 남부 지방에서는 면화를 재배하게 하고, 북부에서는 양 사육을 강요하여 원료 공급 기지로 삼았다.
> • 청장년들을 광산이나 군수 공장 등에 끌고 갔으며 학생들까지 전쟁에 동원하였다.

① 식민지 지주제 확립
② 한반도의 병참 기지화
③ 민족 자본의 성장 억제
④ 한국인의 식량 문제 해결

> **Tip ≫** 일제는 1930년대 침략 전쟁을 추진하면서 우리나라를 침략 전쟁에 필요한 물자를 보급하는 병참 기지로 이용하였다.

Answer ≫ 34.④ 35.② 36.② 37.②

38 1910년대 국내외의 민족 운동에 대한 설명으로 옳은 것을 〈보기〉에서 모두 고른 것은?

〈보기〉
㉠ 많은 애국지사와 의병들이 만주나 연해주로 이동하였다.
㉡ 국외에서는 동포 사회를 기반으로 독립군 기지가 건설되었다.
㉢ 경제적 자주성을 확립하기 위해 국채 보상 운동을 전개하였다.
㉣ 국내의 민족 지도자들은 비밀 결사를 조직하여 항일 운동을 전개하였다.

① ㉠, ㉡   ② ㉢, ㉣
③ ㉠, ㉡, ㉣   ④ ㉡, ㉢, ㉣

Tip 》 일제는 국권을 강탈한 이후 애국 계몽 운동 단체들을 해산시키고 의병에 대한 탄압을 강화하였다. 이에 애국지사와 의병들이 일제의 탄압을 피해 만주와 연해주로 이동하여 동포 사회를 기반으로 독립군 기지를 건설하였다. 국내에서는 비밀 결사 단체가 조직되었다.
㉢ 국권 강탈 이전에 일어난 민족 운동이다.

39 다음 단체들의 공통점으로 가장 알맞은 것은?

• 경학사
• 권업회
• 대한 광복군 정부

① 학생 중심으로 조직된 독립운동 단체이다.
② 민족 문화 수호 운동을 전개한 애국 운동 단체이다.
③ 국내와 국외의 독립운동을 연결해 주는 조직이었다.
④ 만주, 연해주 등 해외에서 조직된 독립운동 단체이다.

Tip 》 1910년대 만주, 연해주 등 국외에서 동포 사회를 기반으로 독립군 기지가 건설되었다.

40 3·1 운동의 배경으로 옳지 않은 것은?

① 도쿄 유학생의 독립 선언서 발표
② 상하이에 대한민국 임시 정부 수립
③ 민족의 독립운동에 대한 강력한 의지
④ 미국 대통령 윌슨의 민족 자결주의 제창

> **Tip** 》 ② 3·1 운동의 영향으로 상하이에 대한민국 임시 정부가 수립되었다.

41 다음 글의 밑줄 친 '이 단체'는?

> 파리 강화 회의에서 미국의 윌슨 대통령이 민족 자결주의를 제창하였다는 소식이 전해지자 중국 상하이에서 활동하던 <u>이 단체</u>는 파리 강화 회의에 김규식을 대표로 파견하여 우리 민족의 독립 의지를 알리고자 하였다.

① 신한 청년당
② 대한 국민회
③ 대한 독립단
④ 대한 광복회

> **Tip** 》 ②③ 1910년대 만주와 연해주에서 활동한 독립운동 단체이다.
> ④ 1910년대 국내의 민족 지도자들이 조직한 비밀 결사 단체이다.

Answer 》 38.③ 39.④ 40.② 41.①

42 다음은 3·1 운동의 전개 과정을 나타낸 표이다. (개)에 들어갈 내용으로 옳지 않은 것은?

민족 대표 33인이 독립 선언서를 준비하였다.
↓
(개)
↓
무력을 앞세운 일제의 탄압 때문에 독립을 이루지 못한 채 전국적인 만세 시위가 실패로 끝나고 말았다.

① 일본군이 제암리 학살 사건을 일으켰다.
② 서울 종로의 태화관에서 독립 선언식을 가졌다.
③ 농민, 노동자, 상인 등 다양한 계층이 시위에 참여하였다.
④ 지방에서 시작된 만세 시위가 서울 전역으로 확산되었다.

> **Tip》** 서울에서 일어난 만세 시위는 전국 주요 도시와 농촌 지역까지 확대되었고, 이 과정에서 농민, 노동자, 상인 등 다양한 계층이 시위에 참여하게 되었다.

43 3·1 운동에 대한 설명으로 옳은 것은?

① 종교계 인사와 학생들만 시위에 참여하였다.
② 일제의 탄압으로 전국적으로 확산되지 못하였다.
③ 미국에서도 독립 선언식을 열고 시가 행진을 벌였다.
④ 일본 오사카에서 발표된 2·8 독립 선언의 영향을 받았다.

> **Tip》** ① 농민, 노동자를 비롯한 다양한 계층이 시위에 참여하였다.
> ② 일제의 탄압에도 불구하고 전국으로 확산되었다.
> ④ 일본 도쿄에서 독립 선언서를 발표하였다.

44 3·1 운동의 의의에 대해 잘못 설명한 학생은?

① 은설 : 대한민국 임시 정부가 수립되는 계기가 되었어.
② 무원 : 일제의 지배 방식을 무단 통치로 바꾸게 하였지.
③ 지헌 : 아시아 여러 나라의 민족 운동에 영향을 주었어.
④ 명란 : 우리 민족의 독립 의지를 전 세계에 알리는 계기가 되었어.

> **Tip** 》 일제의 무자비한 탄압으로 당장의 독립을 이루지는 못하였지만 3·1 운동으로 일제의 지배 방식을 무단 통치에서 문화 통치로 바꾸게 하였다.

45 대한민국 임시정부에 대한 설명으로 옳지 않은 것은?

① 대통령 중심제를 채택하였다.
② 우리나라 최초의 민주 공화제 정부였다.
③ 임시 의정원, 국무원, 법원을 구성하였다.
④ 김구를 대통령으로, 이승만을 국무총리로 뽑았다.

> **Tip** 》 대한민국 임시정부는 대통령 중심제를 채택하고, 이승만을 대통령으로, 이동휘를 국무총리로 선출하였다.

46 독립운동가와 의열 활동을 바르게 연결한 것은?

① 나석주 – 종로 경찰서에 폭탄 투척
② 강우규 – 조선 총독부에 폭탄 투척
③ 김익상 – 사이토 총독에게 폭탄 투척
④ 이봉창 – 도쿄에서 일본 국왕에게 폭탄 투척

> **Tip** 》 ① 김상옥, ② 김익상, ③ 강우규의 의열 투쟁에 대한 내용이다.

Answer 》 42.④ 43.③ 44.② 45.④ 46.④

47 3·1 운동의 영향을 받은 아시아의 민족 운동을 〈보기〉에서 모두 고른 것은?

〈보기〉
㉠ 중국의 5·4 운동
㉡ 중국의 양무운동
㉢ 일본의 메이지 유신
㉣ 인도의 비폭력·불복종 운동

① ㉠, ㉢
② ㉠, ㉣
③ ㉡, ㉢
④ ㉡, ㉣

Tip》 3·1 운동은 중국의 5·4 운동과 인도의 비폭력·불복종 운동 등 아시아 여러 나라의 민족 운동에 영향을 주었다.

48 대한민국 임시 정부의 활동과 그에 대한 설명이 옳지 않은 것은?

① 교통국 조직 – 국내의 정보를 수집하고, 이를 분석·교환·연락하는 기관을 조직하였다.
② 독립 공채 발행 – 미국, 중국 등지의 해외 동포에게 발행하여 독립운동 자금을 모았다.
③ 구미 위원부 설치 – 간도에 독립운동 기지를 건설하고 중국 정부에 한국의 독립을 호소하였다.
④ 연통제 조직 – 정부 문서와 명령 전달, 군자금 조달, 정보 보고 등을 담당한 비밀 행정 조직을 구성하였다.

Tip》 ③ 미국에 설치한 구미 위원부는 한국의 독립 문제를 국제 여론화하는 데 힘을 기울였다.

49 다음 설명에 해당하는 단체는?

> • 1919년 김원봉이 조직한 비밀 조직이다.
> • 식민 통치 기관을 파괴하거나 일제 요인을 암살하는 활동을 전개하였다.

① 의열단
② 혈성단
③ 한인 애국단
④ 대한 노인단

Tip 》 김원봉은 1919년 의열단을 조직하고 의열 활동을 전개하였다.

50 빈칸에 들어갈 단체의 활동 내용으로 옳은 것을 〈보기〉에서 모두 고른 것은?

> 1919년 4월 각지에 있던 민족 대표들이 상하이에 모여 통합 정부를 만들기 위한 논의를 거듭하였다. 계속된 회의 끝에 (   )을/를 출범하고 '대한민국은 민주 공화제로 한다.'를 제1조로 하는 임시 헌장도 선포하였다.

〈보기〉
㉠ 독립 공채 발행
㉡ 대한매일신보 발행
㉢ 연통제와 교통국 조직
㉣ "한·일 관계 사료집" 간행

① ㉠, ㉡, ㉢
② ㉠, ㉡, ㉣
③ ㉠, ㉢, ㉣
④ ㉡, ㉢, ㉣

Tip 》 제시된 자료의 빈칸에 들어갈 단체는 대한민국 임시 정부이다. ㉡ 대한민국 임시 정부는 독립신문을 간행하였다.

Answer 》 47.② 48.③ 49.① 50.③

51 다음과 같은 무장 독립 투쟁이 일어난 시기를 연표에서 고르면?

• 봉오동 전투	• 청산리 전투

1905		1910		1919		1931		1937		1945
	①		②		③		④			
을사조약		국권피탈		3 · 1운동		만주사변		중 · 일전쟁		광복

Tip 》 봉오동 전투는 1920년 6월, 청산리 대첩은 1920년 10월에 일어났다.

52 다음 전투에 대한 설명으로 옳은 것은?

> 독립군 부대의 국내 진입 작전에 타격을 입은 일본군은 독립군을 토벌하기 위해 봉오동을 습격하였다.

① 대한민국 임시 정부가 주도하였다.
② 김구의 한인 애국단이 전개한 의열 투쟁이다.
③ 홍범도가 이끄는 대한 독립군 등이 활약하였다.
④ 간도 참변에 대한 보복으로 일본군을 공격하였다.

Tip 》 제시된 자료는 봉오동 전투에 대한 내용이다. 봉오동 전투는 홍범도가 이끄는 대한 독립군 등이 일본군을 기습 공격하여 큰 승리를 거둔 전투이다.

53 다음은 1920~1930년대의 무장 독립 전쟁에 대해 설명한 글이다. 이 중 옳지 않은 부분을 고르면?

1920년 봉오동 전투와 청산리 전투에서 패한 ① 일본은 독립군의 근거지를 없애기 위해 간도 참변을 일으켰다. 1930년대에는 ② 다수의 독립군 부대들이 한국 독립군과 조선 혁명군으로 통합되었고, ③ 자유방임주의 사상을 받아들인 일부 인사들은 중국 공산당군과 연합하여 항일 유격 활동을 전개하였다. 중국 내륙에서는 ④ 조선 의용대가 중국 국민당 정부의 협조를 얻어 활동하였고, 이 가운데 일부는 화북 지방에서 조선 의용군을 결성하고 중국 공산당과 연합하여 항일 투쟁을 전개하였다.

Tip 》 1930년대 만주에서 활동하던 다수의 독립군 부대들 중 사회주의 사상을 받아들인 일부 인사들은 중국 공산당군과 연합하여 항일 유격 활동을 전개하였다.

54 빈칸에 들어갈 독립군 부대는?

대한민국 임시 정부는 일제의 중국 침략이 거세어지자 충칭으로 이동하여 조직과 체제를 정비하였다. 이때 임시 정부는 (   )을 창설하고, 건국 강령을 발표하여 독립운동 세력을 하나로 모았다.

① 한국광복군
② 조선 의용군
③ 대한 독립군
④ 북로 군정서군

Tip 》 대한민국 임시 정부는 충칭에 정착한 후 한국광복군을 창설하였다.

Answer 》 51.③ 52.③ 53.③ 54.①

55 한국광복군의 활동으로 옳은 것을 〈보기〉에서 모두 고른 것은?

〈보기〉
㉠ 영국군과 함께 미얀마에서 합동 작전을 수행하였다.
㉡ 화북 지방에서 중국 공산당군과 연합하여 항일 투쟁을 전개하였다.
㉢ 일본에 선전 포고를 한 후, 연합군의 일원으로 전쟁에 참여하였다.
㉣ 프랑스의 협조를 얻어 국내에 침투하여 일본을 몰아낼 계획을 세웠다.

① ㉠, ㉡　　　　　　　　　　　　　② ㉠, ㉢
③ ㉡, ㉢　　　　　　　　　　　　　④ ㉡, ㉣

> **Tip 》** ㉡ 조선 의용군에 대한 설명이다.
> ㉣ 한국광복군은 미국의 도움을 얻어 국내 진입 작전을 준비하였다.

56 (가) 시기에 전개된 독립 운동에 대한 설명으로 옳은 것은?

1937	(가)	1945
중·일 전쟁		8·15 광복

① 윤봉길이 상하이 훙커우 공원에 폭탄을 투척하였다.
② 한국광복군이 연합군의 일원으로 전쟁에 참여하였다.
③ 대한 독립군 등이 일본군을 기습 공격하여 승리하였다.
④ 동양 척식 주식회사와 식산 은행에 폭탄을 투척하였다.

> **Tip 》** ① 1932년, ③ 1920년, ④ 1926년에 일어난 일이다.

57 다음 자료와 관련 있는 민족 운동에 대한 설명으로 옳지 않은 것은?

> 입어라! 조선 사람이 짠 것을.
> 먹어라! 조선 사람이 만든 것을.
> 써라! 조선 사람이 지은 것을.
> 조선 사람. 조선 것.

① 국산품 애용, 소비 절약 등을 강조하였다.
② 일제의 방해가 계속되어 큰 성과를 거두지 못하였다.
③ 민족 산업의 발전을 통해 경제적 자립을 이루려 하였다.
④ 우리 민족의 대학 설립에 필요한 자금을 마련하기 위해 전국적으로 모금 활동을 전개하였다.

Tip ≫ 제시된 자료는 조선 물산 장려회의 취지서로, 물산 장려 운동과 관련이 있다.
④ 민립 대학 설립 운동에 대한 설명이다.

58 다음 민족 운동들의 공통된 목적으로 가장 알맞은 것은?

> • 물산 장려 운동
> • 민립 대학 설립 운동
> • 문맹 퇴치 운동

① 일제의 민족 차별 교육에 대항하였다.
② 민족의 실력을 키워 독립을 준비하고자 하였다.
③ 무장 독립 투쟁을 통해 일제를 타도하려 하였다.
④ 민족 자본을 육성하여 경제적 자립을 달성하려 하였다.

Tip ≫ 1920년대 민족주의 계열의 일부 지식인들은 실력을 키워 독립을 준비하자는 실력 양성 운동을 전개하였다.

Answer ≫ 55.② 56.② 57.④ 58.②

59 3 · 1 운동 이후 전개된 사회 운동에 대한 설명으로 옳지 않은 것은?

① 천도교의 방정환은 소년 운동을 전개하였다.

② 사회주의 사상이 유입되어 사회 운동이 활성화되었다.

③ 노동자들은 낮은 임금, 민족 차별에 맞서 소작 쟁의를 일으켰다.

④ 농민 · 노동 운동은 1930년대 이후 점차 항일 민족 운동으로 발전하였다.

> **Tip ≫** 노동자들은 임금 인상, 민족 차별 철폐 등을 주장하며 노동 쟁의를 일으켰다. ③ 소작 쟁이는 농민들이 소작료 인하 등을 요구하며 일으킨 것이다.

60 (가), (나)에 해당하는 민족 운동을 바르게 연결한 것은?

> (가) 1926년 순종의 국장일에 맞추어 대규모 만세 시위가 일어났다.
> (나) 1929년 광주에서 민족 차별 중지, 식민지 교육 제도 철폐 등을 요구하며 대규모 시위가 전개되었다.

	(가)	(나)
①	3 · 1 운동	6 · 10 만세 운동
②	국채 보상 운동	물산 장려 운동
③	물산 장려 운동	광주 학생 항일 운동
④	6 · 10 만세 운동	광주 학생 항일 운동

> **Tip ≫** (가)는 6 · 10 만세 운동, (나)는 광주 학생 항일 운동에 대한 내용이다.

61 다음과 같은 강령을 채택한 단체에 대한 설명으로 옳지 않은 것은?

> 1. 우리는 정치적, 경제적 각성을 촉진한다.
> 2. 우리는 단결을 공고히 한다.
> 3. 우리는 기회주의를 일체 부인한다.

① 농민 운동, 노동 운동을 지원하였다.
② 여성 운동에도 영향을 끼쳐 근우회가 결성되었다.
③ 6·10 만세 운동을 주도하여 전국으로 확산시켰다.
④ 민족주의 계열과 사회주의 계열이 모두 참여하였다.

> **Tip** 〉〉 제시된 자료는 신간회의 강령이다. ③ 신간회는 광주 학생 항일 운동이 일어났을 때 민중 대회를 열어 이 운동을 전국적으로 확산시키려고 하였다.

62 민족 문화 수호 운동을 벌인 인물과 활동의 연결이 옳지 않은 것은?

① 나철 – 대종교 창시
② 한용운 – 불교 유신론 주장
③ 신채호 – 조선어 학회 조직
④ 윤동주 – 항일 문학 작품 저술

> **Tip** 〉〉 신채호는 우리 민족의 우수성을 강조하는 역사 연구를 통해 민족의식을 고취하였다. ③ 최현배를 비롯한 여러 한글 학자들이 조선어 학회를 조직하였다.

Answer 〉〉 59.③ 60.④ 61.③ 62.③

63 국권 강탈 이후의 종교 활동에 대한 설명으로 옳지 않은 것은?

① 개신교는 신사 참배를 거부하여 일제의 탄압을 받았다.

② 불교는 "개벽" 등의 잡지를 창간하여 민족의식을 높였다.

③ 원불교는 저축과 근로를 중시하는 새 생활 운동을 전개하였다.

④ 대종교와 천주교 일부 신자는 만주 지역에서 무장 독립 운동을 전개하였다.

> **Tip ≫** 천도교는 "개벽", "신여성" 등의 잡지를 발간하여 민족의식을 고취하였다. 불교는 한용운을 중심으로 민족 불교로서의 전통을 이어 갔다.

64 일제 강점기의 사회 모습으로 옳은 것을 <보기>에서 모두 고른 것은?

<보기>
㉠ 기호 식품인 커피, 캐러멜 등이 보급되었다.
㉡ 개량 하옥과 서양식 고급 주택인 문화 주택이 생겨났다.
㉢ 개항장, 철도의 교차점, 공업 중심지 등에 도시가 성장하였다.
㉣ 교통과 통신 시설은 일제의 자원 수탈과 대륙 침략에 이용되었다.

① ㉠, ㉡, ㉢

② ㉠, ㉡, ㉣

③ ㉠, ㉢, ㉣

④ ㉠, ㉡, ㉢, ㉣

> **Tip ≫** 일제 강점기 도시와 교통·통신 시설이 발달하였으며, 서양의 문화가 수용되어 의·식·주 생활에서 다양한 변화가 나타났다.

65 일제 강점기 우리 민족의 생활 모습에 대한 설명으로 옳지 않은 것은?

① 막대한 양의 쌀을 빼앗겨 식량이 부족하였다.

② 생활 터전을 잃은 사람들은 해외로 이주하였다.

③ 도시의 중심부에는 소수의 일본인과 다수의 한국인이 거주하였다.

④ 도시의 변두리에서 토막집을 짓고 사는 빈민이 늘어났다.

> **Tip》》** 일제 강점기 도시의 중심부에는 일본인과 소수의 상류층 한국인이 거주하였다.

Answer 》》 63.② 64.④ 65.③

필수유형문제

03 대한민국의 역사적 정통성

1 대한민국 정부 수립 이후에 일어난 사건을 〈보기〉에서 모두 고른 것은?

〈보기〉

㉠ 반민족 행위 특별 조사 위원회 설치
㉡ 농지 개혁법 시행
㉢ 안두희의 김구 암살
㉣ 제주 4 · 3 사건 발생

① ㉠, ㉡
② ㉠, ㉡, ㉢
③ ㉠, ㉡, ㉣
④ ㉠, ㉡, ㉢, ㉣

> **Tip 》** ㉣ 제주 4 · 3 사건은 1948년에 일어난 사건으로 대한민국 정부 수립(1948년 8월 15일) 이전이다.
> ㉠ 1948년 10월
> ㉡ 1949년 제정, 1950~1957년 시행
> ㉢ 1949년 6월

2 다음과 같은 사건으로 인해 나타난 사실로 옳은 것은?

- 박종철 사건
- 4 · 13 호헌 조치
- 6 · 10 국민대회 개최

---

① 5년 단임의 대통령 직선제 개헌이 이루어졌다.

② 국회를 해산하고 전국에 계엄령을 선포하였다.

③ 국가 재건 최고 회의와 중앙정보부를 설치하여 혁명 공약을 발표하였다.

④ 부정 선거를 규탄하는 시위가 마산에서 발생했다.

> **Tip 》** 위 사건들은 6월 항쟁과 관련이 있다. 1987년 4월 13일 전두환 대통령이 개헌논의 중지와 제5공화국 헌법에 의한 정부 이양을 골자로 한 4 · 13호헌조치를 발표하였다. 또한 박종철 고문치사사건이 조작된 사실임이 밝혀지면서 정부에 대한 국민의 분노가 확산되었다. 이에 민주헌법쟁취 국민운동본부는 6월 10일 국민대회를 개최하였다.
> ② 7차 개헌에 관한 내용으로 국가 비상사태를 선언한 후, 국회를 해산하고 전국에 계엄령을 선포하여 10월 유신을 단행하였다.
> ③ 5 · 16 군사정변에 관한 내용이다.
> ④ 3 · 15 부정선거를 규탄하는 시위가 마산에서 발생하였다.

3 다음 중 이승만 정부에서 발생한 사건이 아닌 것은?

① 대통령 직선제와 내각 책임을 발췌한 개헌안이 통과되었다.

② 1960년 3월 15일에 대리 투표, 투표함 바꿔치기 등의 비리가 자행된 선거가 이루어졌다.

③ 위원장 조봉암을 비롯한 진보당의 전간부가 북한의 간통과 내통한 혐의로 구속 기소되었다.

④ 대통령의 3선 연임을 허용하는 개헌안을 통과시켜 장기 집권의 기반을 마련하였다.

> **Tip 》** ④ 대통령의 3선 연임을 허용하는 개헌안을 통과시켜 장기집권 기반을 마련하고, 제7대 대통령 선거에서 신민당 김대중 후보를 누르고 박정희가 당선되었다.
> ① 발췌개헌(1952.5.7)
> ② 3 · 15부정선거(1960)
> ③ 진보당 사건(1958.1)

Answer 》 1.② 2.① 3.④

4 다음의 연설문이 발표되기 이전에 발생한 사건은?

> 나는 38도선을 베고 쓰러질지언정 일신의 구차한 안일을 취하여 단독 정부를 세우는 데는 협력하지 않겠다.

① 단독 선거 반대 시위의 발생에 경찰의 발포가 이어지자 제주의 주민들은 총파업을 전개하였다.
② 우리나라 최초의 보통선거로 총선거를 통해 제헌국회의원을 선출하고 국가 수립을 선포하였다.
③ 좌·우 합작 위원회가 결성되고 좌·우 합작 7원칙을 발표하였다.
④ 제주도의 4·3사건을 진압하기 위해 여수 주둔 군부대에 출동 명령이 내려졌으나 부대내 좌익 세력이 출동을 거부하였다.

> Tip 》 주어진 연설문은 1948년 2월 10일에 발표한 김구의 '삼천만 동포에게 읍고함'이라는 성명서이다. ③의 좌·우 합작 운동은 1946년 10월에 시작되었다.

5 다음 내용을 선언하여 한국의 독립을 최초로 결의한 국제회의는?

> "한국 인민의 노예상태를 유의하여, 적당한 시기에 한국을 해방시키며 독립시킬 것을 결의한다."

① 카이로 회담
② 얄타 회담
③ 포츠담 선언
④ 모스크바 3국 외상회의

> Tip 》 카이로회담(1943. 11) … 미·영·중 3국 수뇌가 적당한 시기에(적절한 절차를 거쳐) 한국을 독립시킬 것을 결의하였다.

6 이승만 정부의 부정선거에 항거하여 일어난 사실로 옳은 것은?

① 3 · 15 마산 의거가 전국적으로 확산되어 학생들의 대규모 시위가 일어났다.

② 박정희 정부는 유신헌법을 발표하여 사태를 수습하였다.

③ 신군부 세력이 이승만 정부를 무너뜨리고 통치권을 장악하였다.

④ 1987년 6월 민주항쟁으로 대통령을 직접 선출하였다.

> **Tip 》** 이승만 정부의 3 · 15부정선거 … 이승만이 이끄는 자유당은 1960년 3월의 정 · 부통령선거에서 이승만을 대통령으로, 이기붕을 부대통령으로 당선시키기 위해서 대대적인 부정선거를 자행하였다. 이에 3 · 15선거 당일, 마산에서 부정선거를 규탄하는 시위가 일어나자 전국적으로 확산되어 4 · 19혁명이 본격화되었다.

7 다음 중 현대사의 발전과정에서 정권 연장을 목적으로 일어난 사건이 아닌 것은?

① 사사오입 개헌

② 4 · 19 혁명

③ 3선 개헌

④ 10월 유신

> **Tip 》** ① 장기집권을 위해 이승만 대통령은 초대 대통령에 한해 3선제한 조항 철폐를 골자로 하는 헌법을 개정하였다.
> ② 학생과 시민들이 중심이 되어 독재정권을 무너뜨린 민주혁명으로서 우리 민족의 민주역량을 전 세계에 과시하고, 민주주의가 새롭게 발전할 수 있는 계기를 마련하였다.
> ③ 1969년 박정희 대통령이 장기집권을 위한 3선개헌으로 여 · 야의 대립과 갈등이 심화되었다.
> ④ 주한미군 철수에 따른 국가안보와 사회질서를 최우선 과제로 제시하고, 지속적인 경제 성장을 이룩하기 위해서 강력하고 안정된 정부의 필요성을 내세워 박정희 대통령에 의해 단행되었다.

Answer 》 4.③ 5.① 6.① 7.②

8 우리 민족의 역사적 전통과 능력을 무시하고, 5개년간의 한반도의 신탁통치를 결정한 것은?

① 카이로 회담

② 포츠담 회담

③ 얄타 비밀 협정

④ 모스크바 3국 외상회의

> **Tip 》** 38도선을 경계로 한반도가 분단되고, 남과 북에 미군과 소련군의 군정이 실시되는 가운데, 1945년 12월 미·영·소 3국 외상들이 모스크바에 모여 한반도문제를 협의하였다. 이 회의에서 한국에 임시정부 수립을 위한 미·소 공동위원회를 설치하고, 한국을 최고 5년간 미·영·중·소 4개국의 신탁통치하에 두기로 결정하였다.

9 다음에 제시된 사건을 연대순으로 바르게 배열한 것은?

> ㉠ 사사오입 개헌 ㉡ 발췌개헌
> ㉢ 거창사건 ㉣ 진보당 사건
> ㉤ 2 · 4파동

① ㉢㉡㉠㉣㉤

② ㉡㉠㉣㉤㉢

③ ㉡㉣㉢㉤㉠

④ ㉣㉠㉡㉢㉤

> **Tip 》** ㉠ 사사오입 개헌(1954.11) : 이승만 정권 시절, 헌법 상 대통령이 3선을 할 수 없는 제한을 철폐하기 위해, 당시의 집권당인 자유당이 사사오입의 논리를 적용시켜 정족수 미달의 헌법개정안을 불법 통과한 것이다.
> ㉡ 발췌개헌(1952.7) : 이승만 대통령이 자유당 창당 후 재선을 위해 직선제로 헌법을 고쳐 강압적으로 통과시킨 개헌안이다.
> ㉢ 거창사건(1951.2) : 6 · 25전쟁 중이던 1951년 2월 경상남도 거창군 신원면 일대에서 일어난 양민 대량학살사건이다.
> ㉣ 진보당 사건(1958.1) : 조봉암을 비롯한 진보당의 전간부가 북한의 간첩과 내통하고 북한의 통일방안을 주장했다는 혐의로 구속 기소된 사건이다.
> ㉤ 2 · 4파동(1958.12) : 국회에서 경위권 발동 속에 여당 단독으로 신국가보안법을 통과시킨 사건이다.

10 대한민국의 헌정사를 일부 정리하였다. 시대 순으로 맞게 나열하면?

① 제2공화국 수립 – 4월 혁명 – 발췌 개헌 – 사사오입 개헌
② 발췌 개헌 – 사사오입 개헌 – 4월 혁명 – 제2공화국 수립
③ 사사오입 개헌 – 발췌 개헌 – 4월 혁명 – 제2공화국 수립
④ 사사오입 개헌 – 4월 혁명 – 발췌 개헌 – 제2공화국 수립

> **Tip 》** ① **발췌개헌(1952.7)** : 이승만 대통령이 자유당 창당 후 재선을 위해 직선제로 헌법을 고쳐 강압적으로 통과시킨 개헌안이다.
> ② **사사오입 개헌(1954.11)** : 이승만 정권 시절, 헌법 상 대통령이 3선을 할 수 없는 제한을 철폐하기 위해, 당시의 집권당인 자유당이 사사오입의 논리를 적용시켜 정족수 미달의 헌법개정안을 불법 통과한 것이다.
> ③ **4월 혁명(1960.4)** : 제1공화국 자유당 정권이 이승만을 대통령에 당선시키고 이기붕을 부통령으로 당선시키기 위한 개표조작을 하자, 이에 반발하여 부정선거 무효와 재선거를 주장하는 학생들의 시위에서 비롯된 혁명이다.
> ④ **제2공화국 수립** : 1960년 4 · 19혁명으로 제1공화국이 붕괴된 후 1961년 5 · 16군사정변 때까지 존속된 두 번째 공화헌정 체제이다.

11 다음과 같은 주장을 한 단체와 관련이 없는 것은?

> • 전국적으로 정치범 · 경제범을 즉시 석방할 것
> • 서울의 3개월 간의 식량을 보장할 것
> • 치안유지와 건국을 위한 정치활동에 간섭하지 말 것

① 건국동맹을 모체로 한다.
② 송진우, 김성수 등이 주도하여 창설되었다.
③ 건국치안대를 조직하여 치안을 담당하였다.
④ 인민위원회로 전환되기도 하였다.

> **Tip 》** 송진우, 김성수 등 민족주의 우파계열은 건국준비위원회에 참여하지 않았다.

Answer 》 8.④ 9.① 10.② 11.②

12 다음에서 설명하는 정부와 관련이 없는 것은?

> 이 정부는 '조국근대화'의 실현을 가장 중요한 국정목표로 삼아 경제성장에 모든 힘을 쏟는 경제제일주의 정
> 책을 펼쳤다. 이로써 수출이 늘어나고 경제도 빠르게 성장함으로써 절대 빈곤의 상태에서 어느 정도 벗어날
> 수 있었다. 그러나 경제개발에 필요한 자본의 대부분은 외국에서 빌려온 것이었고, 개발을 효율적으로 추진
> 한다는 구실로 국민의 자유를 억압하여 민주주의 발전을 저해하였다.

① 한·일 협정   ② 남북적십자회담

③ 한·중 수교   ④ 유신헌법제정

> **Tip ⟫** 제5공화국(1963~1979)에 해당하는 박정희 정권에 대한 설명이다.
> ① 1961년부터 진행되었으며 1965년 6월에 한·일 기본조약 및 제협정이 조인되었으며 그 해 8월 국회에서 통과되
> 었다.
> ② 1971년 대한적십자사에서 남북한 이산가족 찾기를 위한 남북적십자회담을 북한의 조선적십자회에 제의하였으며,
> 북한의 동의에 의해 회담이 진행되었다.
> ③ 중국과 국교가 수립된 것은 1992년 노태우 정권 때의 사실이다.
> ④ 유신헌법은 7차로 개정된 헌법으로 1972년 10월에 개헌안이 공고되었으며 11월에 국민 투표를 거쳐 12월 27일
> 에 공포·시행되었다.

13 다음 중 1945년 12월에 열린 모스크바 3상 회의에서 결의된 내용으로 옳은 것은?

① 조선의 정당 및 사회 단체와 협의하여 임시조선민주주의 정부를 수립한다.

② 조선 임시정부수립을 원조하기 위해 미·소 공동위원회를 설치한다.

③ 2주일 이내에 미·소 양군 대표회의를 소집한다.

④ 친일파 및 민족반역자를 처벌하기 위한 관련 조례를 만든다.

> **Tip ⟫** 모스크바 3상 회의에서 신탁통치에 대한 의견이 나오자 국내에서는 좌·우익의 대립이 심해졌다. 이러한 대립을 줄
> 이기 위해 좌·우합작운동이 시행되었는데 이때 발표된 좌·우합작7원칙 중 하나이다.

14 다음의 결정이 미친 영향으로 옳지 않은 것은?

> 모스크바 3상 회의에서 한국임시민주정부를 수립하기 위해 미 · 소 공동위원회를 설치하고 한국을 최고 5년 간 미 · 영 · 중 · 소 4개국이 신탁통치를 하기로 결정하였다.

① 미 · 소공동위원회가 두 차례 열렸다.
② 신탁통치에 대한 입장의 차이로 좌우대립이 심해졌다.
③ 김구 등은 반탁운동을 전개하였다.
④ 찬탁세력이 많아 신탁통치를 받았다.

> **Tip 》** 모스크바 3상 회의의 결과 신탁통치가 결정되자 좌 · 우 양측이 모두 반대하였으나 소련의 사주를 받은 좌익이 찬탁으로 입장을 변경하면서 갈등이 생겨났다. 이 과정 중에 2차례의 미 · 소공동위원회가 개최되었으며, 갈등을 줄이기 위해 좌우합작운동도 전개하였으나 실패하였다.
> ④ 신탁통치 결정이 내려졌으나 실제로 신탁통치가 행해진 것은 아니다.

15 다음 중 장면내각에 대한 설명으로 옳지 않은 것은?

① 민간차원의 통일운동을 진행하였다.
② 경제정책으로는 3개년 경제발전계획이 국무회의를 통해 승인되었다.
③ 국토개발계획에 착수하였다.
④ 4 · 19혁명을 통해 성립된 장면 정권은 국민투표를 통해 윤보선을 대통령으로 선출하였다.

> **Tip 》** 1960년 8월 12일 국회의원의 투표를 통해 윤보선이 대통령으로 당선되었다.

Answer 》 12.③ 13.④ 14.④ 15.④

16 토지개혁에 대한 설명으로 옳지 않은 것은?

① 토지개혁은 이승만 정부가 지주의 경제력을 약화시키는 데 목적이 있었다.

② 일반 대지는 물론 비경작지인 산림과 임야도 모두 포함되었다.

③ 1농가당 3정보를 초과하는 소유 농지는 정부가 매수하여 분배한다.

④ 6 · 25를 거치면서 가치가 떨어져 지주들이 대거 몰락했다.

> Tip 》 이승만 정권의 토지개혁에서 임야와 산림, 일반 대지는 제외되었다.

17 다음은 대한민국 정부수립을 전후하여 있었던 주요사건이다. 시기순으로 배열된 것은?

> ㉠ 여운형 암살
> ㉡ 조선민주주의 인민공화국 성립
> ㉢ 제주 4 · 3사건 발발
> ㉣ 대한민국 정부수립 반포
> ㉤ 농지개혁법 공포

① ㉠-㉡-㉣-㉢-㉤

② ㉠-㉢-㉡-㉣-㉤

③ ㉠-㉢-㉣-㉡-㉤

④ ㉢-㉠-㉣-㉡-㉤

> Tip 》 ㉠ 여운형 암살(1947. 7)
> ㉡ 조선민주주의 인민공화국 성립(1948. 9)
> ㉢ 제주 4 · 3사건 발발(1948. 4)
> ㉣ 대한민국 정부수립 반포(1948. 8)
> ㉤ 농지개혁법 공포(1949. 6)

18 다음 중 1945년 광복 이후 우리나라의 정치변화에 대한 설명으로 옳은 것은?

① 이승만은 장기집권을 위하여 대통령간선제의 발췌개헌안을 강압적인 방법으로 통과시켰다.
② 이승만 정권이 붕괴된 후 수립된 과도정부시기에 헌법은 내각책임제와 양원제 국회로 개정되었다.
③ 유신체제로 인하여 우리나라는 의회주의와 삼권분립을 존중하는 민주적 헌정체제가 완성되었다.
④ 10 · 26사태(1979) 직후 민주화를 요구하는 국민들의 요구로 대통령직선제가 실시되었다.

> **Tip 》** ① 발췌개헌안(1952)은 간선제가 아니라 직선제로의 개헌이 이루어진 것이다.
> ② 이승만 정권이 붕괴된 이후 장면 내각이 집권하고 이전의 대통령중심제와 달리 내각책임제와 민의원, 참의원으로 구성된 양원제 의회가 실시되었다.
> ③ 유신헌법(1972)은 박정희가 3선 개헌안을 통과시킨 이후 독재집권을 위해 1972년 10월에 제정한 헌법으로 통일주체회의를 통한 대통령간선제 실시와 긴급조치명령이 포함되어 있다.
> ④ 대통령직선제가 이루어진 것은 1987년 6월 민주항쟁 이후의 결과에서 대통령 5년 단임제와 더불어 나타났다.

19 다음 활동이 실패로 끝난 이유로 옳은 것은?

> 민족적 과제인 일제의 잔재를 청산하기 위하여 반민족행위처벌법이 제정된 후, 이 법에 따라 국회의원 10명으로 구성된 반민족행위특별군사위원회에서 친일혐의를 받았던 주요 인사들을 조사하였다.

① 반공을 우선시하던 이승만 정부의 소극적인 태도 때문에
② 분단을 우려한 인사들이 추진한 남북협상이 실패했기 때문에
③ 갑작스런 6 · 25전쟁의 발발 때문에
④ 자유당 정권이 장기집권을 노리고 부정선거를 자행했기 때문에

> **Tip 》** 정부 수립 후 일제 잔재를 청산하기 위해 조직된 '반민족행위특별조사위원회(반민특위)'는 '반민족행위처벌법'을 제정하여(1949) 그 활동을 시작했지만 성공하지 못했다. 그 이유는 대한민국 정부 수립 과정에 과거 친일세력이 정부의 요직 및 사회 기득권 세력이 되어 반민특위 활동을 방해하고, 이승만 대통령은 냉전이데올로기 속에서 친일보다 반공을 우선으로 생각했기 때문이다.

Answer 》 16.② 17.③ 18.② 19.①

20 남한과 북한의 농지개혁법에 대한 설명 중 옳지 않은 것은?

① 남한의 일부 지주들이 산업자본가로 성장하기도 하였다.
② 북한은 무상몰수 무상분배의 원칙으로 개혁을 진행하였다.
③ 북한 농민의 생산의욕이 높아졌다.
④ 국민들은 지지하지 않았다.

> **Tip ≫** 해방 이후 진행된 남북한의 농지개혁에서 북한은 무상몰수 무상분배의 원칙으로, 남한은 유상몰수 유상분배의 원칙으로 진행되었다. 남한의 경우에는 지주들이 농지개혁 이전에 미리 토지를 매도하여 토지를 자본화하고 이를 산업에 투자함으로써 산업자본가로 성장하게 되었다. 공통점은 이로 인하여 지주제가 철폐되고 농민들은 경작권을 회복할 수 있게 됨으로써 생산의욕이 높아지는 계기가 되었다.

21 다음 대한민국 정부수립과정 중 (   ) 안에 들어갈 사실로 옳지 않은 것은?

> 광복 → 미소군정실시 → (   ) → 남한단독선거 → 정부수립

① 모스크바 3국 외상 회의
② 건국준비위원회
③ 미소공동위원회
④ 좌우합작위원회

> **Tip ≫** 광복 이후 미국은 9월부터, 소련은 8월부터 군정을 실시하였다. 이후 좌우익의 이념 대립을 거치면서 남한만의 단독 총선거를 통해 대한민국 정부가 수립되었다(1948.8.15).
> ① 미, 영, 소의 대표가 한반도 신탁통치안을 결의하였다(1945.12).
> ② 해방과 동시에 여운형을 중심으로 조직된 단체이다(1945.8.15).
> ③ 신탁통치에 대해 좌우익이 찬탁과 반탁으로 대립하자 이를 해소하기 위해 미국과 소련 간에 회담을 개최하였다(1946~1947).
> ④ 좌우익의 이념 대립이 심각해지자 여운형과 김규식을 중심으로 이를 통합하기 위해 조직하였다(1946).

22 다음 중 제헌국회에 대한 설명으로 옳지 않은 것은?

① 남한만의 단독 총선거에 반대한 김구, 김규식은 불참했다.

② 국회의원의 임기는 4년으로 정하였다.

③ 일제시대의 반민족 행위자를 처벌하기 위해 반민족행위처벌법을 제정했다.

④ 1948년 5월 10일 남한만의 단독 총선거로 구성되었다.

> **Tip 》** 제헌국회는 1948년 5월 10일 남한만의 단독 총선거(5·10총선거) 실시로 구성된 초대 국회이다. 이 선거에서 198명의 국회의원이 선출되었으며, 대통령에 이승만, 부통령에 이시영이 선출되었다. 제헌국회는 제헌헌법을 제정하였는데 국회의원의 임기는 2년, 대통령의 임기는 4년으로 정하였다. 그리고 일제시대 반민족행위자를 처벌하기 위한 반민족행위처벌법이 제정되었으나 이후 제대로 실시되지 못했고, 남한만의 단독 총선거에 반대한 김구와 김규식은 참여하지 않았다.
> ② 당시 국회의원의 임기는 2년이었다.

23 다음 중 ㈎의 시기에 일어난 일로 옳은 것은?

> 모스크바 3국 외상 회의 → 1차 미소 공동위원회 → ㈎ → 2차 미소 공동위원회 → 대한민국 건립

① 제주도 4·3사건

② 신탁통치반대운동의 범국민적 통합단체 발족

③ 5·10 총선거

④ 좌우합작운동

> **Tip 》** 1차 미소 공동위원회(1946.3.26~5. 6)와 2차 미소 공동위원회(1947.5.21~10.21)의 사이에 나타난 사건으로는 위조지폐사건(1946.5.15), 김규식, 안재홍, 여운형의 좌우합작운동(1946.7.25), 대구인민항쟁(1946.10) 등이 있다.

Answer 》 20.④ 21.② 22.② 23.④

24 4 · 19 혁명에 대한 설명으로 옳지 않은 것은?

① 이승만 대통령의 독재정치와 장기집권이 배경이 되었다.

② 3 · 15 부정선거가 도화선이 되었다.

③ 대학교수단의 시국선언은 4월 19일 학생 시위를 촉발시켰다.

④ 학생이 앞장서고 시민이 참여한 민주혁명이었다.

> **Tip》** 4 · 19 혁명의 직접적인 원인은 3월 15일 정 · 부통령 선거의 사전계획에 의한 부정선거에 투표 당일 마산에서 부정
> 선거에 항의하는 시위가 발생한 것이 전국적으로 확산된 것이다. 이로 인하여 이승만 정권은 배후에 공산세력이 개
> 입한 혐의가 있다고 조작하여 사태를 수습하려 하였고 4월 11일 마산에서 김주열의 시체가 발견되면서 이승만 정권
> 을 타도하려는 투쟁으로 전환되었다. 4월 19일 학생과 시민들의 대규모 시위에 의하여 정부는 비상계엄을 선포하였
> 으나 군부의 지지가 없고 재야인사들의 이승만 퇴진요구 및 대학교수의 시국선언 발표 · 시위에 의해 자유당 정권은
> 붕괴되었다.

25 4 · 19혁명의 영향으로 볼 수 없는 것은?

① 내가책임제 정부와 양원제 의회가 출범하였다

② 반민족행위자에 대한 처벌법이 제정되었다.

③ 부정축재자에 대한 처벌 요구가 높아졌다.

④ 통일에 관한 논의가 활발하게 제기되었다.

> **Tip》** ② 4 · 19혁명은 이승만정권의 부정부패와 3 · 15일 부정선거 등이 원인이 되어 1960년 4월 19일에 절정을 이룬 항
> 쟁이다. 따라서 4 · 19혁명의 영향으로 반민족 행위 처벌법이 제정되었다고 볼 수 없다.

26 8 · 15 광복의 배경으로 옳은 것을 〈보기〉에서 모두 고른 것은?

〈보기〉

㉠ 제2차 세계 대전에서 일본이 패하였다.
㉡ 우리 민족이 꾸준히 독립운동을 전개하였다.
㉢ 한국광복군의 국내 진입 작전이 성공하였다.
㉣ 모스크바 3국 외상 회의에서 우리 민족의 독립을 약속하였다.

---

① ㉠, ㉡　　　　　　　　　　　② ㉠, ㉢
③ ㉡, ㉢　　　　　　　　　　　④ ㉡, ㉣

> **Tip 》** ㉢ 한국광복군의 국내 진입 작전은 일본의 때 이른 항복으로 실시되지 못하였다. ㉣ 모스크바 3국 외상 회의는
> 8 · 15 광복 이후에 개최되었다.

27 다음 회의들의 공통점으로 알맞은 것은?

• 카이로 선언
• 포츠담 선언

---

① 한반도의 남과 북에 각각 군대를 주둔시켰다.
② 최대 5년간 한반도를 신탁 통치하기로 하였다.
③ 건국 강령을 발표하고 정부 수립을 준비하였다.
④ 연합국 대표들이 우리 민족의 독립을 약속하였다.

> **Tip 》** 제2차 세계 대전 중 연합국 대표들이 만나 전후 처리 문제를 논의하였는데, 카이로 선언에서 우리 민족의 독립을
> 처음으로 약속하였고, 포츠담 선언에서 이것을 다시 확인하였다.

Answer 》　　24.③　25.②　26.①　27.④

28 빈칸에 들어갈 단체와 그 단체를 조직한 중심인물을 바르게 연결한 것은?

> 광복에 대비하기 위해 국내에서 조선 건국 동맹이 결성되었는데, 이 단체는 광복 이후 (   )(으)로 발전
> 하였다.

① 신간회 – 안창호
② 한인 애국단 – 김구
③ 조선 의용대 – 김원봉
④ 조선 건국 준비 위원회 – 여운형

> Tip 》》 국내에서는 여운형을 중심으로 조선 건국 동맹이 결성되어 광복 이후를 대비하였고, 조선 건국 동맹은 이후 조선
> 건국 준비 위원회로 발전하였다.

29 모스크바 3국 외상 회의의 결과로 옳은 것은?

① 임시 민주 정부 수립과 신탁 통치를 결정하였다.
② 미군과 소련군을 즉시 철수시키기로 결정하였다.
③ 유엔 한국 임시 위원단을 파견하기로 결정하였다.
④ 38도선을 경계로 미군과 소련군이 주둔하기로 결정하였다.

> Tip 》》 미국, 소련, 영국의 외무 대표들은 모스크바에 모여 한반도 문제를 논의하였고 이 회의에서 임시 민주 정부 수립,
> 미 · 소 공동 위원회 설치, 최대 5년간의 신탁 통치를 결정하였다.

30 광복 후 대두된 신탁 통치 문제에 대한 설명으로 옳지 않은 것은?

① 신탁 통치 문제를 둘러싼 좌익과 우익의 대립이 심하였다.
② 미·소 공동 위원회에서 한반도에 대한 신탁 통치를 결의하였다.
③ 좌익은 소련의 지시에 따라 신탁 통치에 대한 입장을 바꾸었다.
④ 좌익은 임시 정부 수립에 의의를 두고 모스크바 3국 외상 회의의 결정을 지지하였다.

> **Tip 》** ② 모스크바 3국 외상 회의에서 한반도에 신탁 통치를 결의하였다.

31 다음에서 설명하는 것은?

> 임시 정부 구성 방안을 논의하기 위해 1946년 3월에 개최되었다. 당시 소련은 모스크바 3국 외상 회의 결정을 지지하는 단체만 회의에 참여시키자고 주장하였고, 미국은 이에 반대하였다.

① 얄타 회담
② 카이로 회담
③ 포츠담 회담
④ 미·소 공동 위원회

> **Tip 》** 모스크바 3국 외상 회의의 결정에 따라 임시 정부 구성 방안을 논의하기 위해 미·소 공동 위원회가 열렸다. 그러나 위원회에 참여시킬 정당·사회 단체를 둘러싼 미·소의 갈등으로 위원회는 곧 휴회에 들어갔다.

Answer 》   28.④ 29.① 　30.② 　31.④

32 통일 정부를 수립하기 위해 우리 민족이 벌인 노력을 〈보기〉에서 모두 고른 것은?

> 〈보기〉
> ㉠ 김구와 김규식 등은 북한에 남북 협상을 제의하였다.
> ㉡ 모스크바 3국 외상 회의의 신탁 통치 결정을 수용하였다.
> ㉢ 김규식, 여운형 등의 인사들이 좌우 합작 위원회를 구성하였다.
> ㉣ 미·소 공동 위원회를 통해 민주적인 임시 정부를 수립하는 데 성공하였다.

① ㉠, ㉡   ② ㉠, ㉢
③ ㉡, ㉢   ④ ㉡, ㉣

> Tip 》 ㉡ 모스크바 3국 외상 회의에서 결정한 신탁 통치를 민족주의 진영이 반대하였다.
>
> ㉣ 미·소 공동 위원회는 결렬되고 좌우 세력의 대립이 심해졌다.

33 정부 수립 방법에 대해 다음과 같이 주장한 인물은?

> 지금 전 세계가 둘로 나뉘어 다투고 있습니다. 이러한 상황에서 조국이 분단되면 다시 뭉치기 어렵습니다. 나는 끝까지 통일 정부를 수립하기 위해 노력할 것입니다. 38도선을 베고 쓰러질지언정 단독 정부를 세우는 데는 협력할 수 없습니다.

① 김구   ② 이승만
③ 이광수   ④ 송진우

> Tip 》 통일 정부 수립 과정에서 이승만과 김구는 다른 의견을 보였다. 이승만은 우선 남한만이라도 정부를 세워야 한다는 입장이었고, 김구는 끝까지 통일 정부를 수립하기 위해 노력해야 한다는 입장이었다.

34 유엔이 남한에서의 단독 선거를 결정한 이유로 알맞은 것은?

① 김구, 김규식의 남북 협상이 실패하였기 때문에
② 소련이 유엔 한국 임시 위원단의 방북을 거부하였기 때문에
③ 민족 지도자들이 남한만의 단독 정부 수립을 주장하였기 때문에
④ 좌우 합작 위원회가 좌우익의 의견 차이를 좁히지 못하였기 때문에

> **Tip》** 유엔 총회에서는 남북한의 총선거를 통한 정부 수립을 결의하고 유엔 한국 임시 위원단을 파견하였지만 소련이 이들의 방북을 거부하였다. 이에 유엔은 소총회를 열어 가능한 지역에서라도 선거를 실시하여 정부를 세우기로 결정하였다.

35 다음 사건들을 순서대로 바르게 나열한 것은?

> ㉠ 5 · 10 총선거
> ㉡ 제헌 국회 구성
> ㉢ 제헌 헌법 공포
> ㉣ 대한민국 정부 수립 선포

① ㉠ - ㉡ - ㉢ - ㉣
② ㉠ - ㉢ - ㉡ - ㉣
③ ㉡ - ㉢ - ㉠ - ㉣
④ ㉡ - ㉣ - ㉠ - ㉢

> **Tip》** ㉠ 5 · 10 총선거 실시 - ㉡ 제헌 국회 구성 - ㉢ 제헌 헌법의 제정 및 공포 - ㉣ 대한민국 정부 수립 선포의 순서이다.

Answer 》 　32.② 　33.① 　34.② 　35.①

36 (가), (나) 시기에 일어난 역사적 사실로 옳지 않은 것은?

1945		1948		1950
	(가)		(나)	
광복		5 · 10 총선거		6 · 25 전쟁

① (가) - 제주 4 · 3 사건
② (가) - 미 · 소 공동 위원회 개최
③ (나) - 반민족 행위 처벌법 제정
④ (나) - 좌우 합작 위원회 구성

> **Tip** 》 미 · 소 공동 위원회가 결렬되고, 좌우 대립이 심해지자 김규식과 여운형을 비롯한 중도 계열의 좌우익 인사들이 좌우 합작 위원회를 구성하였다(1946.7.).

37 광복 이후 친일파 청산 작업이 실패한 이유를 고르면?

① 북한의 남침으로 6 · 25 전쟁이 발발하였다.
② 이승만 정부가 반공을 강조하며 친일파 청산에 소극적 태도를 보였다.
③ 반민특위의 활동이 국민의 지지를 얻지 못하였다.
④ 농지 개혁법이 제정되어 토지 재분배가 이루어졌다.

> **Tip** 》 친일파 청산 작업은 좌 · 우의 대립과 이승만 정부의 소극적 태도 등으로 한계에 부딪쳐, 결국 반민특위의 활동은 거의 정지되고 친일파의 처벌도 제대로 이루어지지 않았다.

38 장면 내각 시기에 대한 설명으로 옳지 않은 것은?

① 경제 개발을 위한 5개년 계획안을 마련하였다.
② 부정 선거 관련자 처벌을 위한 법을 제정하였다.
③ 대통령에 윤보선, 국무총리에 장면이 선출되었다.
④ 일본과 관계를 개선하여 한·일 협정을 체결하였다.

> **Tip》** 한·일 협정은 박정희 정부 시기에 체결되었다.

39 이승만 정부에 대한 설명으로 옳지 않은 것은?

① 대통령 간선제를 대통령 직선제로 개정하였다.
② 장기 집권을 위해 여러 차례 헌법을 개정하였다.
③ 경제 위기를 극복하기 위해 경제 개발 계획을 실시하였다.
④ 미국의 무상 원조가 줄어들어 경제적 어려움을 겪었다.

> **Tip》** 이승만 정부는 장기 집권을 위해 대통령 직선제로 헌법을 개정하였고, 사사오입 개헌까지 추진하여 권력을 유지하였다.
> ③ 경제 개발 5개년 계획은 박정희 정부 시기에 추진되었다.

Answer 》 36.④ 37.② 38.④ 39.③

40 다음 사건을 배경으로 일어난 민주화 운동은?

> 자유당은 1960년 3월 15일에 치러질 정·부통령 선거에서 이기기 위해 유권자 수 조작, 폭력배 동원, 투표함 교체 등 각종 부정을 저질렀다. 이 소식이 알려지자 선거 전부터 부정 선거에 항의하는 시위가 전개되었고, 선거 당일에도 마산을 비롯해 전국 각지에서 부정 선거 규탄 집회가 열렸다.

① 6·25 전쟁
② 4·19 혁명
③ 제주 4·3 사건
④ 5·16 군사 정변

> **Tip》** 이승만 정부와 자유당이 집권을 위해 3·15 부정 선거를 일으키자 4·19 혁명이 일어났다. 그 결과 자유당 정부가 붕괴되었다.

41 다음과 같은 사건에 저항하여 일어난 민주화 운동에 대한 설명으로 옳지 않은 것은?

> • 4할 사전 투표
> • 3인조, 9인조 공개 투표
> • 완장 부대 활용
> • 야당 참관인 축출

① 대학교수들도 부정 선거를 규탄하는 거리 행진을 벌였다.
② 이승만 정부는 민주화 운동을 막기 위해 10월 유신을 선포하였다.
③ 정부는 계엄령을 전국 대도시로 확대하고 군대를 동원하여 시위를 막았다.
④ 이승만이 대통령직에서 물러나고, 자유당 정부가 붕괴되는 결과를 가져왔다.

> **Tip》** 제시된 자료는 3·15 부정 선거의 유형이다. 3·15 부정 선거에 저항하여 1960년 4월 19일부터 서울을 비롯한 전국 곳곳에서 대규모 시위가 전개되었는데, 이를 4·19 혁명이라고 한다.

42 4·19 혁명의 의의를 옳게 설명한 학생을 모두 고른 것은?

> 재중 – 이후 민주주의가 발전하는 토대가 되었지.
> 윤호 – 일부 군인 세력이 군사 정변을 일으켜 정권을 장악한 사건이야.
> 유천 – 다양한 계층이 참여하여 독재 정권을 물리치고 헌법을 개정하였지.
> 준수 – 남한만의 선거에 반대하고 통일 정부를 수립하기 위한 노력이었어.

① 재중, 윤호　　　　　　　　② 재중, 준수
③ 재중, 유천　　　　　　　　④ 윤호, 유천

> **Tip 》** 4·19 혁명으로 이승만은 대통령직에서 물러났고, 자유당 정부도 붕괴되었다. 이러한 4·19 혁명은 학생을 비롯한 다양한 계층이 참여하여 독재 정권을 물리친 민주주의 혁명으로, 이후 민주주의 발전의 토대가 되었다. 윤호는 5·16 군사 정변, 준수는 남북 협상에 대해 설명하고 있다.

43 장면 내각에 대한 설명으로 옳지 않은 것은?

① 4·19 혁명 이후 수립되었다.
② 반민주 세력을 처벌하기 위한 법을 제정하였다.
③ 대통령에 윤보선, 국무총리에 장면이 선출되었다.
④ 시민들의 독재 잔재 청산, 경제 개발, 남북 관계 개선 요구에 적절히 대응하였다.

> **Tip 》** ④ 시민들은 독재 잔재 청산, 경제 개발, 남북 관계 개선 등을 요구하는 운동을 벌였으나 장면 내각은 이러한 요구에 적절히 대응하지 못하여 시민들의 반발을 샀다.

Answer 》　40.② 41.② 42.③ 43.④

44 다음 연표의 ㈎ 시기에 있었던 사실을 〈보기〉에서 모두 고른 것은?

	1960			1961	
			㈎		
	4 · 19 혁명			5 · 16 군사 정변	

〈보기〉

㉠ 한 · 일 국교 정상화를 추진하였다.
㉡ 내각 책임제로 헌법을 개정하였다.
㉢ 경제 개발 5개년 계획안을 마련하였다.
㉣ 장기 집권을 위한 사사오입 개헌이 추진되었다.

① ㉠, ㉡
② ㉠, ㉢
③ ㉡, ㉢
④ ㉡, ㉣

Tip 》 ㈎는 장면 내각이 성립된 시기이다. 내각 책임제로 헌법을 개정한 후 수립된 장면 내각은 경제 개발 5개년 계획안을 마련하였다.
㉠ 박정희 정부 시기, ㉣ 이승만 정부 시기의 일이다.

45 박정희 정부의 유신 체제에 대한 설명으로 옳지 않은 것은?

① 유신 헌법을 선포하면서 등장한 독재 체제였다.
② 권력 내부의 분열과 10 · 26 사태를 계기로 붕괴되었다.
③ 대통령에게 국회 해산권, 긴급 조치권 등을 부여하였다.
④ 국가 재건 최고 회의에서 대통령을 간접 선거로 선출하였다.

Tip 》 ④ 박정희 정부는 유신 체제를 성립하고 유신 헌법을 선포하였다. 이 헌법은 임기 6년의 대통령을 통일 주체 국민 회의에서 간접 선거로 뽑도록 하고, 대통령 중임 제한을 없애는 것이었다.

46 다음 사건 이후에 발생한 일로 옳지 않은 것은?

> 1961년 박정희를 중심으로 한 일부 군부 세력이 사회 혼란을 빌미로 군사 정변을 일으켜 권력을 장악하였다.

① 반공을 제일의 과제로 내세웠다.
② 대통령 중심제로 헌법을 개정하였다.
③ 국가 재건 최고 회의를 만들어 군정을 실시하였다.
④ 의회의 다수를 차지한 민주당이 장면을 국무총리로 선출하였다.

　　Tip 》 제시된 자료는 박정희의 5·16 군사 정변에 대한 설명이다.
　　　　④ 장면 내각에 대한 설명이다.

47 다음과 같은 일들이 발생한 시기를 연표에서 고르면?

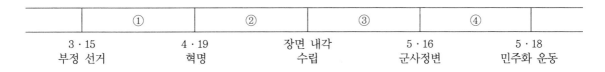

> • 경제 발전에 필요한 자금을 마련하기 위해 한·일 국교 정상화를 추진하였다.
> • 한·미 동맹 강화와 군 현대화, 차관을 통한 경제적 이득 등을 고려해 베트남 파병을 결정하였다.

	①	②	③	④	
3·15 부정 선거	4·19 혁명	장면 내각 수립	5·16 군사정변	5·18 민주화 운동	

　　Tip 》 제시된 자료는 5·16 군사 정변 이후 수립된 박정희 정부의 주요 정책들이다.

48 다음 사건들을 순서대로 바르게 나열한 것은?

> ⊙ 4 · 19 혁명   ⓛ 5 · 16 군사 정변
> ⓒ 장면 내각의 성립   ⓔ 박정희 정부 출범

① ⊙ - ⓛ - ⓒ - ⓔ
② ⊙ - ⓒ - ⓛ - ⓔ
③ ⓒ - ⓛ - ⓔ - ⊙
④ ⓒ - ⓔ - ⓛ - ⊙

> **Tip 》** ⊙ 4 · 19 혁명(1960) - ⓒ 장면 내각의 성립(1960) - ⓛ 5 · 16 군사 정변(1961) - ⓔ 박정희 정부 출범(1963)의 순서이다.

49 밑줄 친 부분에 해당하는 사건은?

> 박정희 대통령이 피살된 후, 국무총리 최규하가 통일 주체 국민 회의를 통해 대통령에 당선되었다. 그러나 <u>전두환을 중심으로 한 신군부가 군사 반란을 일으켜 실권을 장악하였다.</u>

① 10 · 26 사태
② 12 · 12 사태
③ 6월 민주 항쟁
④ 5 · 16 군사 정변

> **Tip 》** 1979년 전두환을 중심으로 한 신군부은 12 · 12 사태를 일으켜 정권을 장악하였다.

50 5 · 18 민주화 운동에 대한 설명으로 옳은 것을 〈보기〉에서 모두 고른 것은?

〈보기〉
㉠ 국민은 유신 철폐와 신군부 퇴진 등을 주장하였다.
㉡ 이승만 정부의 부정부패와 3 · 15 부정 선거에 저항하였다.
㉢ 광주 시민들은 계엄군의 무력 진압에 맞서 시민군을 조직하였다.
㉣ YH 무역의 여성 노동자들은 회사의 부당 폐업에 항의하여 신민당 당사에서 농성하였다.

① ㉠, ㉡   ② ㉠, ㉢
③ ㉡, ㉢   ④ ㉡, ㉣

Tip 》 12 · 12 사태 이후 시민들이 신군부에 맞서 유신 철폐와 신군부 퇴진 운동을 전개하자 신군부가 비상 계엄령을 전국
으로 확대하고 민주화 운동을 탄압하였다. 이 과정에서 일어난 대표적 사건이 5 · 18 민주화 운동이다.
㉡ 4 · 19 혁명, ㉣ 유신 체제 반대 운동과 관련된 내용이다.

51 다음과 같은 정책을 실시한 정부는?

• 7년 단임의 대통령 간선제를 내용으로 하는 개헌을 단행하였다.
• 사회 통제를 강화하기 위해 언론사를 통폐합하고 뉴스를 사전 검열하였다.
• 사회 정화를 내세워 삼청교육대를 운영하였다.

① 박정희 정부   ② 전두환 정부
③ 노태우 정부   ④ 김영삼 정부

Tip 》 5 · 18 민주화 운동을 진압하고 수립된 전두환 정부는 사회 통제를 강화하고 민주화 운동을 탄압하였다.

Answer 》   48.② 49.② 50.② 51.②

52 다음 기관들의 공통점으로 알맞은 것은?

> • 통일 주체 국민 회의
> • 대통령 선거인단

① 간접 선거로 대통령을 선출하였다.
② 유신 헌법에 근거하여 설립되었다.
③ 국회의 다수당 의원들로 구성하였다.
④ 민주주의가 진전하는 계기를 마련하였다.

> Tip 》 박정희 정부는 임기 6년의 대통령을 통일 주체 국민 회의에서 간접 선거로 뽑도록 하였다. 한편, 전두환 정부는 임기 7년의 대통령을 대통령 선거인단의 간접 선거를 통해 뽑도록 하였다.

53 6월 민주 항생에 대한 설명으로 옳은 것은?

① 유신 철폐와 신군부 퇴진 운동을 전개하였다.
② 내각 책임제 정부가 등장하는 계기를 마련하였다.
③ 대통령 직선제를 기초로 하는 헌법 개정을 가져왔다.
④ 김주열의 시신이 발견되면서 시위가 더욱 격화되었다.

> Tip 》 6월 민주 항쟁의 결과, 전두환 정부는 대통령 직선제 개헌을 약속하는 내용을 포함한 시국 선언을 발표하였다.
> ① 5 · 18 민주화 운동, ②, ④ 4 · 19 혁명에 대한 설명이다.

54 (개) 시기에 일어난 일로 옳지 않은 것은?

전두환 정부	➡	(개)	➡	김대중 정부

① 금융 실명제를 실시하였다.
② 1988년 서울 올림픽 대회를 개최하였다.
③ 금융 위기를 맞아 국제 통화 기금의 지원을 받았다.
④ 야간 통행금지를 해제하고 해외여행을 자유화하였다.

Tip 》 제시된 표의 (개)에는 노태우 정부와 김영삼 정부가 해당된다. ①, ③ 김영삼 정부, ② 노태우 정부, ④ 전두환 정부
에 대한 설명이다.

55 빈칸에 공통적으로 들어갈 알맞은 인물은?

> 1998년 평화적 정권 교체를 통해 집권한 (   ) 정부는 경제 위기를 극복하고, 교육 개혁과 사회 개혁
> 을 실시하였다. 또한 (   ) 대통령은 한반도 평화 정착을 위해 노력한 공로를 인정받아 노벨 평화
> 상을 수상하기도 하였다.

① 전두환   ② 노태우
③ 김영삼   ④ 김대중

Tip 》 제시된 내용은 김대중 대통령에 대한 설명이다.

Answer 》   52.① 53.③ 54.④ 55.④

56 각 정부에 대한 설명으로 옳지 않은 것은?

① 전두환 정부 - 역사 바로 세우기 운동을 전개하였다.

② 노태우 정부 - 북방 외교를 추진하여 사회주의 국가들과 수교를 맺었다.

③ 김영삼 정부 - 금융 실명제를 실시하였으며, 지방 자치 제도를 전면적으로 실시하였다.

④ 김대중 정부 - IMF 관리 체제를 극복하였으며 한반도의 평화 정착을 위해 노력하였다.

> **Tip 》》** ① 김영삼 정부 시기에 역사 바로 세우기 운동을 전개하였다. 이때 12·12 사태, 5·18 민주화 운동과 관련된 전두환, 노태우 두 전직 대통령이 구속되기도 하였다.

57 〈보기〉에서 민주화 운동에 해당하는 것을 모두 고른 것은?

〈보기〉

㉠ 10월 유신 ㉡ 12·12 사태
㉢ 4 19 혁명 ㉣ 6월 민주 항쟁
㉤ 5·18 민주화 운동

① ㉠, ㉡, ㉢　　　　　　　　② ㉠, ㉢, ㉣

③ ㉡, ㉢, ㉣　　　　　　　　④ ㉢, ㉣, ㉤

> **Tip 》》** 우리나라는 4·19 혁명, 5·18 민주화 운동, 6월 민주 항쟁 등 민주화 운동을 통해 민주주의를 정착시켰다.
> ㉠ 1972년 박정희 정부는 영구 집권을 위해 10월 유신을 선포하고 헌법을 개정하였다.
> ㉡ 1979년 전두환을 중심으로 한 신군부가 군사 반란을 일으켜 실권을 장악한 사건을 12·12 사태라고 한다.

58 다음 선언과 같은 민주화 운동이 일어난 직후 수립된 정권에서 추진한 정책으로 옳은 것은?

> 국가의 미래요 소망인 꽃다운 젊은이를 야만적인 고문으로 죽여 놓고, 그것도 모자라서 뻔뻔스럽게 국민을 속이려 하였던 현 정권에게 국민의 분노가 무엇인지 분명히 보여 주고 국민적 여망인 개헌을 일방적으로 파기한 4·13 폭거를 철회시키기 위한 민주 장정을 시작한다.

① 베트남 파병
② 언론사 통폐합
③ 서울 올림픽 개최
④ 금융 실명제 실시

> **Tip 》** 자료는 6월 민주 항쟁 과정에서 발표된 선언문이다. 6월 민주 항쟁 직후 수립된 노태우 정권에서 서울 올림픽이 개최되었다.

59 다음 내용을 통해 알 수 있는 경제 상황에 대한 설명으로 옳은 것은?

> 경제 위기가 일어나며 많은 기업들이 도산하였다. 이에 시민들이 자발적으로 자신이 소유하던 금을 나라에 기부하는 운동이 전개되었다. 전국 누계 약 350만 명이 참여한 이 운동으로 약 227 톤의 금이 모였다.

① 노동력 중심의 경공업 산업이 성장하였다.
② 외환 위기로 국제 통화 기금으로부터 긴급 구제 금융 지원을 받았다.
③ 원조 물자를 이용한 소비재 공업이 발달하였다.
④ 석유 수출국 기구가 석유 가격을 급격히 인상하였다.

> **Tip 》** 금모으기 운동은 외환 위기로 인해 IMF(국제 통화 기금)로부터 긴급 구제 금융 지원을 받는 위기 속에서 시민들이 적극적으로 참여하여 큰 호응을 얻었다.

Answer 》   56.① 57.④ 58.③ 59.②

60 〈보기〉의 역사적 사실들을 순서대로 옳게 나열한 것은?

〈보기〉

㉠ G20 정상 회의를 개최하였다.
㉡ 최초로 남북 정상 회담을 열었다.
㉢ 경제 협력 개발 기구(OECD)에 가입하였다.
㉣ 소련, 중국 등 사회주의 국가들과 국교를 맺었다.

① ㉠ – ㉢ – ㉣ – ㉡
② ㉢ – ㉡ – ㉠ – ㉣
③ ㉢ – ㉣ – ㉡ – ㉠
④ ㉣ – ㉢ – ㉡ – ㉠

Tip 》 ㉠ – 이명박 정부, ㉡ – 김대중 정부, ㉢ – 김영삼 정부, ㉣ – 노태우 정부 때의 일이다.

필수유형문제

6 · 25전쟁의 원인과 책임 **04**

1 북한의 6 · 25전쟁 준비에 대한 설명으로 옳지 않은 것은?

① 표면적으로는 평화통일을 주장하며 통일 정부 수립을 제안하였다.

② 위장 평화 공세를 위해 38도선에서 군사적 충돌을 최대한 자제하였다.

③ 소련에서 최신 무기를 도입하고 중국에서 조선의용군을 편입하였다.

④ 전쟁 직전 북한의 지상군은 약 20만 명으로 남한의 2배에 달했다.

> **Tip** ② 북한은 위장 평화 공세와 대남 적화 전략을 동시에 추진하였다. 38도선상에서 무력충돌은 1949년에 가장 빈번하게 발생되었고 이는 6 · 25전쟁 발발 이전까지 지속되었다.

2 (가)에 들어갈 내용으로 옳은 것은?

[6 · 25전쟁의 전개 과정]

북한의 남침 ▶ 인천상륙작전 ▶ 서울 수복 ▶ (가)

▶ 1 · 4 후퇴 ▶ 서울 재수복 ▶ 정전 협정 체결

① 유엔군 참전   ② 중공군 참전

③ 한강대교 폭파   ④ 군사분계선 설정

> **Tip** 인천상륙작전으로 서울을 탈환하는 데 성공했지만 중공군의 참전으로 전세가 다시 역전되었고 평양과 서울이 차례로 다시 북한군의 손에 들어갔다.

Answer 》   60.④ / 1.② 2.②

3 다음 밑줄 친 '전쟁' 중에 있었던 사실로 옳은 것은?

> － 피란 중에도 천막 학교 운영 －
>
> 1950. 11. 11
>
> (전략) … 임시 수도인 부산을 비롯하여 곳곳에서 천막 학교가 등장하고 있다. 수업 현장에서는 <u>전쟁</u> 중에도 학업을 이어가려는 뜨거운 열기가 여실히 느껴졌다.

① 조선건국준비위원회가 조직되었다.
② 대한민국 헌법이 제정되었다.
③ 인천상륙작전이 전개되었다.
④ 5 · 10 총선거가 실시되었다.

> **Tip 》** 밑줄 친 전쟁은 6 · 25전쟁이다. 보기 중 전쟁 중에 있었던 사건은 인천상륙작전이다.
> ① 1945년 ②④ 1948년

4 다음 빈칸에 들어갈 전쟁이 발발하기 이전에 있었던 일이 아닌 것은?

> － 통계로 보는   전쟁 －
> • 전쟁 기간 : 1950～1953년
> • 민간인 사망 : 65만 명 이상
> • 전쟁고아 : 10만여 명
> • 이산가족 : 1,000만여 명

① 모스크바 3상회의가 개최되었다.
② 이승만이 정읍에서 단독정부 수립을 주장하였다.
③ 제주도에서 단독선거에 반대하는 주민들을 무력으로 탄압하였다.
④ 내각 책임제 개헌으로 장면 내각이 들어섰다.

> **Tip 》** 빈칸에 들어갈 전쟁은 6 · 25전쟁이다. 내각 책임제 개헌은 1960년 제3차 개정 때의 일이다.
> ① 1945년 ② 1946년 ③ 1948년

5 다음 연표의 (개), (내) 시기에 있었던 사실로 옳은 것은?

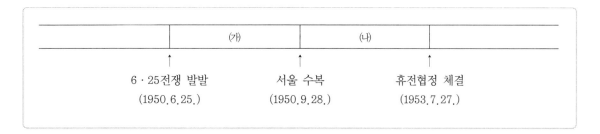

	(개)	(내)	
↑	↑	↑	
6 · 25전쟁 발발 (1950.6.25.)	서울 수복 (1950.9.28.)	휴전협정 체결 (1953.7.27.)	

① (개)-인천상륙작전이 실시되었다.
② (개)-중국군의 참전으로 인해 한국군은 서울에서 후퇴하게 되었다.
③ (내)-애치슨 선언이 발표되었다.
④ (내)-유엔 안전보장이사회에서 유엔군 파병이 결정되었다.

> **Tip** 》 ① 인천상륙작전 : 1950.9.15. →(개)
> ② 중국군 참전 : 1950.10.19. →(내)
> ③ 애치슨 선언 : 1950.1.10. →6 · 25전쟁 이전
> ④ 유엔군 파병 : 1950.6.27. →(개)

6 6 · 25 전쟁의 배경으로 볼 수 없는 것은?

① 38도선의 설정과 미군정, 소련군이 진주하였다.
② 남한과 북한의 적대감과 보복감이 팽배해졌다.
③ 미국 국무장관 애치슨이 극동 방위선에서 한국을 제외하였다.
④ 군사 고문단 500명만을 남기고 주한 미군이 철수하였다.

> **Tip** 》 ② 6 · 25 전쟁의 결과로 남한과 북한의 서로에 대한 적대감이 증가하여 남한군은 북한과 관련된 자들을 '빨갱이'로
> 몰아 죽였고, 북한군은 남한과 관련된 자들을 '반동분자'로 몰아 죽였다.

Answer 》 3.③ 4.④ 5.① 6.②

7 6 · 25 전쟁의 결과로 옳지 않은 것은?

① 농지개혁법이 중단되었다.

② 전국적인 전쟁 피해도 모든 물건의 수요가 늘어 경제 호황이 시작되었다.

③ 생산시설의 42%가 파괴되었으며 수백만 명의 사상자가 발생하였다.

④ 임시로 나뉜 38도선이 휴전선으로 굳어졌다.

> Tip 》 ② 전비 지출로 인해 인플레이션이 가속화된 데다가 물가 폭등과 물자 부족으로 국민 생활의 어려움이 극심했다.

8 다음의 사건이 올 수 있는 시기로 옳은 것은?

> 쌍방의 사령관들은 그들의 통제 아래에 있는 모든 군사력이 일체 적대 행위를 완전히 정지하도록 명령한다. … 본 정전 협정의 효력을 발생하는 당시의 쌍방에서 수용하고 있는 모든 전쟁 포로의 석방과 송환은 본 정전 협정 조인 전에 쌍방이 합의한 바에 따라 집행한다.

한강대교 폭파 → 인천상륙작전 → 소련이 유엔에 휴전제의 → 반공포로석방
　　　　　①　　　　　　　　　②　　　　　　　　　　　③　　　　　　　　　　④

> Tip 》 제시된 글은 정전 협정 조인(1953.7.27, 판문점)의 정전 협정서이다.
> 한강대교 폭파(1950.6.28) → 인천상륙작전(1950.9.15) → 소련이 유엔에 휴전제의(1951.6) → 반공포로석방(1953.6.18)
> → 정전 협정 조인(1953.7.27)

9 빈칸에 들어갈 알맞은 말은?

북한의 남침으로 인해 국군은 낙동강 유역까지 후퇴하였다. 전열을 가다듬은 국군과 유엔군은 (   )(으)로 전세를 역전시킬 수 있는 계기를 마련하였다.

① 1 · 4 후퇴
② 포로 송환
③ 중국군 개입
④ 인천 상륙 작전

Tip 》 ④ 인천상륙작전은 1950년 9월 6 · 25 전쟁 당시 국제 연합(UN)군이 인천에 상륙하여 조선 인민군의 후방을 타격하고 이후의 전세를 일변시킨 군사 작전이다.

10 6 · 25 전쟁에 대한 설명으로 옳지 않은 것은?

① 북한군의 기습 남침으로 시작되었다.
② 국군과 유엔군은 인천 상륙 작전에 성공하였다.
③ 중국군과 소련군은 개입하지 않고 중립을 지켰다.
④ 수많은 사상자와 전쟁고아, 이산가족이 생겨났다.

Tip 》 ③ 중국군과 소련군은 북한의 편에서 6 · 25 전쟁에 개입하였다.

Answer 》 7.② 8.④ 9.④ 10.③

11 6·25 전쟁 중의 휴전 회담과 휴전 협정에 관련된 내용으로 옳지 않은 것은?

① 휴전 협정에 서명한 나라는 미국, 북한, 중국, 소련이다.
② 소련이 유엔을 통해 휴전 회담을 제의하였다.
③ 유엔군 측은 포로의 자유 송환을, 공산군 측은 강제 송환을 주장했다.
④ 휴전 협정으로 군사정전위원회와 중립국 감시위원단이 설치되었다.

> **Tip 》** ① 휴전 협정에 서명한 나라는 북한과 중국, 그리고 미국이다. 소련은 휴전 협정을 맺을 때 참가하지 않았다.

12 다음 중 6·25전쟁 이후 우리나라 경제에 대한 설명으로 옳은 것은?

① 농업 분야의 복구가 가장 먼저 이루어져 안정적인 식량공급이 가능해졌다.
② 귀속 재산의 민간 불하 과정에서 부정 특혜를 입은 사람이 많았다.
③ 미국의 원조 물자는 주로 식량, 시멘트, 휘발유 등의 원자재 중심이었다.
④ 기계 공업과 같은 생산재 산업은 급성장하였으나 소비재 산업은 발전하지 못했다.

> **Tip 》** ① 농업 분야의 복구는 제대로 이루어지지 못하였다.
> ② 일본의 국·공유재산, 일본인의 사유재산을 불하 하였는데 연고자·관리인·임차인을 중심으로 이루어졌다.
> ④ 소비재 산업은 발전하였으나 생산재 산업이 발전하지 못해 수입의존도가 높았다.

13 (가)~(라) 사진을 보고 학생들이 나눈 대화의 내용으로 옳은 것을 〈보기〉에서 고른 것은?

⊙ (가) – 서울 수복의 발판을 마련하였어.
ⓒ (나) – 1 · 4 후퇴의 계기가 되었지.
ⓒ (다) – 미국의 동의로 이루어졌어.
ⓔ (라) – 애치슨 선언의 배경이 되었지

① ⊙, ⓒ   ② ⊙, ⓒ
③ ⓒ, ⓒ   ④ ⓒ, ⓔ

Tip 》 (가) – 맥아더 장군의 지휘로 전개된 유엔군의 인천 상륙 작전이 성공함에 따라 전세는 역전되었고, 국군과 유엔군의 반격도 본격적으로 시작되었고, 서울을 빼앗긴 지 3개월 만인 9월 29일에 서울을 되찾게 되었다.
     (나) – 대규모의 중국군이 파견되자 유엔군과 군국은 38도선 이북에서 대대적인 철수를 계획하였고, 중국군의 남진에 밀려 철수하였고, 1951년 1월 4일에 다시 서울을 내주게 되었다.
     (다) – 반공 포로 석방은 이승만 대통령의 단독 결정이었다.
     (라) – 한미 상호 방위 조약은 1953년 10월에 체결되어 11월에 발효된 대한민국과 미국 간의 상호 방위 조약이다.

Answer 》   11.①   12.③   13.①

14 6·25 전쟁 관련 역할극 시나리오이다. 일어난 순서대로 바르게 배열한 것은?

> ㉠ "백두산이 코앞인데 중공군이 개입해서 후퇴해야겠어."
> ㉡ "인천 상륙 작전으로 국군과 유엔군이 전세를 역전시켰답니다."
> ㉢ "휴전 협상이 시작한 것이 언제인데 아직까지 휴전이 이뤄지지 않는 거야!"
> ㉣ "북한군이 쳐들어온다. 오늘 새벽에 기습을 했다는데, 어서 피난을 가야 할 것 같아."

① ㉠ - ㉡ - ㉢ - ㉣
② ㉡ - ㉢ - ㉠ - ㉣
③ ㉢ - ㉡ - ㉣ - ㉠
④ ㉣ - ㉡ - ㉠ - ㉢

> **Tip》** 6·25 전쟁은 북한국의 남침→정부의 부산 피난→유엔군과 국군의 인천 상륙 작전 성공→압록강까지 진격→중국군의 개입으로 후퇴→38도선 부근의 치열한 공방전→휴전 협정 체결의 과정을 거친다.

15 6·25 전쟁의 전개 과정을 나타낸 지도이다. 순서대로 바르게 나열한 것은?

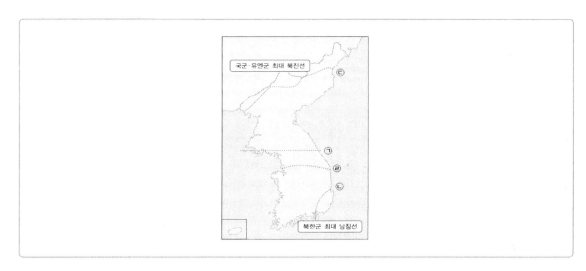

① ㉠ - ㉡ - ㉢ - ㉣
② ㉡ - ㉢ - ㉣ - ㉠
③ ㉠ - ㉣ - ㉡ - ㉢
④ ㉡ - ㉣ - ㉠ - ㉢

> **Tip》** 6·25 전쟁은 북한국의 남침→정부의 부산 피난→유엔군과 국군의 인천 상륙 작전 성공→압록강까지 진격→중국군의 개입으로 후퇴→38도선 부근의 치열한 공방전→휴전 협정 체결의 과정을 거친다.

16 다음 지도는 6 · 25 전쟁의 순서와 관련된 것이다. 4개의 지도를 시간 순서대로 연결한 것은?

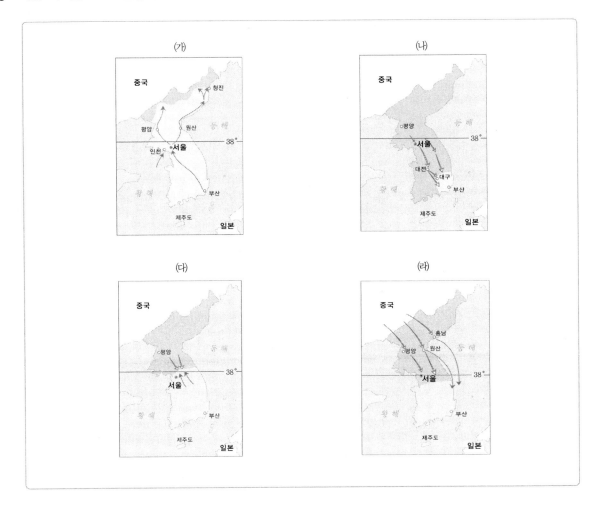

① (가) – (나) – (다) – (라)　　　　② (가) – (다) – (나) – (라)
③ (나) – (가) – (다) – (라)　　　　④ (나) – (가) – (라) – (다)

> **Tip** 》(나)는 북한군의 남침(1950.6~9), (가)는 유엔군의 참전과 북진(1950.9~11), (라) 중국군의 개입과 후퇴(1950.10~1951.1),
> (다) 전선의 고착과 정전(1951.1~1953.7)이며, 그렇기 때문에 시간 순으로 배열하면 (나) – (가) – (라) – (다)이다.

Answer 》 14.④ 15.② 16.④

17 다음은 6·25 전쟁 중에 일어난 사건들이다. 시기 순으로 옳게 나열한 것은?

> (가) 국군과 유엔군이 평양을 탈환하였다.
> (나) 북한군이 낙동강까지 밀고 내려왔다.
> (다) 전쟁에 중국군이 개입하면서 서울을 빼앗기고 후퇴하였다.
> (라) 국군과 유엔군이 인천상륙작전으로 전세를 뒤집고 서울을 되찾았다.

① (가) - (나) - (다) - (라)   ② (가) - (나) - (라) - (다)
③ (나) - (라) - (가) - (다)   ④ (다) - (나) - (가) - (라)

Tip 》 (가) 1950년 10월 19일, (나) 1950년 9월 2일, (다) 1950년 10월 25일, (라) 1950년 9월 28일의 사실이다.

18 6·25 전쟁의 영향으로 옳은 것을 〈보기〉에서 고른 것은?

> 〈보기〉
> ㉠ 남북 간의 분단이 고착화되었다.
> ㉡ 남북의 민주주의 발전에 크게 기여하였다.
> ㉢ 전쟁 특수를 통해 산업 시설이 증가하였다.
> ㉣ 수많은 전쟁 고아와 이산가족이 발생하였다.

① ㉠, ㉡   ② ㉠, ㉣
③ ㉡, ㉢   ④ ㉡, ㉣

Tip 》 6·25 전쟁으로 남북 모두 대부분의 건물과 산업 시설이 파괴되는 등 전 국토가 황폐해졌다. 그리고 휴전 이후 남한에서는 이승만 정부가 반공을 앞세워 권력을 강화하였고, 북한에서는 김일성 독재 체제가 구축되었다.

19 (개)에 들어갈 사실로 옳지 않은 것은?

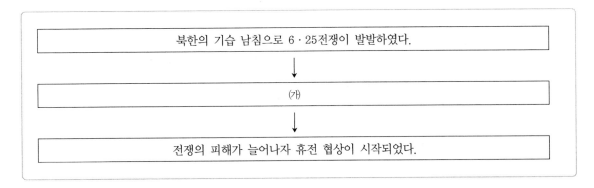

① 1 · 4 후퇴 ② 중국군 참전
③ 애치슨 선언 발표 ④ 인천 상륙 작전 전개

> **Tip 》** 애치슨 선언은 전쟁 발발 이전에 발표되었다.

20 (개)~(라)는 6 · 25 전쟁 과정에서 일어난 일들이다. 이를 순서대로 나열한 것은?

> (개) 1950년 6월 25일 북한이 남침을 강행하였다.
> (내) 유엔군과 공산군은 휴전 협정을 체결하였다.
> (대) 중국군이 개입하자 국군과 유엔군은 다시 서울을 빼앗겼다.
> (라) 인천 상륙 작전을 통해 국군과 유엔군이 서울을 되찾고 압록강까지 진격하였다.

① (개) - (라) - (내) - (대) ② (개) - (라) - (대) - (내)
③ (내) - (대) - (개) - (라) ④ (내) - (대) - (라) - (개)

> **Tip 》** 6 · 25 전쟁은 '(개) 북한의 남침 - 유엔군 참전 - (라) 인천 상륙 작전 - 서울 수복 - 압록강 진격 - (대) 중국군 개입 - 38도선 부근의 공방전 - (내) 휴전 협정 조인'의 순서대로 전개되었다.

Answer 》 17.③ 18.② 19.③ 20.②

04. 6 · 25전쟁의 원인과 책임 **215**

21 지도와 같이 전개된 전쟁에 대한 설명으로 옳지 않은 것은?

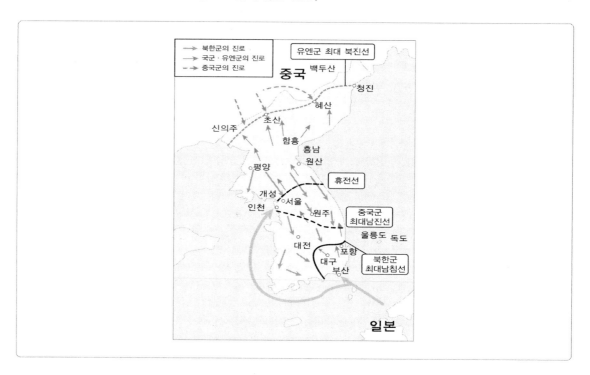

① 북한군의 남침으로 시작되었다.

② 북한은 미국의 지원을 받아 군사력을 키웠다.

③ 북한의 요청으로 중국군이 전쟁에 개입하였다.

④ 유엔 안전 보장 이사회가 열려 유엔군이 파병되었다.

Tip 》 ② 북한은 소련의 지원을 받아 군사력을 키웠고, 1950년 6월 25일에 기습적인 남침을 감행하였다.

22 6 · 25 전쟁의 결과로 옳지 않은 것은?

① 전쟁고아와 이산가족 발생
② 북한에 민주주의 정부 수립
③ 우리 민족 간의 불신과 적대감 증대
④ 분단의 고착화로 문화적 이질감 발생

> **Tip》** 6 · 25 전쟁은 남한과 북한 모두에게 커다란 인적 · 물적 피해를 남겼다. ② 남한에서는 이승만 정부가 반공을 내세워 정권을 연장하였고, 북한에서는 김일성이 반대파를 제거하고 독재 체제를 갖추었다.

23 6 · 25 전쟁에 참여한 각국에 대한 설명으로 옳은 것은?

① 북한 – 유엔군의 지원을 받았다.
② 중국 – 남한의 요청으로 전쟁에 개입하였다.
③ 미국 – 유엔군의 일부로 전쟁에 참여하였다.
④ 소련 – 북한에 대한 군사적 지원을 거부하였다.

> **Tip》** ① 유엔군은 남한을 지원하였다.
> ② 중국은 북한의 요청으로 전쟁에 개입하였다.
> ④ 소련은 북한에 대한 군사적 지원을 제공하였다.

Answer 》 21.② 22.② 23.③

24 ㈎~㈑는 6·25 전쟁 과정에서 발생한 사건들이다. 이를 일어난 순서대로 나열한 것은?

> ㈎ 중국군의 개입   ㈏ 인천 상륙 작전
> ㈐ 휴전 협정의 조인   ㈑ 북한군의 기습 남침
> ㈒ 낙동강 전선의 형성

① ㈎ − ㈑ − ㈒ − ㈐ − ㈏
② ㈏ − ㈎ − ㈒ − ㈐ − ㈑
③ ㈏ − ㈎ − ㈒ − ㈑ − ㈐
④ ㈑ − ㈒ − ㈏ − ㈎ − ㈐

Tip》 '㈑ 북한의 기습 남침 − ㈒ 낙동강 전선의 형성 − ㈏ 인천 상륙 작전 − ㈎ 중국군의 개입 − ㈐ 휴전 협정의 조인'
의 순서이다.

25 다음 노래 가사는 6·25 전쟁의 상황을 표현한 것이다. 가사에서 표현하고 있는 시기를 연표에서 고르면?

> 눈보라가 휘날리는 / 바람 찬 흥남 부두에
> 목을 놓아 불러 보았다 / 찾아를 보았다
> 금순아 어데로 가고 / 길을 잃고 헤매었드냐
> 피눈물을 흘리면서 / 1·4 이후 나 홀로 왔다.

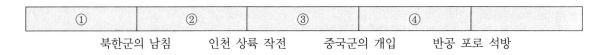

①	②	③	④	
북한군의 남침	인천 상륙 작전	중국군의 개입	반공 포로 석방	

Tip》 제시된 가사의 노래는 '굳세어라 금순아'로, 중국군의 공세에 밀린 1951년 흥남 철수와 1·4 후퇴의 상황을 담고 있다.

26 6·25 전쟁이 일어나기 직전 상황에 대한 설명으로 옳지 않은 것은?

① 한·미 상호 방위 조약이 체결되었다.

② 소련이 북한에 현대식 무기를 공급하였다.

③ 38도선 일대에서 크고 작은 무력 충돌이 빈번하게 일어났다.

④ 남한의 좌익 세력 일부가 지리산, 태백산 일대 등에서 게릴라전을 벌였다.

> **Tip 》** 6·25 전쟁이 일어나기 직전 남한과 북한 정부는 서로의 체제를 비난하며 대립하였으며, 각기 자신이 권력을 장악한 지역을 토대로 나머지 지역을 통합하겠다는 전략을 추진하였다.
> ① 한·미 상호 방위 조약은 휴전 협정이 이루어진 후 1953년 10월에 체결되었다.

27 다음과 같은 미국의 외교 선언이 발표된 시기를 연표에서 고르면?

> 미국의 극동에 있어서의 방위선은 알류샨 열도로부터 일본, 오키나와를 거쳐 필리핀을 통과한다. 방위선 밖의 국가가 제3국의 침략을 받는다면, 침략을 받은 국가는 그 국가 자체의 방위력과 국제 연합 헌장의 발동으로 침략에 대항해야 한다.

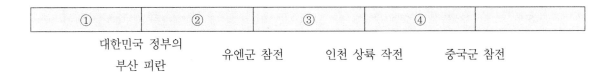

①	②	③	④	
대한민국 정부의 부산 피란	유엔군 참전	인천 상륙 작전	중국군 참전	

> **Tip 》** 냉전이 심화되는 가운데 1950년 미국의 국무장관 애치슨이 제시된 내용과 같은 외교 선언을 함으로써 한반도는 미국의 태평양 방위선에서 제외되었다. 이후 북한이 전면적 남침을 강행하면서 6·25 전쟁이 시작되었다.

Answer 》 24.④ 25.④ 26.① 27.①

28 6 · 25 전쟁 후에 나타난 남한 사회의 모습으로 적절하지 않은 것은?

① 대가족 중심의 가족 관계가 해체되었다.

② 수많은 전쟁고아와 이산가족이 발생하였다.

③ 이농 현상으로 인구의 도시 유입이 늘어났다.

④ 농지 개혁법이 제정되어 전쟁으로 황폐화된 농지를 정리하였다.

> **Tip》》** ④ 농지 개혁법은 제헌 국회가 1949년에 제정하였다. 이듬해 3월에 이를 개정하여 시행하였다.

29 다음은 6 · 25 전쟁 과정에서 일어난 일들이다. 순서대로 바르게 나열한 것은?

> ㉠ 1950년 6월 25일 북한은 남침을 강행하였다.
> ㉡ 중국군이 개입하자 국군과 유엔군은 다시 서울을 빼앗겼다.
> ㉢ 미국 주도로 유엔 안전 보장 이사회가 열려 유엔군이 파병되었다.
> ㉣ 38도선 부근에서 북한군 · 중국군이 국군 · 유엔군과 치열한 공방전을 벌였다.
> ㉤ 인천 상륙 작전을 통해 국군과 유엔군이 서울을 되찾고 압록강까지 진격하였다.

① ㉠ - ㉡ - ㉢ - ㉣ - ㉤

② ㉠ - ㉡ - ㉣ - ㉤ - ㉢

③ ㉠ - ㉢ - ㉤ - ㉡ - ㉣

④ ㉠ - ㉤ - ㉢ - ㉣ - ㉡

> **Tip》》** ㉠ 북한의 남침 - ㉢ 유엔군 참전 - ㉤ 인천 상륙 작전 - 서울 수복 - 압록강 진격 - ㉡ 중국군 개입 - ㉣ 38도선 부근의 공방전 - 휴전 협정 조인의 순으로 진행되었다.

30 아래 표의 빈칸에 들어갈 것을 바르게 고르면?

> 미국과 소련의 냉전이 본격화되는 가운데, 미국의 국무장관은 미국의 극동 방어선에서 한반도를 제외한다는 (   )을(를) 발표하였다. 이는 한반도에서 전쟁이 일어날 경우, 미국이 개입하지 않겠다는 뜻으로 받아들여질 수 있었다.

① 남북 협상
② 부마 항쟁
③ 카이로 회담
④ 애치슨 선언

Tip 》 미국과 소련의 냉전이 계속되면서, 미국의 국무장관인 애치슨은 미국의 극동 방어선에서 한반도를 제외한다는 애치슨 선언을 발표했고, 이것은 북한에게 전쟁의 빌미를 제공하였다.

대한민국의 발전과 군의 역할

1 다음 중 베트남 파병에 대한 설명으로 옳은 것은?

① 1965년 비전투병을 파견하고 1966년 전투병 파견을 본격화하였다.

② 6 · 25 전쟁을 도와준 우방국에 대한 보답을 목적으로한 파병이었다.

③ 1964년 브라운 각서를 통해 미국은 국군 현대화 및 산업화에 필요한 기술과 차관을 제공을 약속하였다.

④ 파병 군인들의 송금, 군수품 수출, 건설업체의 미국 진출로 외화를 획득할 수 있었다.

> Tip 》 ① 1964년부터 비전투병을 파견하고, 1965년에 전투병 파견이 본격화되었다.
> ③ 브라운 각서는 1996년 3월에 미국에서 한국 정부에 전달한 공식 통고서이다.
> ④ 베트남 파병으로 인해 건설업체의 베트남 진출로 외화를 획득할 수 있었다.

2 다음 중 국군에 대한 설명으로 옳지 않은 것은?

① 구한말 항일 의병운동에서부터 그 명맥을 이어오고 있다.

② 미 군정청이 설립한 '군사영어학교'와 '조선 경비대'가 모체가 되어 '국군'으로 확대 개편되었다.

③ 대한민국 임시정부의 수립과 함께 국군으로 출범하였다.

④ 초대 국방부장관은 이범석이다.

> Tip 》 ③ 대한민국 정부의 수립(1948.8)과 함께 국군으로 출범하였다.

3 한국의 UN 평화유지활동 사례 중 필리핀 아우라 부대활동에 대한 설명으로 옳지 않은 것은?

① 유엔 평화유지군이나 다국적군이 아닌 재해당사국의 요청에 의해 파병된 최초의 파병부대이다.

② 타클로반 일대에서 피해지역 정리, 공공시설 복구, 의료 지원 및 방역활동 등의 임무 수행하였다.

③ 최초로 육·해·공·해병대가 모두 포함된 파병부대이다.

④ 국제사회로부터 한국군의 참여를 지속적으로 요청하게 되는 계기가 되었다.

> **Tip 》** ④ 국제사회로부터 한국군의 참여를 지속적으로 요청하게 되는 계기가 되었던 활동은 소말리아 상록수부대 활동이었다.
>
> ※ 필리핀 아라우부대(2013. 12 ~ 2014.12.23)
>   ㉠ 유엔 평화유지군이나 다국적군이 아닌 재해당사국의 요청에 의해 파병된 최초의 파병부대이다.
>   ㉡ 최초로 육·해·공·해병대가 모두 포함된 파병부대이다.
>   ㉢ 타클로반 일대에서 피해지역 정리, 공공시설 복구, 의료 지원 및 방역활동 등의 임무 수행하였다.

4 다음 중 국가 발전 과정에서 군의 역할이 아닌 것은?

① 한·미 상호방위조약을 체결하여 군사력을 강화하였다.

② 6·25전쟁을 도와 준 우방국에 보답 및 자유 민주주의 수호를 위해 베트남 파병을 하였다.

③ 국민의 안보 의식을 고취시키기 위해, 현역 장병을 중심으로 향토예비군을 창설하였다.

④ 대북 전력격차를 해소하기 위해 율곡 사업을 시행하였다.

> **Tip 》** 국민의 안보 의식을 고취시키기 위해, 예비역 장병을 중심으로, 평시에는 사회생활을 하면서, 유사시에는 향토 방위를 전담할 비정규군인 '향토예비군'을 창설하였다.

Answer 》》　　1.② 2.③ 3.④ 4.③

5 다음 중 한국의 UN 평화유지활동 사례가 아닌 것은?

① 소말리아 상록수부대
② 서부 사하라 국군의료지원단
③ 앙골라 공병부대
④ 알레스카 동명부대

> **Tip 》** ④ 동명부대는 알레스카가 아닌 레바논에 파견되었다.
> 레바논에 파견된 유엔 평화유지군 부대인 동명부대는 동티모르에 이은 두 번째 보병부대 파견으로, 정전 감시가 주
> 임무였다.

6 다음 중 한국군의 다국적군의 평화활동 사례가 아닌 것은?

① 아프가니스탄 파병은 최초의 다국적군 평화활동이다.
② 최초의 다국적군 평화활동 민사지원부대로 이라크에 파병되었다.
③ 최초의 다국적군 평화활동을 위해 청해부대가 소말리아 해역으로 파병되었다.
④ 소말리아 해적에 피랍된 삼호주얼리호와 우리 선원을 구출하기 위한 '아덴만 여명작전'은 실패하였다.

> **Tip 》** 2011년 1월에 소말리아 해적에 피랍된 삼호주얼리호와 우리 선원을 구출하기 위하여 '아덴만 여명작전'을 실시하여
> 우리 국민 전원을 구출하였다.

7 다음 중 한국군의 다국적군의 평화활동 사례가 아닌 것은?

① 소말리에 청해 부대를 파견하였다.
② 이라크에 이라크 평화지원단인 자이툰 사단을 파견하였다.
③ 자이툰 사단은 한국군에서 두 번째로 파병된 민사지원부대이다.
④ 지방재건팀 방호를 위해 오쉬노 부대를 아프가니스탄에 파견하였다.

> **Tip 》** 최초의 다국적군 평화활동을 위해 청해부대와 함정을 소말리아 해역으로 파병하였다.

8 다음 중 다국적군 평화활동에 대한 설명으로 옳지 않은 것은?

① 지휘통제는 다국적군 사령관이다.
② 유엔 평화유지활동과 전혀 다른 활동을 하고 있다.
③ 소요경비는 참여 국가가 부담한다.
④ 주체는 지역안보기구 또는 특정 국가이다.

> **Tip** 》 유엔 평화유지활동과 더불어 분쟁지역의 안정화와 재건에 중요한 역할을 담당하고 있다.

9 다음 중 대한민국 건국과 군의 역할에 대한 것으로 옳지 않은 것은?

① 광복 직후 국군으로 출범하였다.
② 북한은 정부 수립에 앞서 군대가 먼저 창설하였다.
③ 국군 조직의 법적 근거로 국군조직법, 국방부직제가 있다.
④ 국군은 한말 의병, 독립군, 광복군의 정신 및 역사적 전통 계승하였다.

> **Tip** 》 대한민국 정부 수립(1948. 8)직후 국군으로 출범하였다.

10 다음 중 대한민국 건국과 군의 역할에 대한 것으로 옳지 않은 것은?

① 건국 후 무장 게릴라 소탕 작전을 하였다.
② 대한민국 정부 수립 직후 국군으로 출범하였다.
③ 국군 조직의 법적 근거로 브라운 각서 등이 있다.
④ 국군의 명맥과 전통은 구한말 항일 의병운동에서 일제 강점기 독립군, 광복군에서 남조선 국방 경비대로 이어진다.

> **Tip** 》 브라운 각서(1966. 3)는 미국이 국군 현대화 및 산업화에 필요한 기술과 차관의 제공을 약속한 것이다.

Answer 》 5.④ 6.④ 7.① 8.② 9.① 10.③

필수유형문제

06 6 · 25전쟁 이후 북한의 대남도발 사례

1 다음 설명에 해당하는 북한의 전략은?

겉으로는 화해와 평화의 의도로 보이지만, 실제로는 전쟁과 무력으로 목적을 성취하고자 한다.

① 화전양면전술
② 기습도발전술
③ 요인테러전술
④ 선군정치전술

　　Tip 》 제시된 내용은 북한의 화전양면전술에 대한 설명이다. 북한은 평화로운 협상 상황에서도 불리한 상황을 타계하기 위해 테러 및 도발을 자행하였다.

2 다음 중 북한의 도발이 시기적으로 잘못 연결된 것은?

① 창랑호 납북 사건 – 1950년대
② 울진 · 삼척지구 무장공비 침투 사건 – 1960년대
③ 미얀마 아웅산 테러 사건 – 1970년대
④ 대한항공기 폭파 사건 – 1980년대

　　Tip 》 ③ 미얀마 아웅산 테러 사건은 1983년의 일이다.

3 1990년대에 발생한 대남도발 사례가 아닌 것은?

① 강릉 앞바다 잠수함 침투
② 북한 잠수함 한국 어선 그물에 나포
③ KAL기 폭파사건
④ 연평해전

> **Tip 》** ③ KAL기 폭파사건은 1987년 11월 28일에 발생한 대남도발 사건이다.

4 'DMZ 목함지뢰 도발 사건'에 대한 설명으로 옳지 않은 것은?

① 경기도 파주의 지역 DMZ에서 지뢰가 폭발한 사건이다.
② 이로 인해 북한군이 군사분계선을 넘어와 목함 지뢰를 매설한 사실이 밝혀졌다.
③ 우리 군은 이에 대한 대응으로 서부전선에 포격하였고 북한도 대응사격을 실시하였다.
④ 북한 전방지역에 '준전시상태' 및 '완전무장'을 명령하였다.

> **Tip 》** ③ DMZ 목함지뢰 도발사건 발생 후 우리는 연천, 파주, 화천 등에서 대북 확성기 방송을 재개하였고 북한은 이에 대한 대응으로 서부전선에 포격, 우리 군은 대응사격 실시하였다.

5 다음 중 북한의 대남행태로 옳지 않은 것은?

① 전쟁 이후에도 북한은 의도적으로 한국과의 군사적 긴장관계를 조성하였다.
② 한국 내 혁명에 유리한 여건 조성하고자 대남공작을 하였다.
③ 한국을 정치 · 사회적으로 안정을 시켜 한국 정부의 정통성을 강화시키고자 하였다.
④ 주한미군을 조기에 철수하도록 하여 한반도의 공산화를 시도할 수 있는 기회를 조성하고자 하였다.

> **Tip 》** 한국을 정치 · 사회적으로 불안하게 하여 한국 정부의 정통성을 약화시키고자 하였다.

Answer 》 1.① 2.③ 3.③ 4.③ 5.③

6 다음 중 북한의 시기별 도발행태로 옳지 않은 것은?

① 1950년대에는 평화공세에 의한 선전전에 두고 각종 협상을 제안하였다.

② 1960년대에는 전면전과 다양한 수단을 동원하여 대남적화공세를 감행하였다.

③ 1970년대에는 김정일이 김일성의 유일한 후계자로 추대된 이후 대남공작 강화하였다.

④ 1980년대에는 대남모략 비방선전에 적극 이용한 통일혁명당을 한국민족민주전선으로 개칭하였다.

    Tip ⟫ 북한은 전면전은 아니지만 다양한 수단을 동원하여 대남적화공세를 감행하였다.

7 다음 중 북한의 시기별 도발행태로 옳지 않은 것은?

① 1990년대에는 1980년대 도발 사례처럼 직접적 군사도발을 재시도하였다.

② 1994년 국제원자력기구(IAEA)를 탈퇴하자 핵 위기가 고조되었다.

③ 1977년에 노동연락부 내에 대성총국을 신설하여 대남공작을 관장하였다.

④ 2000년대 이후 최근에 일으킨 북한의 도발은 김정은이 3대 세습체제 강화를 위한 정치적 목적이 강하다.

    Tip ⟫ 1990년대에는 1960년대 도발 사례처럼 직접적 군사도발을 재시도(잠수함 침투, 연평해선 등)하였다.

8 다음 중 북한의 1950년대 도발행태로 옳지 않은 것은?

① 북한은 평화공세에 의한 선전전에 두고 각종 협상을 제안하였다.

② 북한은 남로당계를 숙청함과 동시에 대남공작기구와 게릴라 부대를 해체하는 변혁을 단행하였다.

③ 대한민국 항공 역사상 최초의 항공기 공중 납치사건이 발생하였다.

④ 남한에서의 혁명기지를 구축하여 게릴라 침투와 군사도발을 병행하고자 하였다.

    Tip ⟫ 남한에서의 혁명기지를 구축하여 게릴라 침투와 군사도발을 병행하고자 한 것은 1960년대이다.

9 다음 중 북한의 1960년대 도발행태로 옳지 않은 것은?

① 남침용 땅굴 굴착과 해외를 통한 우회 간첩침투를 시도하였다.

② 4대 군사노선을 서둘러 추구하고 보다 강경한 대남공작을 전개 준비하였다.

③ 북한은 전면전은 아니지만 다양한 수단을 동원하여 대남적화공세를 감행하였다.

④ 조선노동당 제4차 대회에서 강경노선의 통일전략을 채택하고, 대남공작기구를 통합·승격시켰다.

> **Tip 》** 남침용 땅굴 굴착과 해외를 통한 우회 간첩침투를 한 것은 1970년대이다.

10 다음 중 북한의 1970년대 도발행태로 옳지 않은 것은?

① 판문점 도끼만행 사건이 발생하였다.

② 미얀마 아웅산 테러사건이 발생하였다.

③ 북한은 한국과 대화하는 동안 땅굴을 파고 있었다.

④ 8·15 해방 29주년 기념식장에 잠입하여 연설 중인 박대통령을 저격했으나 미수에 그쳤다.

> **Tip 》** 북한은 1983년 10월 9일 미얀마를 친선 방문중이던 전두환 대통령 및 수행원들을 임살하기 위해 아웅산 묘소 건물에 설치한 원격조종폭탄을 폭발시켜 한국의 부총리 등 17명을 순국케 하고 14명을 부상시키는 테러 감행하였다.

11 다음 중 북한의 1980년대 도발행태로 옳지 않은 것은?

① 위기발생의 배경이 한반도에 국한되지 않고 국제무대로 확장하였다.

② 총리회담 실무접촉 등 남북대화의 무드를 이용하여 고도의 화전양면전술 구사하였다.

③ 대남모략 비방선전에 적극 이용한 온 통일혁명당을 한국민족민주전선으로 개칭하였다.

④ 북한 경비정이 연평도 서방에서 북방한계선(NLL)을 넘어 우리 함정에 선제사격을 가하면서 남북 함정간 1차 연평해전이 발생하였다.

> **Tip 》** 1차 연평해전은 1999년 6월 15일, 북한 경비정 6척이 연평도 서방에서 북방한계선(NLL)을 넘어 우리 해군의 경고를 무시하고 우리 측 함정에 선제사격을 가하자 남북 함정간 포격전으로 일어난 것이다.

Answer 》 6.② 7.① 8.④ 9.① 10.② 11.④

12 다음 중 북한의 1990년대 도발행태로 옳지 않은 것은?

① 북한은 강릉 앞바다에 잠수함을 침투시켰다.

② 1960년대 도발 사례처럼 직접적 군사도발을 재시도하였다.

③ 북한은 연평도의 민가와 대한민국의 군사시설에 포격을 감행하였다.

④ 강원도 속초시 근방 우리 영해에서 북한의 유고급 잠수정이 어선그물에 나포되었다.

Tip》 북한은 2010년 11월 23일 연평도의 민가와 대한민국의 군사시설에 포격을 감행하였다. 이에 아군 전사자가 20여명 및 민간인 사망 2명 외에도 다수의 부상자 발생하자, 한국의 연평도 해병부대도 북한 지역에 대한 대응사격을 실시하였다.

13 다음 중 북한의 1990년대 도발행태로 옳지 않은 것은?

① 위협의 강도는 그리 높지 않았으나 변함없는 대남 적화전략을 입증하였다.

② 북한이 대외적으로는 대화 제스처를 보이지만 내부적으로는 전쟁준비에 몰두한다는 사실을 일깨워 주었다.

③ 강릉 무장공비 침투사건 때에도 대북 경수로건설사업 등 남북 간의 경제협력은 계속되고 있었다.

④ 북한군은 판문점 공동경비구역에서 나뭇가지 치기 작업을 하던 UN군 소속 미군장교 2명을 도끼로 살해하는 국제적 만행을 자행하였다.

Tip》 판문점 도끼만행 사건은 1976년 8월 18일 북한군이 일으킨 것이다.

14 다음 중 북한의 2000년대 도발행태로 옳지 않은 것은?

① 북방한계선(NLL) 무력화 시도를 지속적으로 하였다.

② 핵실험 및 화생방 전력과 같은 대량살상무기(WMD)를 개발하였다.

③ 특수부대와 수중전 등 비대칭 전력을 이용한 대남 침투도발을 하였다.

④ 북한은 천안함 폭침 사건, 연평도 포격 도발 사건에서 군민을 가리면서 도발을 하였다.

Tip》 북한은 이명박 정부 출범 이후에는 '천안함 폭침 사건'과 '연평도 포격 도발 사건'과 같은 군민을 가리지 않는 무차별한 대남도발을 자행하였다.

15 다음 중 북한의 2000년대 도발행태로 옳지 않은 것은?

① 최근에 일으킨 북한의 도발은 김정은이 3대 세습체제 강화를 위한 정치적 목적이 강하다.

② 국제 사회와 대한민국에 대해 공격·협박을 가하고 위협함으로써, 당면한 남북문제와 국제협상에서 이득을 취하고 보상 또는 태도변화 등을 획책하였다.

③ 대청도 인근 NLL에서 북한 경비정 퇴거 과정 중에 대청해전이 발생하였다.

④ 울진, 삼척지구에 무장공비 120명을 침투하여 주민들에게 남자는 남로당, 여자는 여성동맹에 가입하라고 위협하였다.

> **Tip 》** 1968년 10월 30일부터 11월 2일까지 3차례에 걸쳐 울진, 삼척지구에 무장공비 120명을 15명씩 조를 편성하여 침투하고, 이들은 주민들을 모아놓고 남자는 남로당, 여자는 여성동맹에 가입하라고 위협하였고, 주민들은 죽음을 무릅쓰고 릴레이식으로 신고하여 많은 희생을 치른 끝에 군경의 출동을 가능케 하였다.

16 다음 중 북한의 대남도발 특징으로 옳지 않은 것은?

① 1960년대 전반에는 군사분계선을 연하는 지역에서 군사적 습격과 납치를 강행하였다.

② 1960년대 후반에는 무장간첩을 침투시켜 게릴라전을 시도하였다.

③ 1970년대는 소규모 무장간첩 침투를 통해 한국 정치사회적 불안 조성과 반미감정을 고조시키고자 하였다.

④ 1980년대는 잠수함 침투, 핵 위기, 해군 교전, 북방한계선(NLL) 무력화 시도 등 새로운 유형의 도발을 시도하였다.

> **Tip 》** 1990년대는 잠수함 침투, 핵 위기, 해군 교전, 북방한계선(NLL) 무력화 시도 등 새로운 유형의 도발을 시도하였다.

Answer 》 12.③ 13.④ 14.④ 15.④ 16.④

17 다음 중 북한의 대남도발 특징으로 옳지 않은 것은?

① 1960년대 전반에는 군사분계선을 연하는 지역에서 군사적 습격과 납치를 강행하였다.
② 1960년대 후반에는 월남전 형태의 게릴라전을 통해 무력에 의한 적화통일 달성을 희망하였다.
③ 1980년대는 상대적 열세에 대한 불안감 만회, 한국의 발전에 제동을 걸고자 하였다.
④ 1990년대 이후 소규모 무장간첩 침투를 통해 한국 정치사회적 불안 조성과 반미감정을 고조시키고자 하였다.

> **Tip 》** 1970년대는 소규모 무장간첩 침투를 통해 한국 정치사회적 불안 조성과 반미감정을 고조시키고자 하였다.

18 다음 중 북한의 대남도발 특징으로 옳지 않은 것은?

① 북한의 위기도발은 남북대화와는 연관성 있게 자행하였다.
② 대화는 필요에 의해서 추진되지만 도발행위는 일관적으로 시행하였다.
③ 북한은 자신의 의도를 숨기고 한국에 의한 조작행위로 비난하는 행태를 보였다.
④ 시민을 대상으로 한 테러행위를 통해 한국의 정치 사회적 혼란을 조성하고자 하였다.

> **Tip 》** 북한의 위기도발은 남북대화와는 무관하게 자행하였다.

19 다음 중 북한의 대남도발 특징으로 옳지 않은 것은?

① 북한은 군사적 목적에 의한 도발이 가장 많았다.

② 대화는 필요에 의해서 추진되지만 도발행위는 일관적으로 시행하였다.

③ 북한은 자신의 의도를 드러내고 한국에 의한 조작행위로 비난하는 행태를 보였다.

④ 도발행위 은폐가 어려운 경우 한반도의 군사적 긴장 구조로 원인을 돌리고 미군 철수 등의 정치 선전 기회로 활용하였다.

> **Tip》** 북한은 자신의 의도를 숨기고 한국에 의한 조작행위로 비난하는 행태를 보였다.

20 다음 중 천안함 폭침 사건과 관련이 없는 것은?

① 북한은 잠수함정을 이용한 어뢰 공격을 자행하였다.

② 북학은 방사포와 해안포로 170여발의 포사격을 자행하였다.

③ 북한은 자신의 소행이 아니라고 부인하며 남측의 날조를 주장하였다.

④ 북한제 어뢰에 의한 외부 수중폭발로 발생한 충격파와 버블효과에 의해 절단되어 천안함이 침몰되었다.

> **Tip》** 북한이 방사포와 해안포로 170여발의 포사격을 한 것은 연평도 포격 도발 사건이다.

Answer 》   17.④ 18.① 19.③ 20.②

07 북한 정치체제의 허구성

1 다음은 해방 당시 북한 내부의 정치파벌에 대한 표이다. ㉠에 들어갈 인물로 옳은 것은?

구분	대표인물	항일투쟁	해방 전 활동지역	소련지원
국내파		민족해방운동	국내	X
연안파		항일무장투쟁	중국(연안)	X
소련파		—	소련	O
빨치산파	㉠	항일무장투쟁	만주/소련	O

① 김두봉   ② 김일성

③ 박헌영   ④ 허가이

Tip 》 • 국내파 − 박헌영
　　　 • 연안파 − 김두봉
　　　 • 소련파 − 허가이
　　　 • 빨치산파 − 김일성

2 다음 〈보기〉와 관련된 북한의 정치체제에 대한 설명으로 거리가 먼 것은?

〈보기〉

하루에 천리를 달리는 천리마처럼 빠른 속도로 사회주의 경제를 건설하기 위해 주민들의 증산의욕을 고취하려는 노동 경쟁운동이자 사상 개조운동이다.

① 군중동원의 정치노선을 활성화하려는 대표적인 사례이다.
② 헌법에 모든 생산수단을 국가 및 협동단체가 소유함을 명시하였다.
③ 인민대중이 사회주의의 주인이라는 논리로 군중의 자발적인 참여를 독려하였다.
④ 6 · 25전쟁 이후 노동력 부족현상을 극복하며 전후 경제를 건설하기 위한 방안이었다.

> **Tip** 〉〉 〈보기〉는 군중동원의 정치노선을 활성화하려는 대표적인 사례인 천리마 운동에 대한 설명이다.

3 북한 공산당 일당독재체제의 형성과정으로 옳지 않은 것은?

① 민족주의 세력과 공산주의 세력이 결합한 평남인민정치위원회를 결성하였다.
② 공산주의 세력이 실권을 잃게 되고 민주주의 세력이 북조선 5도 인민위원회를 설립하였다.
③ 중앙행정기관의 모태가 되는 북조선임시인민위원회 조직하였다.
④ 헌법을 최종 채택하고 조선민주주의인민공화국을 발족하였다.

> **Tip** 〉〉 북한 공산당의 일당독제체제의 형성과정
> ㉠ 1945년 8월 민족주의 세력과 공산주의 세력이 결합한 평남인민정치위원회를 결성하였다.
> ㉡ 1945년 10월 공산주의 세력이 실권을 장악하여 북조선 5도 인민위원회를 설립하였다.
> ㉢ 1946년 2월 중앙행정기관의 모태가 되는 북조선임시인민위원회 조직하였다.
> ㉣ 1947년 입법기관인 북조선인민회의는 정권수립을 위한 제반 준비 작업을 진행하였다.
> ㉤ 1948년 헌법을 최종 채택하고 조선민주주의인민공화국을 발족하였다.

Answer 〉〉 1.② 2.② 3.②

4 김정일 통치체제의 특징으로 볼 수 없는 것은?

① 우상화 작업
② 선군정치
③ 강선대국론
④ 국방위원회 설치

> **Tip** 》 ① 김정은은 권력승계를 위해 2010년 후계체제를 구축하고 우상화 작업을 시작하였다.

---

5 다음 글의 빈칸에 들어갈 명칭으로 가장 적절한 것은?

> 북한은 남북으로 분단된 한반도의 휴전선 북쪽 지역으로, 정식 명칭은 (   )이다.

① 조선 민주주의 인민 공화국
② 조선 인민주의 민주 공화국
③ 조선 민족주의 인민 공화국
④ 조선 인민주의 민속 공화국

> **Tip** 》 북한의 정식 명칭은 조선 민주주의 인민 공화국(Democratic People's Republic of Korea)이다. 1948년 9월 9일 한반도의 북위 38도선 이북 지역에 공산주의를 표방하며 설립한 정권의 공식 국가 명칭으로, 북한(North Korea) 또는 조선이라고 통칭한다.

---

6 다음 중 북한 경제의 특징과 설명으로 적절하지 않은 것은?

① 실리 사회주의를 추구하면서 일부 시장 경제 기능을 도입하였다.
② 중공업 우선 원칙을 추구하다 보니 다른 산업들은 발전하지 못하였다.
③ 중앙 집권적 계획 경제를 통해 국가에 의한 통제 경제를 실시하고 있다.
④ 공산주의적 분배 원칙에 따라 국민의 소득 수준과 실제 생활 수준이 평등화되었다.

> **Tip** 》 북한은 공산주의적 분배 원칙에 입각하여 소득 격차를 축소하는 방향으로 이루어지고 있으나 실제 생활수준 자체는 평등하지 않다. 국가의 분배 원칙과 최고 통치자의 기준에 따라 계층별로 차별 배급되므로 실제 주민들 간의 소비 생활 수준 차이는 극심한 편이다.

7 다음 글의 밑줄 친 '공산주의적 인간'의 의미로 적절하지 않은 것은?

> 북한에서는 사회의 모든 구성원들은 '공산주의적 인간'으로 키우기 위해 의무 교육을 실시하고 있다.

① 적극적으로 노동하는 인간
② 김일성 사상으로 무장된 인간
③ 우수한 전투력을 보유한 인간
④ 사회적 이익을 추구하는 인간

> **Tip》** 북한이 주장하는 공산주의적 인간이란 적극적으로 노동하는 인간, 김일성 사상으로 무장된 인간, 사회적 이익을 추구하는 인간, 공산주의 건설을 위해 노력하는 인간이다. 물론 북한의 선군주의 입장과 우수한 전투력을 가진 인간이 가까울 수는 있으나, 이를 북한의 공산주의적 인간에만 해당되는 인간형으로 일반화시키기에는 무리가 있다.

8 다음 글의 밑줄 친 (가)~(라)에 대한 부연 설명으로 적절하지 않은 것은?

> (가) 철수 가족은 평양 근교의 중소 도시에서 2호 주택인 일반 아파트에 살고 있다. (나) 아버지는 주물 공장 노동자이고 어머니는 한때 같은 공장 간부 사원으로 근무했으나 지금은 집에서 살림만 하고 있다. (다) 철수 어머니는 집안일을 하고 가두 여성들의 인민반 활동에 참여한다. (라) 그후에 장마당에 내다 팔 국수와 만두밥 준비를 한다.

① (가) 북한 주민들은 주택을 개인적으로 소유할 수 없다.
② (나) 북한 주민들은 원하는 사람과 혼인할 수 없고, 국가가 지정해 준다.
③ (다) 북한 주민들은 일상생활이 거의 정해져 있기에 개인 시간을 갖기 어렵다.
④ (라) 장마당은 북한에서의 암시장으로 배급 체계가 무너지고 나서 활성화되었다.

> **Tip》** 북한은 주택을 개인적으로 소유할 수 없으며, 북한 주민들은 일상생활이 거의 정해져있고, 자유로운 경제 활동이 원칙적으로 금지되어 있다. 북한 주민들 간의 혼인이 비록 간단하고 저렴하게 이루어지고 있으나, 국가가 혼인 상대를 정해주는 것은 아니다.

Answer 》 4.① 5.① 6.④ 7.③ 8.②

9 다음 내용에 대한 설명으로 적절하지 않은 것은?

> 북한의 학교에서 주로 가르치는 내용은 정치 사상 교육과 과학 기술 교육, 체육 교육이다.

① 이 중에서도 특히 정치 사상 교육이 가장 강조된다.
② 과학 기술 교육은 일반 과학과 전문 기술을 가르친다.
③ 정치 사상 교육은 김일성의 혁명 역사와 혁명 활동을 가르친다.
④ 정치 사상 교육은 북한에서 인민학교와 중학교 과정까지만 가르친다.

> Tip 》 정치 사상 교육은 공산주의 사상이 약화되는 것을 막기 위해 매우 강조되는데, 인민학교와 중학교에서는 어린 시절, 혁명 활동 등을 배우고, 대학생도 전공과 관계없이 정치 사상 교육을 받아야 한다.

10 다음 글과 관련 깊은 북한 경제의 특징으로 가장 적절한 것은?

> 북한에서의 분배는 이른바 "능력에 따라 일하고 필요에 따라 분배한다."라는 원칙에 입각하여 소득 격차를 축소하는 방향으로 이루어진다. 그러나 북한 주민들의 소득 수준이 제도상 평준화된 모습을 보인다고 해서 실제 생활 수준 자체도 평등하다고 보아서는 안 된다. 왜냐하면 주민들의 의식주와 관련된 모든 것들이 국가의 분배 원칙에 따라, 혹은 최고 통치자의 특별 기준에 따라 계층별로 차별적으로 배급되기 때문이다. 실제로 주민들 간의 소비 생활 수준 차이는 극심한 편이다.

① 공산주의적 평등 분배 원칙
② 선군주의 경제 노선
③ 사회주의적 소유 제도
④ 중앙 집권적 계획 경제

> Tip 》 제시문은 북한 경제의 특징 중 공산주의적 평등 분배 원칙에 대해 설명하고 있다. 공산주의적 평등 분배 원칙은 결국 주민들 간의 극심한 소비 생활 수준 차이를 가져왔고, 이는 1990년대 이후 식량난이 심각해지자 결국 국가적인 위기를 초래하게 되었다.

11 다음 글과 같은 상황이 심화되어 1990년대 이후 식량난이 심각해지자, 북한 정부가 이에 대응하여 취하였던 대책과 거리가 먼 것은?

> 북한에서의 분배는 이른바 "능력에 따라 일하고 필요에 따라 분배한다."러는 원칙에 입각하여 소득 격차를 축소하는 방향으로 이루어진다. 그러나 북한 주민들의 소득 수준이 제도상 평준화된 모습을 보인다고 해서 실제 생활 수준 자체도 평등하다고 보아서는 안 된다. 왜냐하면 주민들의 의식주와 관련된 모든 것들이 국가의 분배 원칙에 따라, 혹은 최고 통치자의 특별 기준에 따라 계층별로 차별적으로 배급되기 때문이다. 실제로 주민들 간의 소비 생활 수준 차이는 극심한 편이다.

① 외부 세계에 식량 지원을 요청하였다.
② 감자, 고구마 등 구황 작물을 식량 배급에 포함시켰다.
③ '쌀은 공산주의'라는 구호로 농업 생산 증대를 꾀하였다.
④ 경제 분야에서만 자유 경쟁 체제와 개인 소유를 인정하였다.

> **Tip**》 북한은 식량난을 해결하고자 외부 세계에 식량 지원을 요청하는 한편, 농업 생산 증대를 꾀하고 대용 식품과 구황 작물을 보급하였다. 그러나 주로 노동력에만 의존하는 낙후된 농업 생산 방식으로 인해 식량난 해결 전망은 불투명하다. 북한은 체제 유지를 위하여 자유 경쟁 체제와 개인 소유를 인정하지 않는다.

12 다음 중 북한 사회주의 경제의 기본 특징으로 보기 어려운 것은?

① 생산 수단이 공동으로 소유된다.
② 개인적인 이윤 추구는 존재할 수 없다.
③ 재화의 생산이 시장 기구에 의해 이루어진다.
④ 소비재의 분배가 노동의 질과 양에 따라 이루어진다.

> **Tip**》 북한 사회주의 경제 체제에서는 원칙적으로 생산 수단이 공동 소유되며 소비재의 분배가 노동의 질과 양에 따라 이루어진다. 재화의 생산이 시장 기구에 의해 이루어지는 것은 자본주의 경제 체제의 특징에 해당된다.

Answer》 9.④ 10.① 11.④ 12.③

13 다음 글의 빈칸 ⊙~ⓒ에 들어갈 알맞은 말을 순서대로 나열한 것은?

> 북한은 최근에는 (⊙)(을)를 내세우며, 국방공업을 우선적으로 발전시키면서도 경공업과 농업을 동시에 발전시키겠다는 달라진 입장을 내세우고 있다. 이는 곧 실리 사회주의를 추구하겠다는 의미로 보인다. 이에 따라 공식적으로 (ⓛ)(이)라는 암시장을 단속하고, 북한 당국이 허가한 (ⓒ)(을)를 선보이며 변화를 시도하고 있다.

	⊙	ⓛ	ⓒ
①	사회주의 경제 노선	인민 시장	장마당
②	사회주의 경제 노선	장마당	종합 시장
③	선군주의 경제 노선	장마당	인민 시장
④	선군주의 경제 노선	장마당	종합 시장

Tip》 국방공업을 우선적으로 발전시키겠다는 북한의 경제 노선은 선군주의 경제 노선이다. 북한은 공식적으로 장마당이라는 북한 주민들의 암시장을 단속하고 있으며, 종합 시장을 선보이고 있다. 인민 시장은 1950년 농촌 시장이 나타나기 이전에 존재하였으며, 종합 시장은 2003년도에 등장하였다.

14 다음 글의 빈칸에 들어갈 내용으로 적절하지 않은 것은?

> 북한의 사회생활은 집단주의 원칙에 기반을 두고 있다는 점에서 우리와는 많이 다르다. 또한, 국가 안전 보위부, 인민 보안성, 국가 검열성 등의 기관들을 통해 고도의 조직화된 사회를 이끌고 있으며, ( ) 등을 통해서도 주민을 통제하고 있다. 이에 따라 북한 주민들은 일상생활이 거의 정해져 있기 때문에 개인 시간을 갖는 것이 무척 힘들다.

① 인민반 제도
② 각종 집단생활
③ 실리 사회주의 추구
④ 거주 이전의 자유 제한

Tip》 북한은 고도로 조직화된 사회로 배급 제도, 거주 이전의 자유 및 여행의 자유 제한 등 다양한 방법으로 주민 생활을 통제하고 있다. 실리 사회주의는 사회주의 원칙을 지키면서도 일부 시장 경제 기능을 도입하겠다는 의지로 식량난 해결을 위한 하나의 방책일 뿐 주민 통제의 수단으로 보기는 어렵다.

15 다음 글의 빈칸 ㉠~㉣에 들어갈 조직명으로 적절하지 않은 것은?

> 북한의 유일당인 (㉠)(은)는 국가 권력의 원천으로 최고의 위상과 권한을 가진다. (㉡)(은)는 법을 만드는 입법부의 기능을, (㉢)(와)과 내각은 법을 집행하는 행정부의 기능을, (㉣)(은)는 법을 해석하는 사법부의 기능을 수행한다.

① ㉠ – 조선 노동당

② ㉡ – 최고인민회의

③ ㉢ – 국방 위원회

④ ㉣ – 대법원

> **Tip》** 남한은 국회가 입법부, 대법원이 사법부의 기능을 수행한다. 북한의 사법부는 재판소가 그 기능을 수행하고 있으며, 중앙 재판소, 도 재판소, 인민 재판소 등이 있다.

16 다음 ㉠에 들어갈 말로 적절한 것을 고르면?

> • 조선민주주의인민공화국에서 공민의 권리와 의무는 '하나는 전체를 위하여, 전체는 하나를 위하여'라는 (㉠)원칙에 기초한다.
> • (㉠)란 "사회와 집단의 이익을 귀중히 여기고 그 실현을 위하여 모든 것을 다 바쳐 투쟁하는 공산주의 사상과 도덕"이다.

① 집단주의

② 제국주의

③ 사회주의

④ 개인주의

> **Tip》** 집단주의란 개인을 집단에 종속되는 존재로 보는 입장으로 집단에 무조건 복종함으로써, 개인의 가치와 자유가 인정될 수 있다고 보았다.

Answer 》 13.④ 14.③ 15.④ 16.①

17 북한의 경제생활에 대한 설명으로 옳지 않은 것은?

① 재산의 개인적 소유와 처분을 인정하지 않는다.

② 공산주의적 평등 분배 원칙을 적용하기 때문에 실제 생활 수준 자체도 계급에 상관없이 평등하다.

③ 중공업 우선 정책으로 생필품 보급의 불균형이 초래되었다.

④ 국가 계획 위원회에서 국가 경제 계획을 작성, 집행, 감독한다.

> Tip 》 ② 국가의 분배 원칙에 따라 혹은 최고 통치자의 특별기준에 따라 계층별로 차별적으로 배급된다.

18 북한의 정치 체제에 대한 설명으로 옳지 않은 것은?

① 국방위원회와 내각은 법을 집행하는 행정부의 기능을 수행한다.

② 조선 노동당은 국가 권력의 원천으로 최고의 위상과 권한을 가진다.

③ 국방위원회가 일방적으로 국가 정책을 통제하기 때문에 권력 분립이 실질적으로 이루어지지 않는다.

④ 김일성과 김정일 부자의 지배 체제를 강화하고 우상화하는 용도로 수령 지배 체제를 강조하고 있다.

> Tip 》 김일성과 김정일 부자는 지배체제 강화를 위해 주체사상을 강조하였다.

19 북한 당국이 바라보는 인권에 대한 입장으로 옳지 않은 것은?

① 시민적 · 정치적 권리보다는 경제적 · 사회적 권리를 더 강조한다.

② 개인적 자유와 인권은 집단적 · 사회적 자유와 인권에 종속되어 있다고 본다.

③ 사회와 국가, 민족과 인민의 자유와 인권은 개인의 자유와 인권이 보장되었을 때 실현될 수 있다.

④ 남한 사회의 자유는 자유방임적 원리에 기초한 약육강식, 적자생존의 원칙에 따르는 자유라고 보고 있다.

> Tip 》 ③ 개인의 자유와 인권은 사회와 국가, 민족과 인민의 자유와 인권이 보장되었을 때 실현될 수 있다.

20 북한의 인권 실상과 관계 없는 것은?

① 전통적인 가부장 질서가 유지되고 있어 여성에 대한 차별이 여전하다.

② 경제난 지속으로 사회 복지·안전 제도가 붕괴되어 기본적 생존권이 위협되고 있다.

③ 기근으로 인해 북한 여성들의 영양실조는 임신·출산·육아시의 건강 악화를 초래하였다.

④ 최근 여행증 제도를 도입하여 북한 주민들의 여행의 자유를 보장하는 정책을 유지해오고 있다.

> **Tip 》** ④ 여행증 제도는 여행의 자유를 침해하는 정책이다.

21 최근 북한에서 다음과 같은 일이 발생하고 있는 원인은?

> 최소한의 생계가 보장되지 않자 주민들의 일탈행위가 늘어났고, 북한 당국은 그에 따라 강력한 처벌제도를 도입하였다. 이러한 과정에서 개인의 기본적 권리가 더욱 무시되고 있는 것이다.

① 권력 다툼

② 권력의 이동

③ 최악의 경제난

④ 서구 문물의 유입

> **Tip 》** ③ 오늘날 북한의 인권 문제가 생존권을 위협할 만큼 심각해진 요인으로 1990년대 이후의 최악의 경제난을 들 수 있다.

Answer 》   17.② 18.④ 19.③ 20.④ 21.③

22 북한의 경제생활에 대한 설명으로 옳지 않은 것은?

① 경공업 우선 정책
② 선군주의 경제 노선
③ 사회주의적 소유제도
④ 중앙집권적 계획 경제

> **Tip 》** ① 북한은 중공업 우선 정책을 시행하였다.

23 북한의 정치 생활에 대한 설명으로 옳은 것은?

① 최고 인민 회의는 일방적으로 국가 정책을 통제한다.
② 조선 노동당이 모든 법을 집행하는 행정부의 기능을 수행하고 있다.
③ 주체사상이라는 통치이념과 주체인 인민 대중의 정점에 수령이 존재한다.
④ 국방 위원회와 내각이 국가 권력의 원천으로서 최고의 위상과 권한을 가진다.

> **Tip 》** ① 조선 노동당이다.
> ② 국방위원회, 내각이다.
> ④ 국방위원회와 내각이 법을 집행하는 행정부이다. 조선 노동당이 최고의 국가 권력 기관이다.

24 북한의 인권 상황에 대한 설명으로 옳지 않은 것은?

① 언론, 출판, 결사, 집회의 자유 등 기본적 자유의 제한이 계속 이루어지고 있다.
② 아동들의 생활 환경이 매우 나빠져 만성적인 기아와 영양실조로 생명을 위협당하고 있다.
③ 여행증 제도를 통하여 평양, 국경 지대에 대한 접근을 통제하는 등 여행의 자유를 침해하는 정책을 유지하고 있다.
④ 출신 성분에 따른 차별은 행해지고 있지 않지만 사회적 일탈이 심한 자는 공개 처형이나 구타, 고문과 같은 강력한 처벌이 이루어진다.

> **Tip 》** ④ 출신 성분에 따른 차별이 행해지고 있다.

25 1945년 해방 이후 남·북한의 정치 상황에 대한 설명으로 옳은 것은?

① 1948년 김일성은 남로당과 연안파 인사들을 배제하고 북한 정부를 구성하였다.
② 1965년 한국군은 UN군의 일원으로 베트남에 파병되었다.
③ 1969년 3선 개헌에 성공한 박정희는 간접선거를 통해 1971년 대통령에 당선되었다.
④ 1972년 북한은 사회주의 헌법을 공포하여 수령 유일 지도 체제를 확립하였다.

> **Tip »** ① 남로당과 연안파 인사들을 포함한 갑산파·소련파로 북한 정부를 구성하였다.
> ② 베트남에 파병은 했으나 UN군의 일원은 아니었다.

26 6·25 전쟁 이전 북한에서 일어난 다음의 사건들을 연대순으로 바르게 나열한 것은?

> ㉠ 북조선 5도 행정국 설치
> ㉡ 토지개혁 단행
> ㉢ 북조선 노동당 창당
> ㉣ 조선공산당 북조선 분국 조직

① ㉠-㉡-㉢-㉣
② ㉠-㉡-㉣-㉢
③ ㉡-㉠-㉣-㉢
④ ㉣-㉠-㉡-㉢

> **Tip »** ㉣ 1945년 10월-㉠ 1945년 11월-㉡ 1946년 3월-㉢ 1946년 8월

Answer » 22.① 23.③ 24.④ 25.④ 26.④

27 다음 중 1950년대 북한의 상황에 대한 설명으로 옳지 않은 것은?

① 김일성에 의해 박헌영 등 남로당계 간부들이 숙청되었다.

② 김일성의 개인숭배를 반대한 이른바 '8월 종파사건'이 있었다.

③ 주민들의 생산노동 참여를 경쟁시키기 위해 '천리마 운동'을 전개하였다.

④ 노동당의 유일사상으로 '주체사상'을 규정하였다.

> **Tip 》** ④ '주체사상'은 김일성과 노동당의 독재를 강화하기 위해 강조된 것으로 1970년 노동당 제5차 대회에서 주체 확립에 대해 규정하였다.

28 김일성 독재 체제 수립 과정에 대한 설명으로 옳은 것은?

① 1972년 사회주의 헌법을 채택하여 주석직에 올랐다.

② 1960년대에 이르러 김일성은 국방 위원장에 취임하였다.

③ 중 · 소 분쟁을 거치면서 남조선 노동당 세력을 제거하였다.

④ 1950년대에 주체시상을 수립하여 1인 독재 체제를 완성하였다.

> **Tip 》** 김일성 중심의 독재 체제는 6 · 25 전쟁 이후 남조선 노동당 세력을 제거하였고, 1956년에 종파사건을 계기로 옌안파와 소련파의 주요 인물을 제거하였다. 그 후 1972년에 사회주의 헌법을 제정하여 주체사상을 통치 이념으로 공식화하고 국가 주석직에 올랐다. ② 국방 위원장은 김정일에 해당한다.

29 북한 사회의 모습으로 옳은 것을 고르면?

① 1970년대 사회주의 헌법을 채택하였다.
② 1970년대부터 천리마 운동을 전개하였다.
③ 1990년대 이후 민주주의를 본격적으로 수용하였다.
④ 1950년대 합영법을 제정하여, 개혁 개방 노선을 취하였다.

> **Tip 》** ② 1950년대부터 천리마 운동을 전개하였다.
> ③은 역사적 사실이 아니다.
> ④ 1980년대 합영법을 제정하여, 개혁 개방 노선을 취하였다.

30 가상 인터뷰에서 ㈎에 들어갈 대답으로 가장 적절한 것은?

> • 북한 전문가 : 북한은 두만강 개발 계획의 일부로 나진, 선봉 일대를 경제 무역 지대로 지정하였습니다.
> • 앵커 : 북한이 이와 같은 경제 정책을 실시한 이유가 무엇일까요?
> • 북한 전문가 : 북한이 이와 같은 큰 변화를 시도한 이유는 ____㈎____
> • 앵커 : 네. 잘 알겠습니다. 감사합니다.

① 천리마 운동이 실패했기 때문입니다.
② 중공업 우선 정책을 실시하려 하기 때문입니다.
③ 금강산 관광을 유치하려는 목적이 있기 때문입니다.
④ 경제난과 외화부족이 가장 큰 원인이라고 생각됩니다.

> **Tip 》** 북한은 1970년대 이후 경제 침체를 겪고 있다. 중공업 우선 정책으로 소비재 공급이 부족할 뿐만 아니라 경제난에 외화부족이 겹쳐 합영법과 같이 이전과 달리 개방된 정책을 보이고 있다.

Answer 》 27.④ 28.① 29.① 30.④

필수유형문제

08 한미동맹의 필요성

1 다음 빈칸에 공통으로 들어갈 나라는?

> 제4조 상호합의에 의하여 결정된 바에 따라 　　　　의 육군, 해군, 공군을 대한민국의 영토 내와 그 주변에 배치하는 권리에 대해 대한민국은 이를 허용하고 　　　　은 이를 수락한다.

① 미국
② 중국
③ 일본
④ 러시아

> **Tip** 》 제시된 내용은 한미상호방위조약의 일부이다.

2 한미 간 〈보기〉의 문서가 오가던 시기에 있었던 일로 가장 옳은 것은?

> 제1조 추가 파병에 따른 비용은 미국이 부담한다.
> 제2조 한국 육군 17개 사단과 해병대 1개 사단의 장비를 현대화한다.
> 제3조 베트남 주둔 한국군을 위한 물자와 용역은 가급적 한국에서 소날한나.
> 　　　　　　　　　　　⋮

① 전시작전권의 전환에 합의하였다.
② 한 · 미 연례안보협의회가 설립되었다.
③ 제9차 방위비 분담협정을 체결하였다.
④ 한미동맹 공동비전을 통해 포괄적 전략동맹을 확인하였다.

> **Tip** 》 제시된 자료는 한국군 월남 증파의 선행조건에 대한 미국의 보상조치로써, 1966년 당시 주한 미국대사인 브라운을 통해 한국 정부에 공식 전달한 브라운 각서의 일부이다. 한 · 미 연례안보협의회가 설립된 것은 1968년의 일이다. ①③④ 2000년대 이후의 일이다.

3 정치·외교적 차원에서 한미동맹의 역할을 설명한 내용으로 가장 옳지 않은 것은?

① 한미동맹은 중국, 일본, 러시아 등 한국을 둘러싼 강대국의 세력 다툼 속에서 균형을 유지할 수 있는 중요한 기제이다.

② 한미 양국은 대량살상무기확산방지구상(PSI), 핵확산방지조약(NPT) 등을 통해서 국제군비통제 분야에서 협력해 왔다.

③ 한국은 미국이 주도하는 테러와의 전쟁을 지원하기 위하여 아프가니스탄에 재건부대를 파견하는 등 국제평화에 기여하고 있다.

④ 한미동맹의 한 축인 미국은 동아시아 역내 국가들 간에 얽혀있는 영토 분쟁을 전쟁으로 비화시켜 해결하고 있다.

> **Tip 》** ④ 한미동맹의 한 축인 미국은 동아시아 역내 국가들 간에 얽혀있는 분쟁 요소들이 전쟁으로 비화되지 않도록 지역분쟁의 조정자 역할을 하고 있다.

4 한국의 전후 복구에 대한 미국의 지원에 대한 설명으로 옳지 않은 것은?

① 미국의 식량, 의족, 의약품 등 생활 필수품을 지원하였다.

② 한국 정부는 원조 받은 농산물의 판매 수익을 통해 대충자금을 조성하여 정부 계획에 집행하였다.

③ 미국의 원조 물자를 가공한 면방직업, 제당업, 제분업 등 삼백 산업이 발달하게 되었다.

④ 한국이 원했던 생산재, 사회 기반 시설 중심의 원조가 주를 이루었다.

> **Tip 》** ④ 한국이 원했던 생산재 및 사회 기반 시설 중심의 원조는 미약하였고 1950년 후반, 미국은 국내경제 악화를 이유로 경제적 지원의 형태를 무상 원조에서 유상 차관으로 변경되었다.

Answer 》 1.① 2.② 3.④ 4.④

5 한미동맹의 역할로 옳지 않은 것은?

① 군사적 차원에서 미군의 전략 및 전술을 학습하여 성장할 수 있었다.

② 강대국들의 세력다툼 속에서 한미동맹은 중국 및 러시아 등에 대해 균형을 유지할 수 있도록 하는 중요한 기제이다.

③ 미국이 대량살상무기 제거를 위해 벌인 이라크 전에 자이툰 부대를 파견하여 재건활동을 실시하므로써 국제평화 및 안보에 기여했다.

④ 한미동맹 유지를 통해 안보비용은 계속해서 증가하고 있으나 한미 경제협력으로 인한 이익 역시 증가하고 있다.

> Tip 》》 ④ 한국은 6 · 25 전쟁이후 한미동맹을 통해 안보를 달성하였으며, 그렇게 절약한 방위비용을 경제 발전에 투자하여 경제성장에 성공하고 현재에도 한미동맹으로 인해 안보비용을 절약하고 있다.

6 다음은 광복 이후의 경제 상황이다. 이에 대한 설명으로 적절하지 않은 것은?

> 광복 후 미국은 한국에 대량의 물자를 무상으로 원조하였다. 원조에는 미 군정기의 점령 지역 행정 구호 원조, 정부 출범 이후의 정부 협조처 원조, 6 · 25 전쟁 중의 유엔 한국 재건단 원조, 6 · 25 전쟁 이후의 미국 공법 480호에 의한 농산물 원조 등 이었다. 원조의 양은 1950년대 후반까지 증가하였으나, 이후 점차 감소하였다. 당시 원조 물자의 대부분은 밀, 면화, 설탕 등이었으며, 국내의 부족한 농산물보다 더 많이 도입되기도 하였다.

① 밀과 면화의 생산량이 감소하게 되었다.

② 면방직, 제분, 제당의 삼백 산업이 성장하였다.

③ 농산물 도입으로 농촌 경제의 안정이 이루어졌다.

④ 미국의 원조는 전후 복구 사업에 큰 힘이 되었다.

> Tip 》 식량 문제 해결에 크게 기여를 하였으나, 밀가루, 면화 등의 대량 수입으로 농업 기반이 붕괴되었다.

7 다음 중 한미상호방위조약의 체결의 배경으로 옳은 것은?

① 소련이 북한에 현대식 무기를 공급하였다.
② 북한의 요청으로 중국군이 전쟁에 개입하였다.
③ 휴전 협정 조인 후 한국의 방어를 위해 체결을 요구하였다.
④ 북한의 기습 남침이 개시하였다.

> **Tip》** 한국은 한미상호방위조약에 한반도 유사시 미국의 자동개입조항을 삽입하기를 요구하였으나, 미국은 이에 대한 대안으로 미군 2개 사단을 한국에 주둔하였다.

8 다음 각서가 체결된 시기의 경제 상황으로 옳은 것은?

> 제1조 추가 파병에 따른 부담은 미국이 부담한다.
> 제3조 베트남 주둔 한국군을 위한 물자와 용역은 가급적 한국에서 조달한다.
> 제4조 베트남에서 실시되는 각종 건설·구호 등 제반 사업에 한국인 입자가 참어한다.

① 제분, 제당, 방직의 삼백 산업이 발달하였다.
② 강대국의 농산물 시장 개방 압력이 거세었다.
③ 성장 위주의 경제 개발 정책이 추진되고 있었다.
④ 국제 통화 기금으로부터 구제 금융을 지원받았다.

> **Tip》** 제시된 자료는 브라운 각서이다. 박정희 정부는 성장 위주의 경제 개발 정책을 추진하면서 경제 개발에 필요한 자금 마련을 위해 한·일 수교를 추진하는 한편, 베트남 파병을 추진하고 미국으로부터 브라운 각서를 받아 경제 개발에 필요한 자금을 마련하게 되었다.

Answer 》 5.④ 6.③ 7.③ 8.③

9 다음 조약에 대한 설명으로 옳은 것은?

> 제1조 당사국은 국제 관계에 있어서 국제 연합의 목적이나 당사국이 국제 연합에 의하여 부담한 의무에 배치되는 방법으로 무력의 위협이나 무력의 행사를 삼갈 것을 약속한다.
> 제3조 상호 합의에 의하여 미국은 육해공군을 한국 영토 내와 그 부근에 배치할 수 있는 권리를 가지며 한국은 이를 허락한다.

① 6 · 25 전쟁 도중에 체결되었다.
② 애치슨 라인 설정으로 이어졌다.
③ 한 · 미 동맹 관계가 강화되었다.
④ 선제 공격을 공식적으로 합의하였다.

> **Tip》** 6 · 25 전쟁이 1953년 휴전 협정으로 끝난 뒤 한국과 미국은 상호 방위 조약을 체결하여 한 · 미 동맹 관계를 강화하였다.

10 다음 글의 (가)에 대한 설명으로 옳은 것은?

> 원조 경제의 발달 과정에서 전체 제조업의 77%를 차지하였던 [(가)]을 중심으로 재벌이 형성되는 토대가 마련되었다. 반면, 중소기업의 성장 기반 형성은 수월하지 않았다.

① 귀농 인구의 증가를 가져왔다.
② 국내 식량 부족 문제를 심화시켰다.
③ 국내 면화 재배 농가에 큰 타격을 주었다.
④ 농산물 가격의 폭등으로 물가가 높아졌다.

> **Tip》** 6 · 25 전쟁 직후 원조 경제를 바탕으로 성장해 재벌 형성의 토대가 된 것은 삼백산업이다. 미국의 면화, 밀, 원당 등의 잉여 농산물이 대량 유입되어 국내 면화 재배 농가에 큰 타격을 주었다.

11 표의 상황이 당시 경제에 끼친 영향으로 옳은 것은?

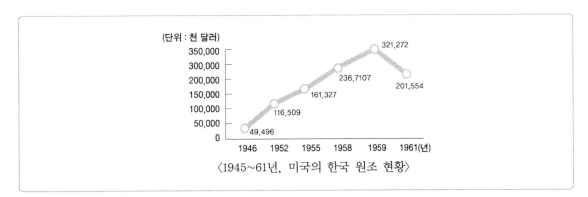

〈1945~61년, 미국의 한국 원조 현황〉

ㄱ 소비재 산업이 발달하였다.
ㄴ 밀, 면화 생산 농가가 몰락하였다.
ㄷ 제1차 경제 개발 5개년 계획이 추진되었다.
ㄹ 외환 위기로 기업 구조 조정이 단행되었다.

① ㄱ, ㄴ   ② ㄱ, ㄷ
③ ㄴ, ㄷ   ④ ㄴ, ㄹ

> **Tip 》** 1950년대 미국의 농산물 중심의 원조가 증가하면서 삼백 산업의 소비재 산업이 발달하였다. 한편 미국의 과도한 원조로 밀, 면화 생산 농가가 타격을 받았다.

Answer 》》   9.③ 10.③ 11.①

12 다음 상황이 끼친 영향으로 옳은 것을 〈보기〉에서 고른 것은?

> 미국으로부터 우리나라에 수백만 석의 양곡이 원조되었다. 작년도의 2배 이상 증가한 양이 들어오게 되었는데, 이를 통해 전후 식량 문제가 상당히 극복되어 가고 있으며, 아울러 이와 더불어 들어오는 소비재 물품들 또한 국민들의 생활 안정에 보탬이 되고 있다. 그러나 식량 위주의 원조가 갖는 문제점이 발생하고 있어 정부가 조처를 취해야 할 것으로 보인다.

〈보기〉
㉠ 농지개혁이 중단되었다. ㉡ 삼백 산업이 성장하였다.
㉢ 농산물 가격이 하락하였다. ㉣ 소비재 산업의 성장이 부진하였다.

① ㉠, ㉡ ② ㉠, ㉢
③ ㉡, ㉢ ④ ㉡, ㉣

Tip 》 자료는 미국의 경제 원조에 해당한다. 미국은 6 · 25 전쟁 직후 농산물 중심의 경제 원조를 하였다. 이러한 상황에서 농산물 가격이 하락하면서 농촌 경제는 타격을 받았으나, 원조 농산물을 가공하는 삼백 산업이 발달하게 되었다.

13 다음 중 한국의 베트남 파병의 성과로 옳지 않은 것은?

① 대민지원 중심의 민사심리전 수행으로 베트남 주민들의 지지 확보할 수 있었다.
② 한국전쟁에서의 산악전 경험을 토대로 효과적인 전투임무 수행을 하였다.
③ 미국의 동맹으로서 국제적 지위와 위상이 위축하였다.
④ 군수품의 수출, 건설업체의 베트남 진출 등으로 국가적인 이익을 얻었다.

Tip 》 미국의 동맹국으로서 국제적 지위와 위상을 제고하였다.

14 다음 사실로 내릴 수 있는 결론으로 옳은 것은?

- 핵 확산 금지 조약(NPT)
- 닉슨 독트린 발표
- 전략 무기 제한 협정(SALT)교섭
- 닉슨의 모스크바와 베이징 방문

① 사회주의 국가의 붕괴
② 제2차 세계 대전의 발발
③ 미·소 간의 긴장 완화 실현
④ 핵무기 확산 금지 조치 체결

Tip》》 제시문은 냉전체제의 완화로 미·소 간의 긴장 완화가 실현되었음을 알 수 있다.

15 다음의 일들이 일어난 시기를 연표에서 고르면?

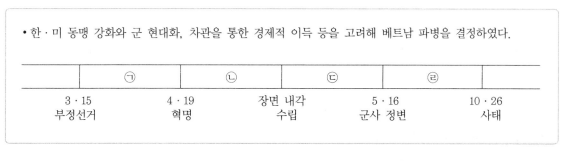

- 한·미 동맹 강화와 군 현대화, 차관을 통한 경제적 이득 등을 고려해 베트남 파병을 결정하였다.

	㉠	㉡	㉢	㉣	
3·15 부정선거		4·19 혁명	장면 내각 수립	5·16 군사 정변	10·26 사태

① ㉠　　　　　　　　　　② ㉡
③ ㉢　　　　　　　　　　④ ㉣

Tip》》 제시된 글은 5·16 군사 정변 이후 수립된 박정희 정부가 실시한 정책들에 대한 설명이다.

Answer 》》　12.③　13.③　14.③　15.④

16 다음 중 한미안보연례협의회에 대한 설명으로 옳지 않은 것은?

① 증가하는 북한의 도발에 대한 대응의 필요성이 배경이 되었다.

② 오늘날까지 안보현안에 대한 논의의 장으로 활용되고 있다.

③ 양국 국방장관을 수석대표로 하는 장관급회의이다.

④ 데탕트의 도래와 베트남전 이후 미국의 재정 적자 악화가 배경이 되었다.

> **Tip 》** 미국은 데탕트의 도래와 베트남전 이후 재정 적자 악화가 심해지자 아시아 지역의 미군을 감축하려는 움직임을 보였는데 한미안보연례협의회와는 관계가 없다.

17 다음 중 카터(Jimmy Carter) 행정부의 주한미군 철수 정책과 관련이 없는 것은?

① 1977년에서 1982년까지 3단계 철군안이 발표되었다.

② 1978년까지 3,400명이 철군하였다.

③ 북한 군사력에 대한 재평가로 철군 계획이 취소되었다.

④ 데탕트 분위기가 심화되면서 주한미군 철수 정책이 강화되었다.

> **Tip 》** 소련은 아프간 및 베트남 일대에서 팽창의도를 보이며 데탕트 분위기를 와해시켜나가며, 신냉전의 분위기가 확산되었다.

18 다음 중 한미동맹의 역할로 옳지 않은 것은?

① 주한미군의 주둔을 통한 대북 억지력이 강화되었다.

② 미국은 동아시아 지역 분쟁 유발자의 역할을 하였다.

③ 미국은 대외군사판매제도(FMS)를 통해서 한국군에 고성능 무기들을 공급하였다.

④ 미국은 많은 전쟁경험을 통해서 현대전에 적합한 전략 및 전술을 개발 및 발전시켜왔다.

> **Tip 》** 한미동맹의 한 축인 미국은 지역분쟁의 조정자로서 역내의 작은 분쟁들이 전쟁으로 비화되는 것을 막아주고 있다.

19 다음 중 한미동맹의 역할로 옳지 않은 것은?

① 한미 양국은 핵 확산 방지 조약(NPT) 등을 통해서 국제군비통제 분야에서 협력해 왔다.
② 해외 투자자들이 마음 놓고 투자할 수 있는 여건 마련하였다.
③ 유사시 증원전력을 통해 북한의 군사적 위협에 대비할 수 있도록 하였다.
④ 미국은 작은 분쟁들을 전쟁으로 확산하여 해결하고자 한다.

> **Tip 》** 한미동맹의 한 축인 미국은 지역분쟁의 조정자로서 역내의 작은 분쟁들이 전쟁으로 비화되는 것을 막아주고 있다.

20 다음 중 한미동맹의 역할로 옳지 않은 것은?

① 현재는 한미동맹의 중단으로 안보비용이 증가하고 있다.
② 주한미군은 정찰기 및 정찰위성 등을 통해 획득한 대북정보를 한국군에 제공해주었다.
③ 한국군은 한미연합사와 한·미 연합 군사 훈련을 통해서 미군의 전략 및 전술을 학습하였다.
④ 강대국들의 세력 다툼 속에서 중국 및 러시아 등에 대해 균형을 유지할 수 있도록 만드는 중요한 기제가 되었다.

> **Tip 》** 한국은 6·25 전쟁이후 한미동맹을 통해 안보를 달성하였으며, 그렇게 절약한 방위비용을 경제 발전에 투자하여 경제성장에 성공하고, 현재에도 한미동맹으로 인해 안보비용을 절약하고 있다.

Answer 》 16.④ 17.④ 18.② 19.④ 20.①

필수유형문제

09 중국의 동북공정

1 동북공정에 대한 설명으로 옳지 않은 것은?

① 동북공정은 동북변강역사여현상계열연구공정의 줄임말이다.

② 오늘날 중국 영토에서 전개된 모든 역사를 중국의 역사로 편입하려는 시도의 일부이다.

③ 한국과 중국은 2007년 구두양해각서에서 고구려사 문제를 학문적 차원에 국한시킨다고 동의했다.

④ 최근 고조선, 고구려 및 발해에 대한 서술을 다양화하고, 일부 서적에서는 백제까지 편입하여 동북공정을 강화하는 추세이다.

> **Tip 》** ③ 한국과 중국은 2004년 구두양해각서에서 고구려사 문제를 학문적 차원에 국한시킨다고 동의하고 공식적인 동북공정은 2007년에 종결했다.

2 다음 주장에 대한 반론으로 옳지 않은 것은?

> 부여인은 중국식 묘지를 이용하였고, 부여 유적 내 중국 계통의 철기와 토기가 발견되었다.

① 부여는 고대 한국 민족인 예맥족이 세운 나라이다.

② 중국의 사서에 "부여는 예맥의 땅에 있었다."라고 서술되어있다.

③ 고구려 건국시조 주몽은 졸본부여 출신이고 427년 백제가 북위에 보낸 외교문서에는 "백제와 고구려가 모두 부여에서 비롯되었다."라고 기록되어 있다.

④ 일본에서 보낸 국서에 스스로 '천손'이라 하고, 주변의 말갈족을 발해에 속해 있는 나라라는 의미의 '번국'으로 상정하였다.

> **Tip 》** ④ 발해사 왜곡에 대한 반론이다.

3 다음 자료와 관련된 지역의 설명으로 옳은 것은?

> 복잡한 역사적 논박 뒤에 숨겨진 중국의 '동북공정'은 결국 이 지역에 대한 영토적 욕망의 표현이라는 분석이 일반적이다. 이 지역은 대략적으로 중국 지린성 동남쪽, 지금의 옌볜 조선인 자치주에 해당되는 곳인데, 1909년 청과 일본이 체결한 조약에 의해 청의 영토로 편입되었다.

① 을지문덕이 살수에서 수나라를 격퇴하였다.
② 공민왕이 쌍성총관부를 공격하였다.
③ 토문강의 해석 차이로 조선과 청 사이에 영토 귀속 문제가 생겼다.
④ 고려는 거란, 여진의 침입에 대비하기 위해 천리장성을 축조하였다.

> **Tip》** 제시된 자료를 통해 간도를 추론하여 답을 찾는 문제이다. 을사조약으로 외교권이 박탈당한 상태에서 일본이 간도를 청의 영토로 인정하는 간도협약(1909)을 체결하였다. 그 이후 현재까지 간도는 중국의 영토로 남아있다.
> ③ 백두산정계비의 토문강 해석 차이는 간도귀속문제와 관련이 있다.
> ① 살수대첩은 고구려가 수나라 양제의 침공을 격퇴하고 대승리를 거둔 싸움으로 청천강에서 벌어졌다.
> ② 공민왕이 공격한 쌍성총관부는 철령 이북의 땅이다.
> ④ 고려의 천리장성은 거란과 여진족의 침입에 대비하여 축조하였으며, 압록강 하구에서부터 함경남도 동해안의 도련포에 이르는 장성이다.

4 다음 중 발해가 우리 역사임을 입증할 수 있는 것으로 옳지 않은 것은?

① 정혜공주와 정효공주의 무덤 양식
② 상경 용천부의 주작대로
③ 지배계층의 구성원
④ 왜왕에게 보낸 국서

> **Tip》** ② 주작대로나 3성 6부제의 정치제도, 돌사자상, 벽돌무덤 등은 당을 비롯한 중국의 문화를 모방하거나 수용한 것이다.

Answer》 1.③ 2.④ 3.③ 4.②

5 다음 주장의 근거로 옳지 않은 것은?

> 위만조선은 중국인이 고조선에 들어와 세운 왕조가 아닌 단군조선을 계승한 우리의 역사이다.

① 위만은 고조선에 입국할 때 흰 옷을 입고 있었다
② 동쪽의 예와 남쪽의 진이 중국과 직접 교역하는 것을 방해하였다.
③ 위만이 왕이 된 후에도 나라 이름을 그대로 조선이라 하였다.
④ 위만의 정권에는 토착민이 높은 지위에 오르는 경우가 많았다.

> **Tip ≫** 위만은 진·한교체기에 무리를 이끌고 고조선으로 이주하였다. 이에 준왕은 서쪽 수비를 맡겼으나, 점차 세력을 키워 준왕을 몰아내고 스스로 왕이 되었다(B.C.194). 사마천의 「사기」에는 위만이 조선에 입국할 때 상투를 틀고 오랑캐의 흰 옷을 입었다는 기록으로 보아 위만은 연나라에 살고 있던 조선인으로 추정되며, 정권을 획득한 이후에도 조선이라 칭한 점, 위만 정권에서 토착민 출신으로 높은 지위에 오른 자가 많은 점 등으로 미루어 단군조선을 계승한 왕조라고 여긴다.
> ② 위만조선의 경제 형태로 후에 한의 침입 원인이 되었다.

6 다음과 같은 문제를 해결하기 위한 노력으로 옳지 않은 것은?

> • 야스쿠니 신사 참배   • 중국의 동북공정 연구
> • 역사 교과서 왜곡 문제   • 일본의 독도 영유권 주장

① 서로의 역사 인식을 공유하여야 한다.
② 정부와 민간 차원의 노력을 동시에 병행해야 한다.
③ 빠른 문제 해결을 위해 즉각적인 감정 대응을 한다.
④ 공동의 역사 교재를 편찬하는데 노력을 기울여야 한다.

> **Tip ≫** 동북아시아 지역은 여러 역사 문제가 발생하고 있는데 이러한 문제를 자국의 관점에서 감정적으로 대응하면 갈등만 깊어진다.

7 중국이 다음과 같은 일을 벌이는 의도로 옳은 것을 〈보기〉에서 고른 것은?

> 중국은 옛 고구려와 발해의 영토가 현재 자신들의 영토 안에 있다는 이유로, 고구려와 발해의 역사를 고대 중국의 지방 정권으로 편입시키려는 노력을 기울이고 있다. 중국은 국가 차원에서 이 지역에 대한 연구와 문화재 복원 사업 등과 함께 지역 경제 활성화를 위한 지원 사업 등을 전개하였다.

> 〈보기〉
> ㉠ 일본의 역사 왜곡에 대응하기 위해
> ㉡ 통일 후 한반도에 영향력을 미치기 위해
> ㉢ 한국에 대한 식민지 지배의 정당화를 위해
> ㉣ 조선족 등 지역 거주민에 대한 결속을 강화하기 위해

① ㉠, ㉡　　　　　　　　② ㉠, ㉢
③ ㉡, ㉢　　　　　　　　④ ㉡, ㉣

Tip 》 중국의 동북공정은 통일 후 한반도에 영향력을 미치고, 조선족 등 지역 거주민에 대한 결속을 강화하기 위해서 진행되고 있다.

8 다음 설명에 해당하는 용어를 쓰시오.

> 중국이 동북 3성, 즉 랴오닝 성, 지린 성, 헤이룽장 성의 역사·지리·민족에 대한 문제를 집중적으로 연구하는 사업을 말한다. 중국은 이 연구를 통해 고구려와 발해의 역사가 중국의 역사라고 주장하고 있다.

① 동북공정　　　　　　　② 역사논쟁
③ 역사분쟁　　　　　　　④ 역사왜곡

Tip 》 제시문은 동북공정에 대한 설명이다.

Answer 》 5.② 6.③ 7.④ 8.①

9 다음은 고구려에 대한 중국의 주장이다. 이를 반박할 수 있는 사료로 가장 적절한 것은?

> • 고구려는 중국 왕조의 책봉을 받고 조공을 하였던 중국의 지방 정권이었다.
> • 고구려는 '기자 조선-위만 조선-한사군-고구려'로 계승된 중국의 고대 소수 민족 지방 정권이었다.

① 택리지
② 삼국사기
③ 동국문헌비고
④ 해동제국기

Tip 》 ① 조선 후기의 지리서이다.
　　　 ③ 조선 후기에 편찬된 일종의 백과사전으로, 우리나라의 문물제도를 분류·정리하였다.
　　　 ④ 조선 전기에 신숙주가 왕명에 따라 쓴 일본에 관한 책이다.

10 중국이 동북 공정을 통해 자국사로 편입하고자 하는 한국의 역사를 옳게 묶은 것은?

① 신라, 발해, 고려
② 고조선, 고구려, 발해
③ 고조선, 신라, 발해
④ 고구려, 백제, 신라

Tip 》 중국은 동북 공정을 통해 고조선, 고구려, 발해 등 우리 역사의 일부를 '중국 지방 정권'의 하나로 인식하여 중국사로 편입하려 하고 있다.

11 중국이 다음과 같이 주장하는 목적으로 옳은 것을 〈보기〉에서 모두 고른 것은?

> • 고구려 종족은 중원으로부터 기원하였다.
> • 고구려는 중국 왕조의 책봉을 받고 조공을 하였던 중국의 지방 정권이었다.
> • 고구려 유민은 상당수가 중국인이 되었고, 신라로 들어간 고구려인은 소수에 불과하다.
> • 고구려는 고려와 무관하며, '기자 조선 – 위만 조선 – 한사군 – 고구려'로 계승된 중국의 고대 소수 민족 지방 정권이었다.

〈보기〉
㉠ 북한과의 경제·문화적 교류를 강화하기 위해
㉡ 만주 지역에 있는 고구려의 유적을 보호하기 위해
㉢ 북한이 붕괴되었을 때 북한 지역에 영향력을 행사하기 위해
㉣ 조선족 등 많은 소수 민족의 동요를 막고 이들을 하나의 중화 민족으로 통합하기 위해

① ㉠, ㉡

② ㉠, ㉢

③ ㉡, ㉢

④ ㉢, ㉣

> **Tip 》** 제시된 수장은 "고구려는 중국의 고대 소수 민족 지방 정권이었으므로 고구려사는 중국사에 속한다."는 내용으로, 중국이 동북공정을 추진하면서 내세우는 것이다. 중국은 조선족을 비롯한 국내의 수많은 소수 민족의 동요를 막고 이들을 하나의 중화 민족으로 통합시키기 위한 목적에서 이러한 주장을 제시하였다. 나아가 북한이 붕괴되더라도 만주 지역에 대한 지배권을 확고히 하고, 북한 지역에 영향력을 행사하려는 의도에서 동북공정을 추진하고 있다.

Answer 》　　9.② 10.② 11.④

12 동북 공정의 주요 내용으로 옳지 않은 것은?

① 고려는 고구려를 계승하지 않았다.

② 고조선과 발해는 중국의 지방 정권이다.

③ 고구려와 수·당 사이에 일어난 전쟁은 중앙 정부와 지방 정권의 내전이다.

④ 당이 신라에 계림도독부를 설치하였으므로 신라도 중국의 지방 정권 중 하나이다.

> **Tip 》** 중국은 동북 공정을 실시하여 중국 동북 지방에 속하는 지역 소수 민족의 역사를 자국사로 편입하려 하고 있다. 따라서 신라의 역사는 포함되지 않는다.

13 동북 공정에 대한 설명으로 옳은 것만을 다음에서 있는 대로 고른 것은?

> ㉠ 고구려의 유적을 중국의 유적으로 소개하고 있다.
> ㉡ 고려와 고구려와의 역사 계승 관계를 부정하고 있다.
> ㉢ 중국 내 소수 민족의 독립을 지원하려는 목적에서 실시되고 있다.
> ㉣ 고조선, 고구려, 발해를 중국 지방 정권의 하나로 인식하고 있다.

① ㉠, ㉡   ② ㉠, ㉢

③ ㉢, ㉣   ④ ㉠, ㉡, ㉣

> **Tip 》** ㉢ 중국은 중국 내 55개의 소수 민족이 중국인으로서의 정체성과 애국심을 갖도록 하기 위한 목적에서 동북 공정을 실시하고 있다. 이에 따라 소수 민족에 대한 통제가 강화되고 있다.

14 중국이 동북 공정을 실시하고 있는 목적으로 옳지 않은 것은?

① 동아시아 3국의 평화와 공존을 위해서

② 자국 내 소수 민족을 통합하기 위해서

③ 중국이 동아시아에서 주도권을 장악하기 위해서

④ 현재 중국 동북 지역의 역사를 중국의 역사에 포함하기 위해서

> **Tip 》** 중국의 동북 공정은 우리나라의 고대사 전체를 심각하게 왜곡하여 우리나라와의 갈등을 유발하고 있다.

15 ㉠에 공통으로 들어갈 나라는?

> 중국 정부는 2004년 7월 중국 지린 성 지안에 위치해 있는 (㉠) 유적 장군총을 유네스코 세계 문화유산으로 등재하였고, 문화재 연구를 통해 (㉠)의 역사를 자국사로 편입하려 하고 있다.

① 발해   ② 고구려

③ 고조선   ④ 고려

> **Tip 》** 장군총은 고구려의 문화재이다. 중국은 동북 공정을 통해 고구려의 역사를 자국의 역사에 포함시키려 하고 있다.

Answer 》   12.④   13.④   14.①   15.②

1 일본군 위안부 문제에 대한 설명으로 옳지 않은 것은?

① 반인도적 불법행위에 해당하는 사안으로 청구권협정에 의해 해결된 것으로 볼 수 없고 일본 정부의 법적 책임이 존재한다는 것은 우리 정부의 입장이다.

② 일본은 일본군위안부 피해자 문제는 한·일 청구권협정에 의해 이미 해결되었다고 주장하고 있다.

③ 일본 정부는 아시아여성기금을 설립하여 국제법적 책임을 지기 위해 노력하였다.

④ 아시아여성기금 설립 당시 우리 피해자 및 한국정신대문제대책협의회 등의 관련단체들은 기금활동 저지 운동 전개하였다.

> **Tip 》** 아시아여성기금 설립 당시 우리 피해자 및 한국정신대문제대책협의회 등의 관련단체들은 기금활동 저지 운동 전개
> (1) 기금의 설립의 본질이 일본 정부의 법적책임을 회피하고자 하는 것
> (2) 일본 정부가 피해자들을 배상의 대상이 아닌 인도적 자선사업의 대상으로 인식한다는 것이 기금활동 저지의 이유

2 다음 중 독도에 대한 설명으로 옳지 않은 것은?

① 일본의 여러 문서에 고려, 조선시대부터 우리 땅이었다고 기록되어 있다.

② 신라 지증왕 때 이사부가 우산국을 편입함으로써 최초로 우리 영토로 편입되었다.

③ 개항기 때 안용복은 어선을 이끌고 일본에 우리 땅임을 확인시켰다.

④ 1905년 1차 한·일협약 때 다케시마현으로 불법적으로 편입하였다.

> **Tip 》** ③ 안용복은 조선 숙종 때의 인물로 개항기 이전에 활동을 하였다. 그는 울릉도에서 불법적으로 조업을 하던 일본 어민들을 몰아내려 일본에 잡혀갔고 이후 일본의 막부정권에 독도가 우리 땅임을 확인시키는 계기를 마련하였다.

3 다음 중 독도가 표기된 가장 오래된 지도로 옳은 것은?

① 조선방역지도   ② 천하도
③ 팔도총도   ④ 대동여지도

> **Tip》** 팔도총도는 조선전기의 지도로 신증동국여지승람에 기재되어 있고, 현존하는 우리나라 지도 가운데 독도를 표기한
> 가장 오래된 지도이다.

4 다음 중 독도에 관한 설명으로 옳지 않은 것은?

① 삼국사기에 6세기 초 신라 지증왕 때 이사부가 현재의 우산국을 정벌하여 신라에 복속시킨 기록이 나온다.
② 고려사에는 우산국 사람들이 고려에 토산물을 바친 기록이 나온다.
③ 세종실록지리지에는 울릉도와 독도를 경상북도 울진현에 포함시킨 기록이 나온다.
④ 1699년에 일본 막부는 다케시마와 부속 도서를 조선 영토로 인정하는 문서를 조선 조정에 넘겼다.

> **Tip》** ③ 세종실록지리지에 울릉도와 독도의 행정구역은 경상북도가 아닌 강원도 울진현으로 되어 있으며 강원도와 동일
> 한 색으로 표현되었다.

5 울릉도와 독도에 관한 다음 설명 중 가장 적절하지 않은 것은?

① 「팔도총도」는 울릉도와 독도를 별개의 섬으로 하여 그림으로 그려놓은 최초의 지도가 되었다.
② 「세종실록지리지」, 「동국여지승람」 등의 문헌에 의하면 울릉도와 함께 경상도 울진현에 소속되어 있었다.
③ 조선 숙종 때 안용복은 울릉도에 출몰하는 일본 어민을 쫓아내고 일본에 건너가 독도가 조선의 영토임
을 확인받았다.
④ 19세기 말 조선 정부에서는 적극적으로 울릉도 경영에 나서 주민의 이주를 장려하였다.

> **Tip》** 「세종실록지리지에서는 울릉도와 독도를 울진현 소속으로 구분하고 있다. 하지만 울진현은 오늘날 경상북도 울진군
> 이 아니며, 조선 말기까지 울진현은 강원도의 관할이었다.

Answer 》   1.③   2.③   3.③   4.③   5.②

6 다음 중 독도에 관한 설명 중 가장 적절하지 않은 것은?

① 일본 막부는 1699년 다케시마(竹島 : 당시 일본에서 울릉도를 일컫던 말)와 부속 도서를 조선 영토로 인정하는 문서를 조선 조정에 넘겼다.

② 울릉도가 통일신라시대에 이사부의 우산국 정벌로 인해 신라 영토로 편입된 이후, 독도도 고려 · 조선 말까지 우리나라 영토로 이어져 내렸다.

③ 「세종실록지리지」 강원도 울진현 조(條)에서 "우산, 무릉 두 섬이 (울진)현 정동(正東) 바다 한가운데 있다."하여 독도를 강원도 울진현 소속으로 구분하고 있다.

④ 「통항일람」은 19세기 중반에 일본에서 기록한 사서로, 안용복에게 독도가 조선의 땅임을 인정하는 사료가 기록되어 있다.

> **Tip 》** 신라시대 지증왕 때에 512년 우산국(지금의 울릉도, 독도)을 정벌했다.

7 다음 중 독도에 대한 설명으로 옳은 것은 모든 몇 개인가?

> ㉠ 신라 지증왕 때 우산국이 병합되면서 독도는 신라의 영토가 되었다.
> ㉡ 「세종실록지리지」에는 울릉도와 독도를 구분하지 않고 모두 우산이라 하였다.
> ㉢ 대한제국은 지방제도 개편 시 울릉도에 군을 설치하고 독도를 이에 포함시켰다.
> ㉣ 한국은 1945년 해방과 동시에 독도를 한국 영토로 하였다.
> ㉤ 조선 고종 때 일본 육군이 조선전도를 편찬하면서 울릉도와 독도를 조선 영토로 표시하였다.
> ㉥ 일본의 역사서인 「은주시청합기」에는 울릉도와 독도를 일본의 영토로 기록하고 있다.

① 1개   ② 2개
③ 3개   ④ 4개

> **Tip 》** ㉡ 세종실록 권 153 지리지 강원도 삼척도호부 울진현에서는 "우산과 무릉, 두 섬이 현의 정동방 바다 가운데에 있다. 두 섬이 서로 거리가 멀지 아니하여, 날씨가 맑으면 바라볼 수가 있다"고 하여 별개의 두 섬으로 파악하였다.
> ㉣ 연합군 총사령부는 1646년 1월 29일 연합국 총사령부 훈령 제677호를 발표하여 한반도 주변의 울릉도, 독도, 제주도를 일본 주권에서 제외하여 한국에게 돌려주었다.
> ㉥ 1954년 일본 정부는 외교 문서를 통해 1667년 편찬된 「은주시청합기」에서 울릉도와 독도는 고려영토이고, 일본의 서북쪽 경계는 은기도를 한계로 한다고 기록하고 있다.

8 다음 설명과 관계가 없는 것은?

> 1855년 11월 17일 프랑스 함정 콘스탄틴느(Constantine)호가 조선해[東海]를 통과하면서 북위 37도선 부근의 한 섬을 '로세리앙쿠르(Rocher Liancourt)'라고 명명하였다.

① 다케시마의 날 제정 2월 22일
② 공도정책
③ 안용복
④ 정계비의 건립

　　Tip 》 제시문은 독도에 대한 설명이다.
　　　　　④은 조선과 청은 국경문제를 해결하기 위하여 백두산정계비를 건립하였다.

9 독도가 우리 영토임을 증명할 수 있는 증거로 옳지 않은 것은?

① 대한제국 시기 독도 관리사 이범윤을 파견하였다.
② 세종실록 지리지에 우리 영토라고 기록되어 있다.
③ 신라 장군 이사부가 울릉도 및 독도를 정복하였다.
④ 대한제국 시기 칙령으로 울릉도의 부속 섬으로 편입하였다.

　　Tip 》 ① 대한제국 시기 이범윤은 간도 관리사로 파견되었다.

Answer 》 　6.② 7.③ 8.④ 9.①

10 일본과의 영토 분쟁에 대한 설명으로 옳지 않은 것은?

① 일본 시마네 현은 '다케시마의 날'을 제정하였다.

② 1905년 울릉도를 일본 영토로 불법 편입하였다.

③ 우리나라는 현재 독도를 실효적으로 지배하고 있다.

④ 일본 문부성은 독도를 일본 영토로 표기한 교과서를 검정 승인하였다.

> **Tip》** 일본이 러·일 전쟁 중인 1905년에 '시마네 현 고시 제40호'로 불법적으로 일본 영토로 편입한 우리 영토는 독도이다.

11 다음과 같은 활동을 한 인물은?

> 조선 태종 때에는 왜구의 노략질이 심해져 울릉도를 비우는 공도 정책을 폈다. 이후 일본 어부들이 울릉도에서 불법으로 고기를 잡는 일이 많아지자 1693년 그는 일본으로 건너가 "울릉도와 독도가 조선 땅임에노 일본인늘이 함부로 짐범하는 일"을 따졌다.

① 안용복   ② 이사부
③ 이명래   ④ 심흥택

> **Tip》** 공도 정책으로 울릉도가 빈 섬이 되자 일본인 어부들이 울릉도에서 불법으로 고기 잡는 일이 많아졌다. 이에 안용복은 일본으로 건너가 일본 정부에 따지고, 울릉도와 독도가 우리 땅임을 확인하는 문서를 받아왔다.

12 다음 주장에 대한 우리 정부와 국민의 대처 방안으로 적절하지 않은 것은?

> 한국은 제2차 세계 대전의 전후 처리 과정에서 독도를 불법적으로 지배하고 있다. 독도는 일본 고유의 영토이다.

① 독도에 대한 영토 주권 행사를 강화한다.
② 독도에 대한 역사 · 지리 교육을 강화한다.
③ 독도 문제를 국제 사법 재판소에 제소한다.
④ 독도가 한국의 영토임을 뒷받침하는 국내외 근거를 더 많이 확보한다.

    Tip 》 ③ 국제 사법 재판소에 제소하여 독도 문제를 해결하자는 입장은 일본의 입장이다. 우리 정부는 이에 대해 거부의
             입장을 명확하게 밝히고 있다.

13 독도 영유권 문제와 관련된 설명으로 옳은 것을 〈보기〉에서 모두 고른 것은?

> 〈보기〉
> ㉠ 국제 사법 재판소에서 독도 영유권 문제를 다루고 있다.
> ㉡ 독도는 국제법상으로, 역사적으로 명백한 우리의 영토이다.
> ㉢ 최근 독도를 일본 영토라고 표기한 일본 교과서가 검정을 통과하여 국제 문제를 일으키고 있다.
> ㉣ 우리나라는 국내외 여러 자료와 일본 사료를 근거로 독도가 우리 고유의 영토임을 밝히고 있다.

① ㉠, ㉡, ㉢   ② ㉠, ㉡, ㉣
③ ㉠, ㉢, ㉣   ④ ㉡, ㉢, ㉣

    Tip 》 일본은 독도를 국제 분쟁 지역으로 만들기 위해 국제 사법 재판소에 독도 영유권 문제를 넘기려 하고 있다.

Answer 》   10.② 11.① 12.③ 13.④

14 일본과 중국의 역사 왜곡에 대한 우리의 대응 노력으로 보기 어려운 것은?

① 정치 · 외교적으로 대처하며 관계 법령을 만든다.

② 역사 재단을 설립하여 관련 역사 연구를 지원한다.

③ 한 · 중 · 일 3국은 안정과 평화 공존을 위한 노력을 계속한다.

④ 한 · 중 · 일 3국은 주관적인 역사 인식을 바탕으로 다른 의견은 배척한다.

> **Tip 》** ④ 한 · 중 · 일 3국은 객관적인 역사 인식을 바탕으로 영토 문제와 역사 갈등을 해결하려는 노력이 필요하다.

15 독도와 관련된 설명으로 옳지 않은 것은?

① 일본의 시마네 현 의회는 '다케시마의 날'을 제정하였다.

② 우리 정부는 현재 독도에 대한 영토 주권을 행사하고 있다.

③ 일본이 청 · 일 전쟁 중 독도를 일본 영토로 강제 편입하였다.

④ 일본은 독도 영유권 문제를 국제 사법 재판소에 넘겨 분쟁 지역으로 만들려고 한다.

> **Tip 》** ③ 일본은 러 · 일 전쟁 중 독도를 불법적으로 일본 영토로 편입하였다. 제2차 세계 대전이 끝난 후 독도는 우리나라로 반환되었으나, 일본은 여전히 독도를 자국의 영토라고 주장하고 있다.

16 독도 영유권 문제와 관련된 설명으로 옳은 것을 〈보기〉에서 고른 것은?

〈보기〉
㉠ 독도는 역사적으로나 국제법상으로 명백한 우리의 영토이다.
㉡ 중국은 독도를 일본 영토로 왜곡한 학습 지도 요령을 발간하였다.
㉢ 국제 사법 재판소에서는 독도가 대한민국의 영토임을 명확히 밝혔다.
㉣ 우리나라는 국내외 여러 자료와 일본 사료를 근거로 독도가 우리 고유의 영토임을 밝히고 있다.

① ㉠, ㉡   ② ㉠, ㉣

③ ㉡, ㉢   ④ ㉡, ㉣

    Tip 》 ㉡ 독도를 자국의 영토라고 주장하고 있는 국가는 일본이다.
          ㉢ 일본은 독도를 국제 분쟁 지역으로 만들기 위해 국제 사법 재판소에 독도 영유권 문제를 넘기려 하고 있다.

17 독도가 우리나라의 영토임을 나타내는 사실이 아닌 것은?

① '대한 제국 칙령 제41호'에서 독도를 울릉도의 관할 구역으로 표시하였다.
② '연합군 최고 사령관 각서 제677호'에서는 독도가 우리나라 땅임을 밝혔다.
③ 일본이 2008년에 발간한 학습 지도 요령에서는 독도를 우리나라의 영토로 표시하였다.
④ "신증동국여지승람"의 첫 페이지에 있는 '팔도총도'에 독도가 우리 영역으로 되어있다.

    Tip 》 ③ 일본은 2008년에 독도를 일본 영토로 왜곡한 학습 지도 요령을 발간하였다.

Answer 》   14.④   15.③   16.②   17.③

18 다음 글의 ㉠에 들어갈 인물은?

> "삼국사기"에는 신라 지증왕 13년(512)에 우산국이 신라에 복속된 사실이 기록되어 있다. 지증왕은 신라의 장군 (㉠)을/를 보내 우산국 사람들로부터 항복을 받아내고, 우산국이 신라의 한 지방으로 편입되도록 하였다.

① 설총   ② 김유신
③ 이사부   ④ 김춘추

  Tip 》 지증왕의 명으로 우산국을 정벌한 장군은 이사부이다.

19 독도에 대한 설명으로 옳지 않은 것은?

① 일본이 러·일 전쟁 중 불법적으로 빼앗았다.
② 조선 숙종 때 안용복이 우리 영토임을 확인받았다.
③ 울릉도에 딸린 섬으로 일찍부터 일본의 영토로 여겨 왔다.
④ 고종 황제는 울릉도와 주변의 섬들을 행정 구역 안에 포함시켰다.

  Tip 》 ③ 독도는 울릉도에 딸린 섬으로 일찍이 우리나라의 영토로 여겨왔다. "세종실록지리", "신증동국여지승람" 등 지리지에 우리 영토로 기록되어 있었다. 그러나 일본은 러·일 전쟁 중 독도를 불법으로 시마네 현에 편입시켰다.

20 다음 문제를 해결하기 위한 탐구 활동으로 적절하지 않은 것은?

> 최근 일본이 역사를 왜곡한 교과서들을 심사에서 통과 시켰다. 특히, 지도에 독도를 자국의 영토로 표시하여 자라나는 일본의 청소년들이 마치 독도가 일본 땅인 것처럼 인식할 수 있다는 문제점이 있다.

① 현재 독도에 거주하는 사람들의 국적을 조사한다.
② 일본이 '다케시마의 날'을 제정한 목적을 알아본다.
③ 독도 의용 수비대가 어떤 활동을 벌였는지 탐구한다.
④ 연합국이 독도가 우리 영토임을 인정한 지도를 찾아본다.

> **Tip 》** 다케시마의 날은 일본이 독도의 영유권을 주장하기 위해 제정한 것이다.

장교·준사관·부사관

서원각과 함께 공부하고, 더 큰 희망을 안고, 체력을 연마하여
대한민국 군 간부로 새롭게 태어나자!!!

육군

육군부사관 필기평가 　육군장교 3사관학교 　육군장교 ROTC 　육군장교 군 가산복무 지원금을 받는 대학생 　회전익항공기조종 준사관

공군　　　　　　　　　　　　　　　　**해군**　　　　　　　　　　　　　　　　**인기**

공군부사관후보생 필기시험 　공군장교 필기시험 　해군부사관 필기평가 　해군장교 사관후보생 　합격선언 부사관 영어 / 국사

모의고사

공군부사관 실전모의고사 　육군장교 ROTC 실전모의고사 　육군부사관 봉투모의고사

다양한 강의 보는 유튜브
소정미디어 유튜브 소정TV

NCS
직업기초
능력평가

한국사
·
근현대사

각종
자격증

소방공무원

공무원
기출문제

소정미디어의 다양한 무료강의 혜택을 확인해 보세요!!!

서원각
소통창구

서원각
네이버 톡톡

서원각
카카오톡 플러스친구
KakaoTalk
플러스친구

기업과 공사공단	공무공부	비컴널스
https://cafe.naver.com/airup040dan	https://cafe.naver.com/0moo1	https://cafe.naver.com/prototypegamer